Irish Revision for Leaving Certificate
Higher Level

Irish Revision for
Leaving Certificate
Higher Level

Éamonn Maguire

Gill & Macmillan

Gill & Macmillan Ltd
Droichead Órga
Baile Átha Cliath 8
agus cuideachtaí comhlachta ar fud an domhain

© Éamonn Maguire 1998
0 7171 2660 9

Dearadh agus clóchuradóireacht bunaidh arna ndéanamh in Éirinn ag Peanntrónaic Teoranta.

Rinneadh an páipéar atá sa leabhar seo as laíon adhmaid ó fhoraoisí rialaithe. In aghaidh gach crann a leagtar cuirtear crann amháin eile ar a laghad, agus ar an gcaoi sin déantar athnuachan ar acmhainní nádúrtha.

Admhálacha

Ba mhaith leis na foilsitheoirí a mbuíochas a ghabháil leis na heagraíochtaí agus leis na daoine seo a leanas as cead a thabhairt dóibh ábhar atá faoi chóipcheart a atáirgeadh sa leabhar seo:

Sáirséal Ó Marcaigh maidir le sleachta as 'An Phiast' (as *Bullaí Mhártain*) le Síle Ní Chéilleachair, 'Saoirse' le Seán Ó Ríordáin agus 'An Seanghalar' le Máire Mhac an tSaoi; an Clóchomhar Tta maidir le sleachta as 'Na Sráideanna' (as *Seal le Síomón*) le Seán Ó Riain, sliocht as 'Aeriris' le Pádraig Ó Dálaigh agus 'Gadscaoileadh' le Máirtín Ó Direáin; an Gúm maidir le sleachta as 'Clann Uisnigh' (as *Laochas*) le Séamas Ó Searcaigh; Educational Company of Ireland maidir le sleachta as *Deoraíocht* le Pádraic Ó Conaire; Cathal Ó Luain maidir leis an dán 'Géibheann' le Caitlín Maude; Biddy Jenkinson maidir lena dán 'Éiceolaí'; Cló Iar-Chonnachta Tta maidir le sleachta as *Mise Mé Féin* le Siobhán Ní Shúilleabháin agus an dán 'Fothrach Tí i Mín na Craoibhe' le Cathal Ó Searcaigh; Louis de Paor maidir lena dhán 'Cártaí Poist'; Nuala Ní Dhomhnaill maidir lena dán 'Máthair'; Angela Bourke maidir le sleachta as 'Iníon Rí na Cathrach Deirge'; Bord Stiúrtha Scoil an Léinn Cheiltigh, Institiúid Ard-Léinn Bhaile Átha Cliath, maidir le téacs 'A Ógánaigh an Chúil Cheangailte', 'Fuaras Mian' agus 'Mac an Cheannaí'.

As cead grianghraif a atáirgeadh tá na foilsitheoirí buíoch de na heagraíochtaí seo a leanas: Inpho; J. Allan Cash; Varios-Press; E.T. Archive; Camera Press; The Irish Times; Sygma; Tom Hodgins; Ros na Rún; The Kobol Collection; Lorraine Keane/AA Roadwatch.

CONTENTS

Réamhrá

Déanann an leabhar seo freastal ar gach gné den chúrsa Gaeilge don Ard-teistiméireacht, Ardleibhéal. Tá an leabhar leagtha amach san ord céanna is atá na páipéir scrúdaithe.

Tá súil agam go gcabhróidh an leabhar go mór le daltaí agus iad ag ullmhú do scrúdú na hArdteistiméireachta agus go mbainfidh siad taitneamh agus tairbhe as.

This revision book covers the Leaving Certificate course and also includes a brief section on Irish grammar. The general layout is as follows:

1. An bhéaltriail
2. Páipéar 1
3. Cluastuiscint
4. Páipéar 2
5. Gramadach

In each section the general layout is given first, and each part in each section is dealt with in the order in which it appears on the examination paper.

Ba mhaith liom mo bhuíochas ó chroí a ghabháil leo siúd a chuidigh liom agus mé ag ullmhú agus ag scríobh an leabhair seo, go mór mór le Hubert Mahony (Gill & Macmillan), agus chomh maith leis sin leis na múinteoirí i mo scoil féin agus na daltaí a bhím ag múineadh i mo scoil féin agus ar chúrsaí éagsúla ar fud na tíre. Guím rath Dé oraibh, agus go raibh míle maith agaibh.

Scríobh mé an leabhar seo ar son na ndaoine thuas agus ar son mo chlainne féin: Joan, Edward, Susan, Alison, Paul, agus mo gharmhac, Conor Óg.

Ord agus leagan amach an scrúdaithe

A   **An bhéaltriail**   13–15 nóiméad   **150 marc**

B   **Páipéar 1** $2\frac{1}{2}$ uair an chloig   **170 marc**
    1   Ceapadóireacht: 100 marc
    2   Trialacha tuisceana: 2×35 marc

C   **An chluastuiscint**   30 nóiméad   **100 marc**

D   **Páipéar 2**   3 uair an chloig   **180 marc**
Gach ceist (1, 2, 3, *agus* 4) a fhreagairt.

    1   Freagair **A** *agus* **B**.   **40 marc**
        A   Prós dualgais: 25 marc
        B   Prós roghnach: 15 mharc

    2   Prós breise: **40 marc**
        Freagair do rogha *ceann amháin* de **A**, **B**, **C**, nó **D**.

        A   Gearrscéalta   (*Scothscéalta* nó cnuasach roghnach
                                gearrscéalta): 40 marc

        B   Úrscéalta   (*Máire Nic Artáin* nó úrscéal
                                roghnach): 40 marc

        C   Dírbheathaisnéisí (*A Thig, Ná Tit Orm* nó dírbheathaisnéis
                                roghnach): 40 marc

        D   Drámaí   (*An Triail* nó dráma roghnach): 40 marc

    3   Filíocht: **70 marc**.
        Freagair **A**, **B** *agus* **C** anseo.

        A   Dánta dualgais comónta: 20 marc.
        B   Dánta roghnacha: 15 mharc
        C   Dánta dualgais breise: 35 marc

    4   Stair na Gaeilge: **30 marc**

An t-iomlán: 600 marc

Gnáthscéim mharcála

Ceist 3. Filíocht: **70 marc**

> Freagair **A**, **B** *agus* **C** anseo.

A   Dánta dualgais comónta: 20 marc.
   (*a*) (i)   Mothúchán, 4 mharc; an rud a mhúscail an
               mothuchán, 6 mharc; cumas Gaeilge, 2 mharc.
         (ii) Tráchtas gairid, 6 mharc; cumas Gaeilge, 2 mharc.
   (*b*) (i)   Tráchtas gairid: míniú, 6 mharc; fáth, 4 mharc;
               cumas Gaeilge: 2 mharc.
         (ii) An mothúchán is treise, 6 mharc; cumas Gaeilge,
               2 mharc.

B   Dánta roghnacha: 15 mharc
   (*a*) Teideal, 1 mharc; údar, 1 mharc; téama, 5 mharc;
         cumas Gaeilge, 1 mharc.
   (*b*) Teideal, 1 mharc; údar, 1 mharc; eolas, 5 mharc;
         cumas Gaeilge, 1 mharc.

C   Dánta dualgais breise: 35 marc
   Freagair (*a*) *nó* (*b*) anseo.
   (*a*) Freagair (i), (ii) agus (iii) thíos.
         (i)   Pointí eolais, 13 mharc; cumas Gaeilge, 2 mharc.
         (ii) Cur síos gairid: ábhar, 9 marc; cumas Gaeilge,
               1 mharc.
         (iii) Tuairim ar éifeacht an léirithe: ábhar, 9 marc;
               cumas Gaeilge, 1 mharc.
   (*b*) Freagair (i), (ii) agus (iii) thíos.
         (i)   Tuairisc ghairid: ábhar, 11 mharc; cumas Gaeilge,
               2 mharc.
         (ii) Tuairisc ghairid: ábhar, 10 marc; cumas Gaeilge,
               2 mharc.
         (iii) Meafair: ábhar, 8 marc; cumas Gaeilge, 2 mharc.

Ceist 3. Stair na Gaeilge: **30 marc**

> *Dhá cheann* le déanamh as (*a*), (*b*), (*c*), (*d*), (*e*), agus (*f*).

1   13 mharc   Cumas Gaeilge 5 mharc
2   12 mharc

An Bhéaltriail

Ba chóir go ndéanfadh gach dalta Ardleibhéil dianullmhú don bhéaltriail. Chun é seo a dhéanamh i gceart molaim duit cóip den leabhar *Caint agus Cluastuiscint* (Gill & Macmillan) a fháil. Ar aon nós, tabharfaidh mé roinnt leideanna daoibh sa leabhar seo.

NA MÍREANNA

Bíonn na míreanna seo a leanas sa triail:

Léamh nó aithris filíochta

Iarrfar ort tuairim is deich líne as a chéile [*successive*] a léamh nó a aithris as na cúig dhán atá sa chnuasach dualgais filíochta.

Léamh próis

Iarrfar ort sliocht gairid a léamh as liosta na sleachta ón gcnuasach dualgais próis do lucht an Ghnáthleibhéil agus an Ardleibhéil.

Triail chainte

(*a*) Stór focal
(*b*) Cumas teanga

Scéim mharcála na béaltrialach

150 marc

Cuid 1

> **Filíocht**
> Léamh nó aithris
> Tuairim is deich líne
> 15 mharc

Cuid 2

> **Prós**
> Sliocht gairid a léamh
> 15 mharc

Cuid 3

> **Caint**
> (*a*) Stór focal   75 marc
> (*b*) Cumas teanga 45 marc
>   Iomlán 120 marc

AG AN SCRÚDÚ

1. Fan taobh amuigh den doras go n-iarrtar ort teacht isteach.

2. Nuair a théann tú isteach, fan i do sheasamh go n-iarrtar ort bheith i do shuí.

3. Ansin iarrfaidh an scrúdaitheoir d'ainm agus sloinne ort, agus iarrfar ort *deich líne filíochta* a léamh nó a aithris.

4. Tar éis na filíochta a bheith léite agat iarrfar ort giota a léamh ón gcnúasach.

5. Ansin cuirfear ceisteanna ort fút féin, faoi do theaghlach, do cheantar, an scoil ina bhfuil tú, agus cad a dhéanfaidh tú tar éis an scoil a fhágáil.

6. Ba chóir duit aire faoi leith a thabhairt do na haimsirí éagsúla agus leis an módh coinníollach.

Filíocht don bhéaltriail

Caithfidh an dalta píosa filíochta—deich líne (ar bith) nó mar sin—a léamh nó a aithris ó na cúig dhán atá liostaithe sna dánta dualgais sa chnuasach filíochta. Seo iad na dánta sin:

1 'A Ógánaigh an Chúil Cheangailte'
2 'Géibheann'
3 'Cártaí Poist'
4 'Éiceolaí'
5 'Fothrach Tí i Mín na Craoibhe'

LEIDEANNA DON FHILÍOCHT

1 Is féidir leat do leabhar féin a bheith agat ag an scrúdú.

2 Tá sé ceadaithe athruithe foghraíochta [*pronunciation changes*] a dhéanamh roimh ré. Ní gá go mbeidh d'iarracht de réir chóras foghraíochta na canúna atá sa dán.

3 Is féidir leat féachaint ar do leabhar agus tú ag léamh nó ag aithris na filíochta.

4 *Ní* thabharfar deis duit na línte atá roghnaithe agat a chleachtadh sula dtosaíonn tú ar iad a léamh nó a aithris os ard.

5 Is é atá tábhachtach ná d'iarracht a bheith sothuigthe agus cruinn ó thaobh foghraíochta agus rithime de.

6 Tabhair teideal an dáin agus ainm an fhile sula léann tú é ag an scrúdú.

7 Is féidir leat seasamh más mian leat agus tú ag léamh nó ag aithris an dáin.

8 *Ná déan dearmad* go mbeidh píosa filíochta—deich líne nó mar sin as a chéile—le léamh nó le haithris agat.

A ÓGÁNAIGH AN CHÚIL CHEANGAILTE

Ní fios cé a scríobh

A ógánaigh an chúil cheangailte
    le raibh mé seal in éineacht,
chuaigh tú aréir an bealach seo
    is ní thainic tú dom' fhéachaint.
Shíl mé nach ndéanfaí dochar duit
    dá dtagthá 'gus mé d'iarraidh,
is gurb í do phóigín a thabharfadh sólás dom
    dá mbeinn i lár an fhiabhrais.

Dá mbeadh maoin agamsa
    agus airgead 'mo phóca,
dhéanfainn bóithrín aicearrach
    go doras tí mo stóirín,
mar shúil le Dia go gcluinfinnse
    torann binn a bhróige,
's is fada ón lá 'nar chodail mé
    ach ag súil le blas a phóige.

Agus shíl mé, a stóirín,
    go mba ghealach agus grian thú,
agus shíl mé ina dhiaidh sin
    go mba sneachta ar an tsliabh thú,
agus shíl mé ina dhiaidh sin
    go mba lóchrann ó Dhia thú,
nó go mba tú an réalt eolais
    ag dul romham is 'mo dhiaidh thú.

Gheall tú síoda is saitin dom
    callaí 'gus bróga arda,
is gheall tú tar a éis sin
    go leanfá tríd an tsnámh mé.
Ní mar sin atá mé
    ach 'mo sceach i mbéal bearna
gach nóin agus gach maidin
    ag féachaint tí mo mháthar.

GÉIBHEANN
Caitlín Maude

Ainmhí mé

ainmhí allta
as na teochreasa
    a bhfuil cliú agus cáil
    ar mo scéimh

chroithinn crainnte na coille
tráth
le mo gháir

ach anois
luím síos

agus breathnaím trí leathshúil
ar an gcrann aonraic sin thall

tagann na céadta daoine
chuile lá

a dhéanfadh rud ar bith
dom
ach mé a ligean amach.

CÁRTAÍ POIST
Louis de Paor

An t-aer ina chriathar bán
ag craos glórach na bhfaoileán
os cionn an tráiléara
ag teacht chun cuain
is clogáin na ngabhar
ag bualadh go toll
i measc na gcrann líomóin.

Seanbhean i bhfeisteas caointe
cromtha faoi ualach paidreacha
ina ciaróg chráifeach
ag triall ar an aragal
cois cladaigh
is clog práis slóchta le meirg
ag casachtaigh sa séipéal
aoldaite.

Leannáin órtha ag siúl na trá
ag éisteacht le bladar na farraige
is aoire cianaosta
i dtábhairne ar bharr cnoic
ag imirt fichille le hiarlais
i mbrístín snámha,
a gharmhac bán ó Bhronx Nua-
    Eabhrac.

Ar ardán os cionn na trá
breacaimid aibítir solais ar phár
is seolaimid ár mbeannachtaí gréine
ar chártaí poist go hÉirinn.

5

ÉICEOLAÍ
Biddy Jenkinson

Tá bean béal dorais a choinníonn caoi ar a teach, a fear, a mac,
is a shíleann gairdín a choinneáil mar iad, go baileach.
Beireann sí deimheas ag an uile rud a fhásann.
Ní maith léi fiántas.
Ní fhoighníonn le galar ná smál ná féileacán bán
ná piast ag piastáil
is ní maith léi an bláth a ligfeadh a phiotail ar lár.

Cuirim feochadáin chuici ar an ngaoth.
Téann mo sheilidí de sciuird oíche ag ithe a cuid leitíse.
Síneann na driseacha agamsa a gcosa faoin bhfál.
Is ar an bhféar aici siúd a dhéanann mo chaorthainnse
cuileanna glasa a thál.

Tá bean béal dorais a choinneodh a gairdín faoi smacht
ach ní fada go mbainfimid deireadh dúile dá misneach.

FOTHRACH TÍ I MÍN NA CRAOIBHE
Cathal Ó Searcaigh

Tá creatlach an tseantí
ag baint ceoil as an ghaoth;
gan doras gan fuinneog gan sclátaí dín
gach foscailt ina feadóg fhiáin
ag gabháil fhoinn.
Ó bhinn go binn
tá an teach tréigthe éirithe
ina shiansa stoirmspreagtha.
Mo cheol thú, a sheantigh;
a leithéid de phortaíocht
ní chluinfí choíche
ó theach téagartha teaghlaigh
lá gaoithe.

Prós don bhéaltriail

Iarrfar ort sliocht gairid amháin a léamh as liosta sleachta ón gcnuasach dualgais próis. Seo iad na scéalta dualgais don bhéaltriail:

1. 'Clann Uisnigh'
2. 'An Phiast'*
3. 'Mise Mé Féin'
4. 'Na Sráideanna' (as *Seal le Síomón*)
5. *Deoraíocht* (sliocht)
6. 'Iníon Rí na Cathrach Deirge'*

*Caithfidh tú *rogha* a dhéanamh idir 'An Phiast' agus 'Iníon Rí na Cathrach Deirge' agus *sé phíosa* na Roinne Oideachais a ullmhú as ceachtar acu.

LEIDEANNA DON PHRÓS

1   Caithfidh tú *tríocha sliocht* a ullmhú atá roghnaithe ag an Roinn Oideachais ón gcnuasach dualgais.

2   Bí ag cleachtadh na bpíosaí go minic.

3   Is féidir an píosa a léamh i gcanúint ar bith ag an scrúdú. Moltar duit athruithe foghraíochta a dhéanamh roimh ré ionas go mbeidh tú in ann an léitheoireacht a dhéanamh i gceart.

4   Tá *nóiméad amháin* agat chun an píosa a léamh go híseal duit féin sula dtosaíonn tú ar é a léamh os ard.

5   Ná bíodh eagla ort tú féin a cheartú má dhéanann tú botún agus an píosa á léamh agat. D'fhéadfá rud éigin mar seo a rá: **'Gabh mo leithscéal. Léifidh mé é sin arís, le do thoil.'**

6   Ní chaithfidh tú aon cheisteanna a fhreagairt ar an sliocht atá léite agat.

SLEACHTA NA ROINNE OIDEACHAIS
CLANN UISNIGH

Giota 1

Tharla gur mharaigh a hoide gamhain lá sneachta le béile a ullmhú do Dheirdre, agus thit cuid d'fhuil an ghamhna ar an sneachta. Tháinig fiach dubh a ól na fola agus chonaic sise é agus í ag amharc amach.

'A Leabharcham,' ar sise, 'is mairg gan fear agam ar a bhfuil na trí dathanna sin: dath an fhéich ar a chuid gruaige, dath na fola ar a ghrua, agus dath an tsneachta ar a chneas.'

'Muise, tá a leithéid sin d'fhear ar a dtugtar Naoise mac Uisnigh i gcúirt Chonchúir,' arsa Leabharcham.

D'agair Deirdre Leabharcham faoina chur chun cainte léi.

Tháinig Naoise os íseal chun comhrá le Deirdre, agus ar a fheiceáil di thug sí gean agus grá dó, agus dúirt nach mbeadh sonas ná séan uirthi choíche go mbeadh ina bean aige. Níor mhaith leis-sean a pósadh, óir bhí a fhios aige go mbeadh fearg ar Chonchúr dá n-imíodh sé le Deirdre.

Giota 2

Chuaigh Áinle agus Ardán, beirt deartháireacha Naoise, agus trí chéad laoch in éineacht leo go hAlbain. Fuair siad cónaí agus seirbhís in arm rí na hAlban agus bhí siad ar a sáimhín só go gcuala an rí iomrá ar scéimh Dheirdre. Dúirt sé gur mhaith leis ina bean aige féin í. Thóg sin bruíon idir Clann Uisnigh agus muintir an rí, ach ba threise le muintir an rí i ndeireadh na dála, agus b'éigean do Chlann Uisnigh teitheadh go raibh siad ar oileán mara.

I gceann tamaill tháinig an scéala go Cúige Uladh go raibh Clann Uisnigh ar a seachnadh ar oileán mara in Albain. Ar a chluinstin do na huaisle dúirt siad le Conchúr gur mhór an trua iad a bheith ar deoraíocht mar gheall ar bhean, agus gur chóir scéala a chur faoina gcoinne agus a dtabhairt chun an bhaile.

Ar impí na n-uaisle thoiligh Conchúr ar theachtaire a chur go hAlbain á iarraidh ar Chlann Uisnigh teacht ar ais go hÉirinn.

Giota 3

Ar féasta a bhí i gcúirt an rí gan mhoill ina dhiaidh sin labhair Conchúr ar Chlann Uisnigh agus dúirt gur mhór an easpa ar a theach gan trí coinnle gaisce Gael, mar a bhí Naoise, Áinle, agus Ardán, a bheith ann. Dúirt sé gur mhaith leis teachtaire a chur faoina ndéin ach go raibh geasa ar Naoise teacht le haon teachtaire ach duine de thriúr a bhí sa láthair, mar a bhí Conall Cearnach, Fearghus mac Róigh, agus Cú Chulainn.

Thug sé Conall i leataobh go bhfuair amach uaidh go ndéanfadh sé scrios agus ár dá dtéadh sé faoina gcoinne agus díobháil nó dochar i ndán dóibh ar theacht dóibh. Níor thaitin sin le Conchúr.

Thug sé Cú Chulainn i leataobh, ach ba mheasa leis an bhagairt a rinne Cú Chulainn faoin scrios agus ár a dhéanfadh sé dá ndéanfaí feall ar Chlann Uisnigh agus eisean a dtabhairt ar ais go hEamhain Mhacha.

8

Giota 4

D'fhág siad Albain, agus ar theacht i dtír in Éirinn dóibh chuaigh Bórach, duine uasal a raibh a dhún cois na farraige, síos chun an phoirt a thabhairt cuiridh chun féasta d'Fhearghus. Conchúr a d'iarr air an féasta a ullmhú d'Fhearghus, mar bhí sé de gheasa ar Fhearghus gan féasta a dhiúltú, agus bhí a fhios ag an rí go gcuirfeadh sin moill ar mhac Róigh agus go mbeadh caoi aige féin ar an fheall a imirt ar Chlann Uisnigh sula sroicheadh Fearghus Eamhain Mhacha.

Bhí Fearghus i gcruachás. Bhí geallta aige Clann Uisnigh a chur go hEamhain chomh luath is a thiocfadh siad i dtír, agus níor mhian leis a gcur ann gan é féin a bheith leo. Sa deireadh shocraigh sé ar Iollann Fionn agus Buinne Borbrua a chur leo agus é féin fanacht agus an féasta a chaitheamh.

D'imigh siad ag tarraingt ar Eamhain Mhacha, agus ar an bhealach mhol Deirdre dóibh dul go Reachlainn go mbeadh an féasta caite ag Fearghus.

Giota 5

Go teach na Craobhruaidhe a d'ordaigh Conchúr a gcur ar theacht go hEamhain Mhacha dóibh. Tugadh rogha gach bia agus togha gach dí chucu, agus bhí siad go léir sona sásta ach Deirdre amháin.

Ba mhaith le Conchúr a fhios a bheith aige an raibh a cruth agus a scéimh ar Dheirdre mar a bhí riamh, agus chuaigh Leabharcham go teach na Craobhruaidhe a fháil na faisnéise sin dó. Tháinig sí ar ais le scéala nach raibh a cruth ná a scéimh féin ar Dheirdre, óir bhí gean mór ag Leabharcham ar Dheirdre agus bhí a fhios aici gur olc a thiocfadh as di dá gcluineadh Conchúr go raibh sí ar mhná áille an domhain. Mhaolaigh an t-éad a bhí ar an rí nuair a chuala sé nach raibh an ghnaoi chéanna ar Dheirdre a bhí.

I gceann tamaill smaoinigh sé ar Dheirdre arís. Samhlaíodh dó nár inis Leabharcham an fhírinne dó. Chuir sé giolla darbh ainm Tréandorn a fháil faisnéise faoi scéimh Dheirdre.

Giota 6

Rinne Ardán agus Áinle agus Naoise troid mhór ansin in éadan na nUltach a bhí ag ionsaí teach na Craobhruaidhe. Bhí a chuma air go mbuafadh Clann Uisnigh ar mhuintir Chonchúir. D'fhág siad mórán acu ar lár sna ruathair a rinne siad orthu.

Ar a fheiceáil dó mar a bhí Clann Uisnigh ag cosaint, chuaigh Conchúr chuig Cathbhadh draoi á hiarraidh air draíocht a imirt orthu. Gheall sé do Chathbhadh nach ndéanfadh seisean aon dochar dóibh. Chreid Cathbhadh focal an rí agus chuaigh sé i gceann na draíochta. Chuir sé loch timpeall Chlann Uisnigh gurbh éigean dóibh dul ar an snámh. Níor lig an eagla do na hUltaigh a n-ionsaí mar sin féin go bhfaca siad iad á gcloí ag an uisce agus na hairm ag titim as a lámha. B'ansin a ghabh siad iad.

Tugadh Clann Uisnigh i láthair Chonchúir. D'iarr sé ar an bhásaitheoir iad a mharú. Dúirt seisean nach maródh.

AN PHIAST

Giota 1

An chéad lá a d'aistríos go huimhir a fiche a cúig Ascaill Uí Mhuirthile fuaireas amach go raibh Frainc Mac Aindriais mar chomharsa bhéal dorais agam. Bhíos agus Frainc le blianta san oifig chéanna. Duine beag lom ligthe ba ea é agus é an-chiúin ann féin. Bhí sé dea-mhúinte ómósach le gach éinne. Ní raibh aon chomharthaí tine le haithint sa chroiméal tanaí fionn a bhí air ná san aghaidh bheag mhílítheach. Geallaim duit go dtáinig ionadh orm nuair a chonac an bhean. Ní hamháin go raibh sí mór ach bhí sí córach teannláidir. Bhí déad breá fiacal aici, aghaidh leathan, agus cneas luisneach dea-shláinteach. Bhí, chomh maith, teanga chun comhrá aici, eirim ghéar, agus gáire croíúil cuileachtanais. Ba dhóigh liom gurbh fhiú í fear ab éifeachtaí ná Frainc a bheith aici, ach dúirt daoine ab fhearr aithne orthu nárbh amhlaidh a bhí, gur scoth chéile Frainc.

Giota 2

An chéad tráthnóna a bhíos sa teach nua agus mé gan citeal gan fearaistí fuaireas cuireadh chun tae ón bhean chroíbhrothallach. Is dócha go raibh trua aici dhom i dtaobh mé bheith singil agus gur theastaigh uaithi buntáistí an bheatha phósta a chur ar mo shúile dom. Go deimhin caithfead admháil go raibh ag éirí léi, mar lena hanamúlacht féin, lena neart, agus lena háilleacht, d'ardaigh sí mo chroí. Bhí ionadh orm cá raibh Frainc go dtáinig sé isteach chugainn á rá go raibh an tae ullamh. Ní raibh aon chóta air agus bhí a lámha caolsreangacha nocht go dtí na huilleanna. Bhí tae breá againn, ach thugas faoi deara ná raibh ach corrghreim ag Frainc á thógaint agus go raibh sé ag éirí dá shuíochán ag freastal orainn. Thug an bhean faoi deara mé ag faire air agus d'iompaigh sí orm ag míniú an scéil:

'Bhíos amuigh ar feadh an tráthnóna, agus ó táim ag dul amach arís ag imirt bheiriste níorbh fhiú dhom mo chuid éadaigh a athrú agus thairg Frainc an béile ullmhú.'

Giota 3

Bhí fhios agam gur cheart dom rud éigin a dhéanamh. Thriaileas an fhuinneog a oscailt ach bhí sí chomh daingean le doras bainc. D'iompaíos chun bean an ghoil.

'Caithfead an doras a bhriseadh isteach,' ar mise, 'ach ní mór dom tua nó piocóid nó—' Thug sí lámh dom am chur as an slí. Do shearr sí í féin, agus thug rúid fán doras. Bhuail sí pleanc dá cliathán air a rinne fuaim mar dhéanfadh tionóisc bhóthair. D'oscail an doras isteach agus d'imigh coimeádaí an ghlais agus na scrobhanna ag rince ar an íléadach.

'Anois thú!' ar sise liom agus í ag at le móráil. Mise bhí ag cuimhneamh ar ghol anois. Mhothaíos an-bheag ionam féin. Bhí sí mar bheadh sí ag feitheamh le focal molta ach rinneas amach ná raibh an ócáid oiriúnach chuige sin.

'Cé acu seomra ina mbeadh sé?' arsa mise ag féachaint timpeall orm.

'Fan go bhfeicfead an bhfuil na páistí slán ar dtúis.'

10

Giota 4

'Tá eagla ag teacht orm, an dtiocfaidh tú in éineacht liom?' Leanas í. Sa chéad seomra bhí an bheirt ghearrchaile ina gcodladh go sámh. Thug sí sciuird ar dhoras a seomra féin. Agus a lámh ar an gcnapán theip an anáil uirthi. Bhí an dath ag tréigint a cneas.

Bhíos féin creathánach go leor ach d'osclaíos an doras di. Geallaim duit go raibh áthas orm ná raibh éiní bunoscionn istigh. Bhí an pantar ramhar de pháiste sa chliabhán caolaigh agus chuaigh suaimhneas a chodladh trím' chroí. An dílleachta bocht! Ghlaos uirthi féin. Thug sí sciuird isteach agus chrom os cionn a mic.

'Moladh le Dia, tá an leanbh slán,' ar sise agus thóg sí amach as na héadaí buidéal leathlán agus chuir as an slí é. Chuardaíomar na seomraí eile thíos agus thuas. Bhí gach árthach sa chistin ina ionad ceart féin ar an seilp. Bhí urlár na cistine tais mar bheadh sé nuanite.

Giota 5

Ach cá raibh Frainc? Thosnaigh smaoineamh ag rith trím' cheann go mb'fhéidir nach é an croí bhí tar éis teip air in aon chor ach go raibh sé imithe, a shaoirse bainte amach aige, nó mar adeir lucht an Bhéarla, 'go raibh an phiast tar éis casadh.' Tháinig an rud céanna i gceann na mná mar do stad an brón agus thosnaigh sí ag cuardach ar an matal, ar an driosúr agus sna dráranna mar bheadh súil aici go mbuailfeadh litir léi. D'imigh an trua go léir a bhí agam di agus thosnaíos ag guí go mbuafadh Frainc ar an dlí, go mbainfeadh sé amach tír iasachta éigin sa Domhan Thoir nó sa Domhan Thiar agus ná feicfí riamh é á stracadh abhaile ar urla cinn.

Shuíomar beirt ar dhá thaobh an bhoird mar dhéanfadh aireacht stáit nó coiste idirnáisiúnta. Rinneamar an scéal a chíoradh go mion ó thosach deireadh ach ní thángamar ar aon bhreis eolais.

Giota 6

Bhí Frainc dar ndóigh ina sheiceadúir, a ghuala táite de chuaille stad an bhus. Bhí an bus deireanach gafa suas fadó ach dála Casabianca ní thréigfeadh sé a phost. Nuair ghlaos abhaile air thug an bhean faoi i dtaobh í ghlasáil amuigh. Dúirt sí an chéad uair eile tharlódh a leithéid go mbaileodh sí léi ar fad. Mar bhuille scoir d'ordaigh sí dhó coimeádaí an ghlais a chur suas arís i gcomhair na hoíche. Faid a bhí sé á dhéanamh sin bhí sí féin ag gabháil buíochais liomsa ag an ngeata. Dúirt sí go raibh aiféala uirthi ar shlí ná raibh Frainc imithe mar go mbeadh seans aici fear mórchroíoch mar mé féin a fháil ina ionad.

Bhí an scrobh deireanach tiomáinte ag Frainc. Dúirt sí leis an doras a dhúnadh agus seasamh as an slí go dtriailfeadh sí é. Thug sí rúid mar thug an chéad uair agus thiomáin an doras isteach roimpi gan dua. D'fhéach sí an-mhórálach aisti féin agus d'fhiafraigh sí de Fhrainc go sotalach an gcoiscfeadh an saghas sin daingniú gadaithe Bhaile Átha Cliath.

MISE MÉ FÉIN

Giota 1

'Nach dtuigeann tú an seans atá á fháil agat?' a deir sé liomsa arís. Choinnigh sé orm, gach uile chaoi a fuair sé, arís agus arís eile.

'Dá bhfaighinnse seans mar sin ag an aois sin—ach ní bhfuair: chaith mé job beag suarach sa státseirbhís a thógáil ar dhá phunt sa tseachtain—agus punt is coróin de sin a thabhairt ar mo lóistín. Ní bhíodh pingin agam le caitheamh leis an madra.'

Anois, cad chuige a gcaithfeadh éinne pingin le madra? Okay, níl ann ach nath cainte aige, ach tá sé cloiste agam chomh minic; agus ní mise faoi deara an saol crua a bhí aige, agus conas mar a chaith sé staidéar san oíche agus obair sa lá, agus gach uile phingin a fhaire. Is dócha gurb é sin an fáth go bhfuil sé chomh cruinn le hairgead anois. Ach amháin nuair a oireann sé dó féin—ach sin scéal eile.

Ní hé go bhfuil mo mháthair puinn níos flúirsí le hairgead. An costas beatha a deir sí, tá sé chomh hard, tá dúbailt ar gach uile shórt anois.

Giota 2

Labhrann siad araon ar na seascaidí agus chomh hiontach is a bhí rudaí. Ba dhóigh leat orthu gur ré órga a bhí ann. Bhíos-sa i mo leanbh an uair sin, agus ní cuimhin liom aon ré órga. Bhí airgead chomh gann céanna sa teach seo. Agus is cuma liom ach tá pá maith ag an seanleaid. Mairg domsa go bhfuil.

Ar shlí eile, is measa an tseanlady ná é, mar bíonn sí i gcónaí do mo cheistiú—'Cá raibh tú aréir? Cá bhfuil tú ag dul anocht? Cé tá ag dul leat? Cathain a bheidh tú ar ais?' Ba dhóigh leat uirthi gur leanbh mé—agus mé ocht mbliana déag! Agus na horduithe! Seachain an deoch, seachain na drugaí, seachain an abhainn! Seachain … an saol mór! Dá bhfaigheadh sise a toil, i ngreim láimhe aici a bheadh gach uile dhuine againn fós.

Ach bíonn trua agam di, ceangailte den teach mar atá sí, agus don seanleaid i gcónaí.

Giota 3

Ní féidir liom Beití a shamhlú ag cur suas le saol mar sin. Is í Beití mo chailín—bhuel, de shórt, mar a déarfá. Cheap mé nach mbacfadh sí liom a thuilleadh nuair a chuaigh sí don ollscoil, agus an Ardteist romhamsa fós, ach táimid cairdiúil fós. Táimid san aois chéanna, ach thóg an scoil ina rabhas-sa bliain bhreise don chúrsa. Tá an ghráin ag Beití ar gach uile shórt oibre tí.

'Chonaic mé an iomad de,' a deir sí. Ní thuigeann sí conas a bhainimse sásamh as béile a chócaráil. Rudaí áirithe a bhailiú le chéile agus a mheascadh, tine a chur leo agus béile dea-bhlasta a dhéanamh astu, is maith liomsa sin. Sin é an difear atá eadrainn. Faighimse sásamh as a bheith ag déanamh rudaí le mo dhá lámh. Cad chuige a dtabharfainn cúig nó sé bliana in ollscoil ag foghlaim as leabhair? Díreach toisc go bhfuaireas Ardteist mhaith?

Giota 4

Fuaireas Ardteist mhaith, mar d'oibrigh mé chuige ó dhubh dubh—mar dúirt mé liom féin, seo an uair dheiridh a dhéanfaidh mé é le mo shaol. Gheallainn é sin dom féin, nuair a d'ardaínn mo cheann ó na leabhair agus nuair a d'fhéachainn amach ar na crainn silíní faoina mbláth bándearg. Cad chuige gur i dtosach an tsamhraidh i gcónaí a bhíonn scrúduithe, nuair atá gach uile shórt amuigh ag breathnú chomh deas úr? Bheadh sé i bhfad níos fusa staidéar a dhéanamh sa gheimhreadh, nuair a bhíonn sé dorcha fuar amuigh.

Ach bíodh acu. Ní bhaineann sé liomsa a thuilleadh. Féadfaidh mé taitneamh a bhaint feasta as bláth na silíní, agus an tráthnóna a chaitheamh ar an abhainn gan mo choinsias a bheith do mo chrá. Beití bhocht, tá sí tar éis ceangal sé bliana de scrúduithe a chur uirthi féin.

Giota 5

Aithreacha arís! Ach níl Beití ag brath air. Tá deontas aici. Caitheann sí job samhraidh a bheith aici, ar ndóigh, chun cur leis, ach íocann an deontas as a cuid táillí agus gach uile shórt. D'fhéadfadh sí siúl amach as an teach dá mba mhaith léi, agus chothódh an deontas í. Tá a fhios ag a hathair é sin leis.

Ach ní mar sin domsa. Cé go bhfuair mé oiread onóracha le Beití, ní bhfaighidh mé deontas, mar tá m'athair go hard sa státseirbhís—ina chigire cánach, más é do thoil é! Agus toisc go bhfuilim ag brath air, ceapann sé go bhfuil sé de cheart aige mo shlí bheatha a roghnú dom. Agus tá mo mháthair chomh holc leis.

'Féach Beití,' a deir sí. 'Nach ciallmhar an rogha a dhein sí!'

Tá Beití iontach anois mar gur mac léinn leighis í. Ní raibh sí iontach in aon chor anuraidh, nuair a thug mé go dtí rince na 'debs' í. Cailín as na Flats a bhí inti an uair sin, a raibh meisceoir d'athair aici, agus é as obair ina theannta sin.

Giota 6

'Tá teaspach ort,' a deir Beití. 'Ní dheachaigh tú riamh a chodladh agus ocras ort.' 'Ní dheachaigh, ach—' 'Ná ní raibh ort éadaí seanchaite a chaitheamh.' 'Bhí—bhí ceathrar deartháir romham—' 'Á, éadaí do dheartháireacha—sin gnáthrud. Táimse ag caint ar éadaí comharsan nó gaolta …' Ní deir Beití mórán, ach de réir mar a thuigim, bhí saol crua aici. Ní raibh sí ach deich mbliana nuair a fuair a máthair bás, agus bhí cúigear níos óige ná í.

'Níor ghá dúinn ocras a bheith orainn. Ach ní iarrfaimis déirc Agus mhóidigh mé dom féin an uair sin, nuair a bheinn mór nach mbeinn bocht choíche arís.'

'Ach cad chuige leigheas?' 'Chonaic mé an oiread sin ospidéal agus dochtúirí nuair bhí mo mháthair tinn! Tá's agat, bhíodh sí uaireanta trí huaire an chloig ag feitheamh i gclinic le dochtúir a fheiceáil, agus beirt leanbh ag tarraingt aisti, agus gan í ábalta dóibh …' agus ansin stadann sí. 'Ach sin mar atá.'

NA SRÁIDEANNA

Giota 1

Bhí—agus tá fós—'cuairt an anraith' mar bhunchloch na hoibre go léir a dhéanann Clann Síomóin. Nuair a cuireadh tús leis an gClann i mBaile Átha Cliath ní raibh ann ach 'soup run'. Is oibrithe páirtaimsireacha ar fad a bhíonn ag plé leis an 'soup run', agus ag tús na hoibre i 1969–70 chaithidís siúd a lán lán ama ag cuardach na cathrach ag lorg na ndaoine a bhí gan dídean.

De réir tuairiscí roinnt de na daoine a rinne an obair sin, ní bhíodh sé ró-dheacair teacht ar na bochtáin féin ach thógadh sé tamall an-fhada cairdeas a shnaidhmeadh leo. Níorbh aon ábhar iontais é sin mar bhíodh cuid de na daoine bochta amhrasach faoi chách; i gcásanna áirithe ní raibh aon teagmháil cheart acu le daoine eile leis na blianta: chónaídís leo féin i seanbhotháin nó fiú i bpoill sa talamh agus ní bhogaidís as a mbrocais ach chun bia a fháil áit éigin. Ní labhraídís le héinne agus ní bhíodh na hoibrithe ábalta faic a dhéanamh ach anraith, ceapairí is toitíní a fhágáil leis na haonaráin.

Giota 2

Thosaíos ag cabhrú leis an 'soup run' i 1978 mar bhíos ag an am sin i mo bhall de choiste gnó na Clainne agus cheapas gur chuid de mo dhualgaisí í eolas maith a chur ar gach gné d'obair Shíomóin.

Gach oíche tosaíodh an 'chuairt' timpeall a naoi agus leanadh sí go dtí timpeall a haon ar maidin. Théimis timpeall ar na daoine a raibh aithne againn orthu, agus i rith an ama sin bhímis ag faire amach do dhaoine nua.

Daoine óga is mó a bhíonn ag obair i gClann Síomóin, agus amhail óganaigh áit ar bith, athraíonn siad a bpostanna agus a n-áiteanna cónaithe, pósann siad, is bíonn cúraimí eile anuas orthu—agus mar sin ar chúis amháin nó ar chúis eile fágann siad Clann Síomóin. An seisear nó seachtar a théadh amach ar 'chuairt an anraith' gach oíche Dhomhnaigh i 1978, táid go léir bailithe leo agus seo á scríobh agam.

Uaireanta cuireann déine na hoibre lagmhisneach ar roinnt daoine; fiú go fisciúil bíonn an obair dian.

Giota 3

Uaireanta ghlacadh Denise anraith is ceapairí uainn. Ar na laethanta a mbíodh béile maith faighte aici i gclochar éigin sa chathair, ní ghlacadh sí le haon rud.

Oíche amháin nuair a bhíos ag fágáil slán aici, chuas le doras an tsean-ghluaisteáin a dhruideadh. D'iarr sí orm é a fhágáil ar oscailt leis an aer úr a ligean isteach—cé go raibh gaoth fheannaideach ann an oíche sin agus mé féin ar crith leis an bhfuacht faoi mo chóta mór!

Ní fhaca mé Denise ag caint le héinne riamh. Ach feicim í go minic timpeall na cathrach, bean mhílítheach nach dtabharfá faoi deara, í ag cloí le taobh an bhalla den chosán, na súile faoi aici.

Feicim anois is arís í i séipéal na mBráithre Bána. Í ina suí ar chúlsuíochán ag Aifreann an tráthnóna. Ní stadann a lámha riamh ach iad ag gluaiseacht de shíor óna gruaig go bun a sciorta agus ar ais go dtí an ghruaig arís. Uaireanta itheann sí píosa seacláide nó brioscca agus fós na lámha ag gluaiseacht gan stad. Bean bhocht a bhíonn beag beann ar gach a bhíonn ar siúl timpeall uirthi.

Giota 4

Níor labhair mé riamh le hÚna. Thugas anraith is ceapairí di go minic ach níor éirigh liom riamh focal cainte a bhaint aisti. Sasanach óg í Úna, gan mórán thar an scór bliain slánaithe aici. Chínn í ina seasamh in áiteanna éagsúla ar fud na cathrach, a droim le balla agus dhá mhála taistil ar an talamh in aice léi.

Thógadh sí an t-anraith is na ceapairí gan focal a rá. Chodlaíodh sí sa phóirse i gceann de na hoifigí nua sa chathair. Bhíodh claí cosanta déanta aici leis na málaí taistil; bhíodh fothain éigin aici ansin in aghaidh na gaoithe ar an tsráid lom uaigneach sin a thréigeann lucht na n-oifigí díreach ag a cúig a chlog gach tráthnóna—ansin ní bhíonn duine ná deoraí ar an tsráid ach Úna agus na sean-nuachtáin a bhíonn ina n-ábhar spóirt ag an ngaoth.

Chomh fada agus is eol dom, níor iarr Úna ach an t-aon rud amháin ar lucht an anraith, is é sin leabhar fisice! Ní raibh cúlra iomlán na hógmhná seo ag éinne. Cheap daoine gur mhac léinn í sular fhág sí a teach féin i Sasana.

Giota 5

'Go maith, táid sa bhaile,' arsa mo chompánach go heolgasach.

Ní fhaca mise ach carnán de sheanbhalcaisí éadaigh sa phóirse. Ach istigh faoi na héadaí bhí an bheirt, agus iad préachta leis an bhfuacht. Bhí nuachtáin is cairtchlár ar an urlár acu is píosa mór cairtchláir i bhfeac ag dhá cholún an phóirse chun buillí na gaoithe a mhaolú. Thóg siad anraith is ceapairí uainn ach bhí siad beirt chomh fuar sin gur dheacair dóibh aon rud a ithe. D'ól siad an t-anraith is chuaigh teas éigin isteach ina gcnámha. Chuir siad a lámha timpeall na gcupán te amhail is dá mbeidís ag lorg sóláis uathu.

Cé go raibh taithí fada go leor agam ar shaol na ndaoine i gClann Síomóin, chuaigh fuacht na hoíche sin go smior ionam. De ghnáth bhíodh an teach i Sráid Sheáin Mhic Dhiarmada go deas te agus mar an gcéanna leis an teach fothana; an rud a chuir ionadh is alltacht orm ná an fuacht nimhneach geimhriúil ina maireann na daoine a mbuaileann lucht an anraith leo.

Giota 6

Chodlaíodh Dan sa phóirse i gceann de na blocanna móra oifigí de chuid na státseirbhíse. Ba chéim in airde dó an áit chodlata úd, mar roimhe sin chodlaíodh sé i mbosca adhmaid ina gcoimeádadh fear díolta nuachtán a chuid páipéirí i rith an lae.

Ciarraíoch mór ard ba ea Dan. Ba mhinic drochaoibh air, agus ansin ní ghlacadh sé faic na fríde ó lucht an anraith. Uaireanta eile chuireadh sé gach re béic as, ach chiúnaíodh sé tar éis tamaill is bhíodh sé sibhialta go leor. Ach an té nach mbeadh aithne aige ar Dan, bheadh eagla air ar cloisint na mbéiceanna sin dó.

Chuireadh seisean an gnáth-chairtchlár faoi ar an talamh mar chosaint in aghaidh an fhuachta, agus bhailíodh sé timpeall air mar chlaí cosanta ó na

15

gaotha na málaí dubha plaisteacha a bhíodh lán de pháipéar ó na hoifigí. D'fhanadh Dan ansin ina sheomra beag féin don oíche, agus i rith an lae bhíodh sé ag maíomh go raibh 'departmental permission' aige fanacht sa doras sin.

DEORAÍOCHT

Giota 1

Lá breá gréine a bhí ann agus bhí na sráideanna lán de dhaoine. Cuid acu go breá aerach croíúil; cuid eile faoi leatrom agus brón mór; cuid eile fós a bhí go faiteach imníoch scáfar. A scéal féin ag gach aon duine agus mo scéal mór brónach agam féin. Thosaíos ag machnamh. Bhí orm mo shaol a chur díom ar an anchaoi seo. Tháinig olc orm do na daoine seo a bhí ag dul tharam go beo tapaidh agus lúth na ngéag acu. Cheapas go mba chóir dóibh féachaint orm ar a laghad. Duine a bhí ag foghlaim coisíochta an athuair! Duine a bhí i mbéal an bháis agus a tháinig as! Duine a bhí ar leathchois agus ar leathláimh agus a éadan casta millte scólta!

Bhí fearg orm nár bacadh liom—nár fiafraíodh scéala díom—nár cuireadh ceist orm i dtaobh na timpiste a d'éirigh dom; ach nuair a dhearc ógbhean dheas a bhí ag dul thart go truamhéalach orm, agus í ar tí labhartha, tháinig cuthach orm.

Giota 2

Bhí an fear dlí sa bhanc romham mar a gheall sé. Bhí an uile rud i gcóir aige. Bhí an dá chéad go leith le fáil agam. Ceapadh go bhfágfainn an t-airgead sa bhanc faoi m'ainm féin ach ní fhágfainn. Cén cineál nótaí ab fhearr liom? Ní nótaí a bhí uaim ar chor ar bith ach ór. Bhí ionadh orthu nuair a dúras an méid sin, ach, dá mbeadh a fhios acu nach raibh dhá shabhran bhuí i mo phóca agam in éineacht ó d'fhágas mo bhaile agus mo chairde gaoil, ní dóigh liom go mbeadh. Ar chaoi ar bith, fuaireas an t-ór i mála. Cuireadh i mo shuí ar charr mé, agus ní fada a bhíos ag déanamh an bhealaigh abhaile.

Chuas isteach i mo sheomra (muintir an ospidéil a fuair an lóistín dom); chuireas an glas ar an doras; bhuaileas an mála óir in aghaidh an bhalla le fuaim an óir a chlos; chaitheas ar an mbord go neamh-aireach é, díreach is dá mbeadh a leithéid agam gach uile lá sa bhliain …

Giota 3

Lasas coinneal. Scairdeas a raibh agam den ór amach ar an mbord. Thosaíos á láimhseáil. Bhíos á ligean trí mo mhéara mar a bhíonn páistí ag ligean an ghainimh trína méara ar an trá. Níor mhothaíos aon cheo ach an t-ór. Níor chualas ach a fhuaim. Ní fhacas ach a dhath. Ní raibh cuimhne agam ar aon rud ach go raibh an t-ór ann, má bhí cuimhne agam air sin féin. Agus ní dóigh liom anois go raibh, ach go raibh sé ag déanamh sásaimh mhóir aigne dom fios a bheith agam go raibh sé ann. An tsástacht a bhíonn ar mháthair nuair is eol di go bhfuil a leanbh ina haice.

Bhí an bord beag clúdaithe agam le hór. A leithéid de bhrat boird ní raibh os comhair an rí riamh. Ach ní rabhas sásta amach is amach.

Roinneas an t-ór ina chúig charnán, ina chúig chaiseal, agus leathchéad sabhran i ngach ceann. Deich gcinn in íochtar; naoi gcinn os a gcionn; ocht gcinn os a gcionn siúd agus mar sin de go raibh na caisil tógtha agam.

Giota 4

An oíche úd, agus mé i mo luí ar mo leaba bheag, rinneas scrúdú coinsiasa. Gach ar tharla dom, agus gach a ndearnas ó chailleas lúth na ngéag, chuireas trína chéile é. B'fheasach mé le fada go raibh athrú mór tagtha orm, ar mo mheon agus ar mo chroí agus ar m'aigne; go mba mhó go mór an t-athrú úd a bhí tagtha ar m'aigne ná an t-athrú a bhí tagtha ar mo cholainn; go mbeadh an fuath agus an ghráin agus an díomá agus an t-olc mar chomhluadar agam feasta; go mbeadh an duairceas mar chéile agam go lá mo bháis.

Chuir an smaoineamh seo lionndubh ar mo chroí. Cheapas athrú a dhéanamh ar mo bhéasa, ar mo shaol, agus ar mo mhodhanna maireachtála— an chathair a thréigeadh, nó ar an gcuid is lú de, áit chónaithe a fháil i bhfad ó na cairde bréagacha a bhí agam.

Chomhair mé a raibh fágtha agam den airgead. Deich bpunt is trí fichid a bhí sa bhanc agus cúpla punt sa teach.

Giota 5

Mar sin do chuireas fúm sa teach mór seo. Agus nach teach mór millteach a bhí ann i ndáiríre! Ceithre chéad fear a bhí ina gcónaí ann agus é lán. Cineál seoimrín faoi leith ag gach duine díobh. Agus ar maidin d'fheicfeá gach fear acu agus a ghreim féin á ghléasadh aige.

Ach bhíodh uaigneas ormsa má bhí an slua mór féin ann. B'uaigní mé, ar bhealach, i láthair an tslua mhóir ná i mo sheoimrín féin sa tseanáit. Liom féin ab fhearr liom a bheith go gnách, agus nuair a shuínn ag fuinneog ag dearcadh amach ar an tsráid, agus ar na daoine a bhí ag gabháil thart, ar na capaill, ar na carranna, ar na gluaisteáin (nach iad a chuireadh buile orm?), bhíodh an t-uaigneas agus an cumha chomh mór sin ar mo chroí is go mbíodh orm éirí agus a ghabháil i láthair na cuideachta. Ach le chomh duairc dólásach is a bhínn, cheapainn go mbídís uile go léir ag magadh fúm; go raibh olc acu dom; go raibh gráin acu orm.

Giota 6

D'éirigh fear mór toirtiúil ina sheasamh. Chuir sé iallach ar a raibh sa láthair a bheith ina dtost. Thosaigh sé do mo mholadh. Ní raibh agam ach an dea-fhocal do gach uile dhuine. Ní dhearnas cúlchaint ar aon duine. Níor chuireas achrann ar bun. Bhíos lách cineálta le cách …

Leis an mórmholadh a thug sé dom, cheapas nach raibh mo leithéid eile ar dhroim an domhain. Mhol sé mé mar a mholfadh file a leannán. Agus is fíor-fhile a bhí ann. Bhí an chaint a scaoil sé uaidh garbh. Bhí an iomad drochfhocal ann. Ach is óna chroí a tháinig sí agus chorraigh sí a lucht éiste go mór.

Chorraigh an chaint mé féin, freisin, agus nuair a dúirt sé leis an bhfear a chuidigh liom síos an staighre 'é' a thabhairt isteach, ghabh mórionadh mé, mar tháinig sé chugainn agus cathaoir bheag a raibh dhá roth mhóra faoi cheann di agus dhá roth bheaga faoin gceann eile á tiomáint aige.

INÍON RÍ NA CATHRACH DEIRGE

Giota 1

Tháinig muid le chéile ar an trá. Bhí mo dheirfiúracha romham ar an ngaineamh, ag síneadh a muinéil is ag searradh a sciathán, agus caint os íseal eatarthu sa siollabadh rúnda a bhíodh againn agus na ceannchochaill á gcaitheamh againn. Nuair a tháinig mise i láthair chuireadar ar fad a ngob le gaoth, thóg mé féin m'áit ar ghualainn Shíle, shíneamar na sciatháin, agus aníos linn.

Is iontach an rud é, staighre na gaoithe a dhreapadh mar sin. Bíonn ort do dhá chois a choinneáil sínte siar as an mbealach, agus matáin láidre na nguaillí a chur ag obair. Airíonn tú cuimilt ghrámhar an aeir ar do bhrollach is ar do bholg, agus feiceann tú a bhfuil le feiceáil sa domhan. Thíos fút tá an t-oileán, agus feiceann tú chomh beag is atá sé. Feiceann tú an trá atá díreach fágtha i do dhiaidh agat ar an taobh thoir de, agus cúr na farraige ar dhath na gcleití lena himeall. Feiceann tú do chuid deirfiúracha féin romhat agus in aice leat sa spéir, agus molann tú i do chroí istigh chomh láidir is atá siad, agus chomh hálainn, chomh saor ó tharraingt throm an talaimh.

Giota 2

D'imíomar trí huaire deiseal ar an oileán mar ba ghnách linn: a n-eite dheis leis an talamh, a n-eite chlé leis an bhfarraige mhór. Ag dul thart ar na haillte dearga sa taobh thiar den oileán, b'fhurasta a thuiscint nach dtagann aon strainséir in aice linn sa chathair. Cathair a thugtar uirthi—an Chathair Dhearg—ach is sean-ainm é sin. Níl inti dáiríre ach cúirt. Ach tá na haillte chomh hard, agus is í an chloch dhearg chéanna atá i bhfallaí na cúirte, sa chaoi nach n-aithneofá go bhfuil aon chúirt ann, mura mbeifeá ag eitilt.

Sinéad a bhí chun tosaigh agus muid ag dul thart don tríú huair, agus thug sí díreach os cionn na hiothlainne muid, ag gáirí is ag béiciúch, ag magadh faoi Éamonn, a bhí ag siúl trasna agus dhá bhuicéad ar iompar aige. Sheas sé agus bhreathnaigh sé aníos orainn, agus bhí faitíos orm i dtosach go n-aithneodh sé muid.

Giota 3

B'shin an chéad samhradh agamsa in Éirinn. Chloisinn an chuid eile acu ag caint uirthi, blianta eile, deireanach san oíche sa suanlios, agus thuig mé go raibh mé ró-óg le dul in éindigh leo. Thuig mé go raibh orthu mé a fhágáil sa ghrianán le Máire nó le Mairéad, le Mór nó le Muireann, agus bhí mé buíoch i gcónaí den deirfiúr a d'fhan sa mbaile le comhluadar a choinneáil liom, ach ghoill sé orm mar sin féin. Ghoill sé go mór orm. An iomarca peataireachta a fuair mé uaithi, agus bhídís cráite le cantal agam mura bhfaighinn mo chomhairle féin a dhéanamh i gcónaí.

Ní raibh sé i gceist ag Siobhán mé a ligean go hÉirinn go dtí go mbeinn seacht déag, ach nuair a bhain mé mo shé bliana déag amach, ba léir dise agus do chuile dhuine eile go raibh mé i mo bhean fhásta. B'airde d'orlach go leith mé ná aon bhean eile acu, agus mo cholainn is mo dhá chois chomh lúfar is a d'fhéadfá iarraidh.

Giota 4

An chéad lá a ndeachaigh muid ann bhí sé ar lá chomh hálainn lena bhfaca tú riamh. Ní raibh oiread is puth gaoithe ar an trá agus muid ag déanamh réidh, ach nuair a d'eitil muid ard, ard os cionn na cúirte, agus soir trasna na farraige, d'airigh mé sruthanna cineálta aeir a thabharfadh go hÉirinn mé. Thíos fúinn bhí craiceann roicneach na farraige ag gluaiseacht is ag síorghluaiseacht, agus cuma na haoise air, ach thuas anseo a bhí an óige! Buillí láidre aclaí éascaigh; teas na gréine agus fionnuaire na gaoithe; agus imeacht caol díreach san áit ar imigh mná mo chine gach samhradh ón uair a tógadh an Chathair Dhearg.

Bhreathnaigh mé thart ar mo dheirfiúracha, agus thug mé faoi deara chomh geal is a bhíodar ag breathnú, lá gréine mar seo, in ainneoin na gcleití daite a bhí anseo is ansiúd orthu. B'fhacthas dom gur i ndeirge a bhí mo cheann-chochall féin ag dul le tamall, agus rinne mé iontas.

Giota 5

Sheas an aimsir bhreá, agus gach tráthnóna ina dhiaidh sin, chomh luath is a bhí an dinnéar ite agus an Rí goite a chodladh, nigh muid na soithigh go cúramach ceart, agus d'imíomar. Chaith muid uaireanta fada gach lá ar an Tamhnóg Bhán in Éirinn, ina suí thart ar an bhféar ag scéalaíocht, nó ag déanamh bolg le gréin, nó ag snámh. Ní raibh duine ná deoraí riamh ann ach muid féin, ach ó am go chéile d'fheicinn buachaill catach dubh ar an mbóthar nó ar an bportach nó ar thrá na farraige. Thugadh sé suntas dúinn i gcónaí. D'fheicinn dath ón ngrian ar a leicne agus é ag breathnú aníos orainn, agus chloisinn a ghuth anois is arís agus é ag gáirí faoin sean-asal a bhíodh ag obair aige. Comhaois liom féin é, shíl mé, agus ba thrua liom nach raibh a leithéid i measc ghiollaí an oileáin. Bhíodh Seán Bán ag stánadh orm na laethanta seo, gan a bheith ag magadh fúm níos mó, ach b'fhearr liom go mór fada an buachaill dubh ná é.

Giota 6

D'fhan mé sa loch gur chuala mé an chuid eile acu ag dul á ngléasadh féin. Chuala mé Muireann agus Máire ag glaoch orm, agus Siobhán féin ina dhiaidh sin. Faitíos éigin a bhí uirthi, shíl mé, agus í ina seasamh ansin ag glaoch, ach bhí mé i bhfad uaithi ag an bpointe sin. Nuair a tháinig mé in aice leo arís bhí a gcuid ceannchochall éin orthu ar fad: dhá cheann déag d'éanacha geala uaisle ar an Tamhnóg Bhán, agus iad an-chorrthónach. Bhíodar ag iarraidh rud éigin a rá liom, ba léir, ach is deacair siollabadh na n-éan a thuiscint agus tú i do chraiceann mná.

'Ar aon chaoi,' arsa mise liom féin, is mé ag snámh go mall ina dtreo, 'is mise iníon an Rí, agus caithfidh siad fanacht liom.'

Fuair mé foras ar an scaineamh ar deireadh agus thug mé mo chloigeann is mo ghuaillí aníos ón uisce, mo ghruaig fhada rua thart orm ar snámh.

Stór focal don bhéaltriail agus don cheapadóireacht

Is fiú stór fairsing focal a bheith ar eolas agat agus tú ag tabhairt faoin mbéaltriail agus faoin scrúdú scríofa, go mór mór na haistí. Chuige sin táim ag cur stór oiriúnach focal ar fáil thíos anseo. Foghlaim cuid de, ar a laghad, agus bain úsáid as agus tú ag cleachtadh don scrúdú cainte agus don scrúdú scríofa.

Do theaghlach

teaghlach	family, household
muintir	family (including relatives)
clann	children (of one family)
neacht	niece
nia	nephew
aintín	aunt
uncail	uncle
garmhac	grandson
gariníon	granddaughter
fear céile	husband
bean chéile	wife
an duine is sine	the eldest
an duine is óige	the youngest
i lár baill	in the middle
m'athair	my father
mo mháthair	my mother
mo thuismitheoirí	my parents

Do cheantar

faoin tuath	in the country
álainn	beautiful
ciúin	quiet
míle amháin, dhá mhíle, trí mhíle, ceithre mhíle	one, two, three, four miles
seoladh	address
contae	county
baile fearainn	townland
sráidbhaile	village

baile mór	town
cathair	city
bruachbhaile	suburb

CEISTEANNA COITIANTA

Tú féin, do theaghlach, do cheantar
Dia duit.
Cad is ainm duit?
Cén chaoi a bhfuil tú?/Conas tá tú?/Cad é mar atá tú?
Cén aois thú?
Cén lá breithe atá agat?
Inis dom faoi do theaghlach/do mhuintir.
Cá bhfuil tú i do chónaí?
Cén sórt áite é?
An bhfuil aon fhadhbanna ann?
Cad é an caitheamh aimsire atá agat?

Ar scoil
Cén t-ainm atá ar an scoil seo?
Cén sórt scoile í?
Cén fáth a dtaitníonn/nach dtaitníonn an scoil seo leat?
Cad iad na hábhair atá á ndéanamh agat?
Cén t-ábhar is fearr leat? Cén fáth?
Cén sórt áiseanna atá agaibh sa scoil?
Dá mbeifeá i do phríomhoide ar an scoil seo, cad a dhéanfá?
Cad iad na cluichí a imrítear sa scoil?
Cad a dhéanfaidh tú tar éis an scrúdaithe? Cén post ba mhaith leat?
Cén sórt traenála atá ag teastáil?

Fadhbanna
Cad é do mheas faoin dífhostaíocht?
Cad a cheapann tú faoi fhadhb na ndrugaí?
An bhfuil tuairim agat faoi cholscaradh?
Cad é do mheas faoi thruailliú na timpeallachta?
Meas tú an bhfuil réiteach ar bith ar fhadhb na coirpeachta?
Cad í an fhadhb is measa atá againn in Éirinn, i do thuairimse?
Cad a cheapann tú faoin Tuaisceart?
An bhfuil leigheas ar bith ar an imirce?
Cad a cheapann tú faoi chúrsaí eacnamaíochta na hÉireann?
Cad é do mheas faoi ghorta sa 'Tríú Domhan'?

Ábhair eile

Cad a rinne tú ag an deireadh seachtaine?

Conas a chaith tú do laethanta saoire anuraidh?

An raibh tú riamh sa Ghaeltacht?

Cá raibh tú? Inis dom faoi.

Conas a ndeachaigh sé i bhfeidhm ort?

Dá mbeifeá i do Thaoiseach cad a dhéanfá?

Dá mbeadh an bua agat sa Chrannchur Náisiúnta cad a dhéanfá?

Cad a cheapann tú faoi shaol na mban in Éirinn?

An raibh tú riamh thar lear?

Cá raibh tú? Conas a thaitin sé leat? Cad a rinne tú sa tír sin?

Cad iad na difríochtaí is mó idir an tír sin agus Éirinn?

Cad a cheapann tú faoi shaol an duine óig in Éirinn sa lá atá inniu ann?

Cad é do thuairim faoi bhrú na scrúduithe?

An ndearna tú ullmhú/cleachtadh faoi leith don scrúdú seo inniu?

An teach

teach dha urlár	two-storey house
bungaló	bungalow
an bunurlár	the ground floor
an chéad urlár	the first floor
an dara hurlár	the second floor
árasán	flat
ceap árasán	block of flats
thuas staighre	upstairs
thíos staighre	downstairs
díon	roof
simléar	chimney
fuinneog	window
tionónta	tenant
cistin	kitchen
cúlchistin	scullery
seomra bia	dining-room
seomra suí	sitting-room
seomra folctha	bathroom
leithreas	toilet
halla	hall
bean an tí	the woman of the house
fear an tí	the man of the house
ag glanadh	cleaning
ag scuabadh	sweeping
na comharsana	the neighbours

Caitheamh aimsire agus spórt

cluichí éagsúla	various games
peil	football
sacar	soccer
snámh	swimming
láithreán campála	campsite
is ball mé	I'm a member
is maith liom	I like
is breá liom	I love
cispheil	basketball
galf	golf
marcaíocht	riding
sléibhteoireacht	mountaineering
rothaíocht	cycling
seoltóireacht	sailing
spaisteoireacht	walking
leadóg	tennis
Is maith liom a bheith …	
ag snámh	swimming
ag léamh	reading
ag seinm ceoil	playing music
ag rince	dancing
ag bailiú stampaí	collecting stamps
ag imirt haca	playing hockey
ag imirt snúcair	playing snooker
ag imirt cispheile	playing basketball
ag imirt iomána	playing hurling
ag imirt sacair	playing soccer

Do cheantar (á leanúint)

in aice na cathrach	near the city
club óige	youth club
eastát	estate
lárionad siopadóireachta	shopping centre
séipéal	church/chapel
halla an bhaile	the town hall
monarcha	factory
malartán fostaíochta	employment exchange
óstán	hotel
amharclann	theatre
pictiúrlann	cinema
dánlann	art gallery

Fadhbanna éagsúla

fadhb, fadhbanna	problem, problems
aitiúil	local
fadhbanna sóisialta	social problems
comhairle	advice
comhairleoir	adviser
dífhostaíocht	unemployment
imirce	emigration
bochtaineacht	poverty
loitiméireacht	vandalism
coirpeacht	crime (in general)
coir, coireanna	a crime, crimes
coirpeach	a criminal
ciontóirí	offenders
ógchiontóirí	young offenders
cúisithe	charged
cúirt	court
breitheamh	judge
breithiúnas	verdict
alcól	alcohol
alcólachas	alcoholism
tobac	tobacco
toitíní	cigarettes
tionchar	influence
drugaí	drugs
andúileach	addict
drochshampla	bad example
oideachas sláinte	health education

Na meáin

clár teilifíse	television programme
clár raidió	radio programme
sraith	series
sraithscéal	serial
nuacht	news
cúrsaí reatha	current affairs
clár faisnéise	documentary
clár oideachais	educational programme
clár díospóireachta	discussion programme
clár grinn	comedy programme
clár spóirt	sports programme
clár ceoil	music programme
láithreoir	presenter
tuairisceoir	reporter

tuairisc	report
craoladh beo	live broadcast
Raidió na Gaeltachta	
Raidió na Life	
Teilifís na Gaeilge	

Taisteal agus laethanta saoire

an Fhrainc	France
deisceart na Spáinne	southern Spain
baile turasóireachta	tourist town
daoine deasa cairdiúla	nice, friendly people
cois farraige	by the sea
plódaithe le turasóirí	packed with tourists
eitilt	flight
lóistín	accommodation
aerfort	airport
róthe	too hot
stáisiún traenach	railway station
breá brothallach	fine and warm
te grianmhar	hot and sunny
ticéad fillte	return ticket

Oideachas

bunscoil	primary school
meánscoil	secondary school
gairmscoil	vocational school
scoil phobail/pobalscoil	community school
scoil chuimsitheach	comprehensive school
scoil chónaithe	boarding-school
coláiste pobail	community college
scoil mheasctha	mixed school
scoil dara leibhéil	second-level school
príomhoide	principal
leas-phríomhoide	vice-principal

Sa scoil

áiseanna	facilities
halla tionóil	assembly hall
leabharlann	library
saotharlann teanga/teanglann	language laboratory
seomra staidéir	study room
seomra ceoil	music room

páirc pheile	football field
seomra ealaíne	art room
halla gleacaíochta	gymnasium
linn snámha	swimming-pool
seomra ríomhairí	computer room
bialann/proinnteach/ceaintín	canteen/restaurant

Na hábhair

Gaeilge	Irish
Béarla	English
Fraincis	French
Spáinnis	Spanish
Gearmáinis	German
Iodáilis	Italian
Laidin	Latin
Gréigis	Greek
léann Eabhrach	Hebrew studies
léann clasaiceach	classical studies
ceol agus ceoltóireacht	music and musicianship
ealaín	art
ealaín agus ceardaíocht	art and crafts
stair	history
tíreolaíocht	geography
corpoideachas	physical education
eacnamaíocht bhaile (ginearálta)	home economics (general)
eacnamaíocht bhaile (eolaíoch agus sóisialta)	home economics (scientific and social)
eacnamaíocht thalmhaíochta	agricultural economics
matamaitic	mathematics
matamaitic fheidhmeach	applied mathematics
líníocht theicniúil	technical drawing
fisic	physics
ceimic	chemistry
fisic agus ceimic	physics and chemistry
bitheolaíocht	biology
eolaíocht thalmhaíochta	agricultural science
staidéar foirgníochta	building studies
innealtóireacht	engineering
eagrú gnó	business organisation
eacnamaíocht	economics
stair eacnamaíoch	economic history
cuntasaíocht	accountancy

Treoracha don scrúdú cainte

Nuair nach bhfuil freagra agat:

1   Más rud é nach dtuigeann tú an cheist, is féidir leat a rá: **'Gabh mo leithscéal, ach ní thuigim an cheist sin.'**

2   Más rud é go dtuigeann tú an cheist ach nach bhfuil aon eolas agat faoin ábhar sin, is féidir leat rud éigin mar seo a rá: **'Gabh mo leithscéal, ach níl mórán eolais agam faoin ábhar sin.'**

3   Más rud é go mb'fhearr leat gan aon rud a rá faoi ábhar ar leith, is féidir leat a rá: **'Gabh mo leithscéal, ach níl aon spéis agam san ábhar sin. An bhféadfá ceist eile a chur orm, le do thoil?'**

Idir 13 agus 15 nóiméad

Ba chóir go leanfadh an scrúdú cainte idir trí nóiméad déag agus cúig nóiméad déag; ach d'fhéadfadh an scrúdaitheoir dalta a choinneáil níos faide ná sin.

Má chuireann an scrúdaitheoir ceist ort faoin nGaeltacht, ná habair go raibh tú sa Ghaeltacht mura raibh. Tá na scrúdaitheoirí cliste: ní chreidfidh siad bréaga! (Agus má bhí tú sa Ghaeltacht, bí in ann go leor a rá fúithi.)

Sa Ghaeltacht

coláiste Gaeilge	Irish college
neart le hithe	plenty to eat
i mo shuí ar feadh na hoíche	awake all night
sháraigh mé/bhris mé cúpla riail	I broke a couple of rules
go leor cailíní, buachaillí	plenty of girls, boys
céilí chuile oíche	a céilí every night
bhain mé taitneamh go deo as	I really enjoyed it

An tAire Ealaíon, Oidhreachta, Gaeltachta agus Oileán, Síle de Valera

Nathanna úsáideacha le scríobh nó le rá

is dóigh liom/táim ag ceapadh	I think
táim ag ceapadh go mbeadh sé fíor le rá	I think it would be true to say
táim ag ceapadh go bhféadfainn a rá	I think I could say
sílim/measaim/ceapaim	I think
táim lanchinnte de	I'm quite certain
déarfainn	I'd say

Taitneamh agus míthaitneamh

is maith liom	I like
is breá liom	I love
thar barr/go hiontach/togha/go diail	excellent
is fuath liom/is gráin liom	I hate
cuireann sé fearg orm/cuireann sé ar buile mé	it angers me
cuireann sé déistin orm	it disgusts me
go holc/go hainnis/go huafásach	awful
seafóideach	daft

Am

faoi láthair/san am i láthair	now, at the present time
i láthair na huaire	now (at this precise moment)
sa lá atá inniu ann	nowadays
le déanaí	lately
amach anseo/sa todhchaí	in the future
fadó	a long time ago
tamall ó shin	a while ago
le blianta beaga anuas	for the past few years

Éagsúil

ar an gcéad dul síos	first of all
is mithid dúinn/tá sé in am againn	it's time for us
práinneach	urgent
chuile sheans/gach uile sheans	there's every chance
muise, ní bheadh a fhios agat	indeed you'd never know
creid é nó ná creid	believe it or not
tá sé dochreidte	it's unbelievable
chun an fhírinne a rá/a insint	to tell the truth
de dhéanta na fírinne	as a matter of fact
tá a fhios ag an saol	everybody knows
mar a dúirt mé cheana	as I said previously
tá béim rómhór ar	there's too much emphasis on
mar shampla	for example

cuir/cuiream i gcás (go)	let us suppose (that)
níl barúil dá laghad agam	I have no idea
ní aontaím leis sin ar chor ar bith	I don't agree with that at all
níl tuairim dá laghad agam	I have no opinion whatever
níl a fhios agam ó thalamh an domhain	I have no idea whatever
níl cur amach ar bith agam ar an rud sin	I have no knowledge of that
is trua liom a rá/is oth liom a rá	I'm sorry to say
dála an scéil	by the way
pé scéal é	in any case
tá sé deacair a rá	it's hard to say
cad is féidir linn a dhéanamh?	what can we do?
is maith an scéalaí an aimsir	time will tell/better to wait and see
an gcreidfeá?	would you believe?
ní chreidfeá	you wouldn't believe
níl cíos, cás ná cathú orm	I haven't a worry in the world
tríd is tríd/go ginearálta	generally speaking
taobh amháin den scéal	one side of the story
an taobh eile den scéal	the other side of the story
ar ais nó ar éigin	by hook or by crook
dul thar na bearta	to go too far
ní raibh tásc ná tuairisc air	there was no sign of him
tá sé i gceist agam	it's my intention
tá mé dóchasach	I'm hopeful
de réir dealraimh	apparently
riachtanach	necessary
buntáistí	advantages
míbhuntáistí	disadvantages
deacrachtaí	difficulties
go háirithe	especially
ach go háirithe	anyway, at any rate
ar chuma ar bith/ar aon nós	anyway/in any case
chomh fada agus is eol dom	as far as I know
tar éis an tsaoil	after all/when all is said and done
dáiríre	really, in earnest
b'fhéidir	perhaps
is fíor sin	that's true
go sábhála Dia muid	God help us
go bhfóire Dia orainn	God protect us
meas tú?	would you think?
dar m'anam	upon my soul
mar a déarfá	as you might say
is amhlaidh	it seems
gan amhras ar bith	without a doubt

PÁIPÉAR 1

Leagan amach agus marcanna

Páipéar 1: 170 marc

Ceist 1. Ceapadóireacht: 100 marc

Freagair do rogha *ceann amháin* de A, B, C, nó D.

N.B: Ní gá dul thar 500 nó 600 focal nó mar sin i gcás ar bith.

> A—Aiste—(100 marc)

> B—Scéal—(100 marc)

> C—Alt Nuachtáin/Irise—(100 marc)

> D—Díospóireacht nó óráid—(100 marc)

Ceist 2. Léamhthuiscint: 70 marc

Freagair A *agus* B.

> A—(35 marc)

> B—(35 marc)

Ceist 1. Ceapadóireacht: 100 marc

TREORACHA

1 Ní gá duit dul thar 500–600 focal nó mar sin sa cheapadóireacht.

2 Bí lánchinnte go dtuigeann tú *teideal* an phíosa ceapadóireachta.

3 Bí cinnte go bhfuil stór focal fairsing go leor agat chun an aiste, scéal, alt, díospóireacht nó óráid a scríobh. *Be sure you have a sufficient vocabulary to write a full composition on the subject you choose.*

4 Bí cinnte go bhfuil ord agus eagar ar an gceapadóireacht agat. D'fhéadfá plean a ullmhú roimh ré, mar seo a leanas.

PLEAN NA CEAPADÓIREACHTA

(1) **Tús.** Ní gá ach *réamhrá ginearálta* a scríobh. Ba chóir duit do thuairim féin a lua; agus más rud é gur aiste ghinearálta atá i gceist, ba chóir duit teideal na haiste a mhíniú.

(2) **Croí.** Gan amhras is í an chuid seo den aiste a mbaineann an tábhacht is mó léi. Ba chóir go mbeadh a trí nó a ceathair d'ailt sa chuid seo agus go ndéantar dianscagadh iontu ar ábhar na haiste. Ná déan dearmad gur chóir dhá thaobh an scéil a lua má tá níos mó ná taobh amháin ann. Ba chóir *pointe tábhachtach amháin* a bheith agat le haghaidh gach ailt, agus bí cinnte go dtugann tú na buntáistí chomh maith leis na míbhuntáistí.

(3) **Críoch.** Achoimre [*summary*] atá i gceist anseo, agus caithfidh sí a bheith an-éifeachtach. Ba chóir duit tagairt a dhéanamh do na pointí a bhí agat sna hailt roimhe sin.

(4) **Saibhreas Gaeilge.** Ba chóir go mbeadh sé soiléir ón scéim mharcála (leathanach ix) go bhfuil tromlach na marcanna—80 as 100—le fáil do chruinneas agus do shaibhreas na teanga. Dá bhrí sin molaim duit aire faoi leith a thabhairt don dá rud seo. Tá liosta nathanna úsáideacha ar leathanach 32–46 thíos, agus molaim duit cuid acu ar a laghad a chur de ghlanmheabhair [*learn off by heart*] agat. Tabhair aire faoi leith *d'aimsirí na mbriathra*, do na *hainmfhocail*, agus do na *forainmneacha réamhfhoclacha*.

(5) **Dul siar.** Nuair atá an aiste scríofa agat ba chóir duit dul siar uirthi agus í a cheartú. Agus *ná déan dearmad ar na síntí fada!*

Ábhar agus stór focal don cheapadóireacht

The great majority of pupils preparing for the Leaving Certificate, Higher level, are concerned about the compositions they may be required to write and the vocabulary necessary to maximise marks. This section of the book deals with both of these questions and also endeavours to help pupils to acquire the *saibhreas teanga* that is essential for achieving higher grades. A thorough preparation for this part of the examination will also be very helpful for the oral and aural exams.

CÚRSAÍ OIDEACHAIS

Is féidir scolaíocht in Éirinn a roinnt ina trí chuid. Ar an gcéad leibhéal tá na bunscoileanna. Tá na meánscoileanna éagsúla ar an dara leibhéal; agus tá na hollscoileanna, na coláistí teicniúla reigiúnacha, na coláistí oiliúna agus coláistí éagsúla an NIHE ar an tríú leibhéal.

Stór focal

an chéad, dara, tríú leibhéal	first, second, third level
meánscoil	secondary school
gairmscoil/ceardscoil	vocational school
coláiste pobail	community college
scoil chuimsitheach	comprehensive school
scoil chónaithe	boarding-school
ollscoil	university
coláiste teicniúil réigiúnach	regional technical college
coláiste oiliúna	training college
gan léamh gan scríobh	illiterate
neamhlitearthacht	illiteracy
róchúng	too narrow
Ní thagann ciall roimh aois (seanfhocal)	Wisdom doesn't come before age
brú na scrúduithe	the pressure of examinations
córas na scrúduithe	the examination system
deacrachtaí foghlama	learning difficulties
imithe ó smacht	gone out of control
taighde	research
fadhb fhorleathan	a widespread problem
inmholta	recommended
comhlíonadh	fulfilling
acadúil	academic
aoisghrúpa	age group
deis	opportunity
dearcadh	outlook
drochbhail	poor state
cothrom na Féinne	fair play
éirimiúl	intelligent
a chur faoi agallamh	to interview
áiseanna	facilities
gairmthreoir	career guidance
scoil mheasctha	mixed school
teangacha	languages
sa lá atá inniu ann	nowadays
fostaíocht	employment
folúntas	vacancy
táillí	fees

an iomarca béime	too much emphasis
cumas acadúil	academic ability
pearsantacht a fhorbairt	developing personality
iomlánú mar dhuine	developing as a person
milleán	blame
caidreamh	friendship
stádas	status
dírithe	directed
ciste an stáit	state funds
tuisceanach	understanding
páirtíocht	participation
ghnóthaigh	achieved

Abairtí úsáideacha

- Tá neamhlitearthacht le fáil i mbeagnach gach aon tír. Is fadhb mhór í san Afraic agus san Áis. Meastar go bhfuil breis is 20 faoin gcéad d'fhir an domhain agus 30 faoin gcéad de mhná gan léamh gan scríobh sa lá atá inniu ann. Is fadhb í in Éirinn chomh maith, mar a bhfuil beagnach 100,000 duine gan léamh gan scríobh acu.
- Tá míbhuntáistí pearsanta, eacnamaíochta agus sóisialta ag baint le saol duine ar bith nach bhfuil léamh agus scríobh aige.
- Fágann go leor daoine óga scoileanna ar fud na hÉireann róluath agus gan léamh ná scríobh ceart acu.
- Is é bunréiteach na faidhbe ná líon na ndaltaí sna ranganna a laghdú, sna bunscoileanna agus sna meánscoileanna.
- Réiteach eile ná scéimeanna litearthachta a chur ar siúl, go mór mór do dhaoine fásta. Tá scéimeanna mar seo ar siúl cheana féin in áiteanna áirithe.
- Tá sé riachtanach go gcuirfeadh an Rialtas oideachas cúitimh [*compensatory education*] ar fáil, go háirithe sna bunscoileanna nach bhfuil scéimeanna iontu cheana.
- Deirtear go gcuireann córas na scrúduithe brú rómhór ar dhaltaí agus nach bhfuil ciall ar bith le 'rás na bpointí', mar a thugtar air uaireanta. Caithfidh daltaí méid áirithe pointí a fháil san Ardteistiméireacht chun áit a fháil ar chúrsa tríú leibhéil. Tá daoine ann a cheapann go mbeadh sé níos fearr daltaí a chur faoi agallamh chomh maith.
- Ceapann daoine áirithe go bhfuil córas na bpointí róchúng agus nach bhfuil baint ar bith ag roinnt de na hábhair atá le déanamh ag daltaí lena saol féin.

Cleachtadh (100 marc)

1 Scríobh aiste ar an ábhar seo: 'Aos óg tíre an mhaoin is luachmhaire inti'. (Ardteistiméireacht, 1994.)
2 Scríobh an chaint a dhéanfá i ndíospóireacht scoile ar son *nó* in aghaidh an rúin seo a leanas: 'Tá córas oideachais an-mhaith againn in Éirinn'. (Ard-teistiméireacht, 1997.)

3 Is é seo do lá deireanach mar phríomhoide scoile. Scríobh an óráid a thabharfá do na daltaí, na múinteoirí, agus na tuismitheoirí.

4 Ceap scéal a mbeadh an seanfhocal 'Mol an óige agus tiocfaidh sí' oiriúnach mar theideal air.

5 Chuir tú agallamh ar thriúr iardhaltaí de chuid do scoile féin. Scríobh alt a bheas bunaithe ar an agallamh sin d'iris na scoile. (Páipéar samplach, 1997.)

6 Scríobh an chaint a dhéanfá i ndíospóireacht scoile ar son *nó* in aghaidh an rúin seo a leanas: 'Níl córas na bpointí ag tabhairt cothrom na Féinne do dhaltaí an lae inniu'.

7 Scríobh aiste ar an ábhar 'Oideachas'.

8 Scríobh an chaint a dhéanfá i ndíospóireacht scoile ar son *nó* in aghaidh an rúin seo a leanas: 'Cuireann scrúduithe an iomarca brú ar dhaoine óga'.

CÚRSAÍ NA TIMPEALLACHTA

Nuair a bhíonn daoine ag caint faoin timpeallacht bíonn siad ag caint faoi ghnéithe éagsúla den dúlra: na cnoic agus na gleannta, an t-uisce, an t-aer, agus an fásra. Chomh maith leis sin tá an duine féin i gceist, mar aon leis na hainmhithe agus na héin, agus na sráidbhailte, na cathracha agus na tithe ina bhfuil na daoine ina gcónaí.

Ó thus an domhain tá an cine daonna ag iarraidh slí mhaireachtála a bhaint amach gan chur isteach an iomarca ar an timpeallacht. Ach, ar ndóigh, tá sé fíordheacair é sin a dhéanamh. Bhí fadó, tá anois agus beidh i gcónaí coimhlint idir forbairt agus an timpeallacht, agus tá eagraíochtaí ar nós Greenpeace ar an saol chun súil ghéar a choinneáil ar an bhforbairt sin agus chun an timpeallacht a chosaint.

Stór focal

truailliú na timpeallachta	pollution
scrios na timpeallachta	the destruction of the environment
laghdú ocsaigine mar thoradh ar dhíothú na bhforaoiseacha	reduction of oxygen because of the destruction of forests
truailliú ón trácht	pollution from traffic
truailliú eithneach	nuclear pollution
truailliú ó bhruscar	pollution from refuse
truailliú ceimiceach	chemical pollution
truailliú ó fheirmeacha	pollution from farms
truailliú torann	noise pollution
an t-aerbhrat	the atmosphere
poll i gciseal an ózóin	a hole in the ozone layer
dumpáil	dumping
todhchaí an chine daonna	the future of humankind
míshláintiúil	unhealthy
millte/scriosta	destroyed
salachar	dirt

salaíonn daoine an domhan	people dirty the world
díothú	destruction, extermination
tírdhreach	landscape
dúshaothrú	exploitation
géarchéim	crisis
acmhainní nádúrtha	natural resources
smacht	control
claochlú	transformation
cothromaíocht	balance
dul chun cinn	progress
eisilteach	effluent
a shárú	to overcome
neamhchúram	lack of care
rachmas	wealth
brú	pressure
thar na bearta	too far, excessive
díobhálach	harmful
a chaomhnú	to preserve
ciontach	guilty
inathnuaite	renewable

Abairtí úsáideacha

- Tá go leor fianaise againn go bhfuil an cine daonna ag déanamh an-dochar dó féin agus don timpeallacht, in ainm na forbartha, an rachmais, agus dul chun cinn eacnamaíochta.
- Tá Baile Átha Cliath i gcruachás faoi láthair le salachar agus le smúiteán (smut).
- Mhair an duine ar feadh na gcéadta bliain gan stró ar bith agus gan dochar a dhéanamh don timpeallacht; ach ó ré na tionsclaíochta i leith tá brú uafásach á chur ar aerbhrat agus ar thírdhreach an domhain.
- Ceapaim go bhféadfaí a rá go bhfásann an duine as a thimpeallacht féin. Déanann éiceolaithe [*environmentalists*] sárobair chun an timpeallacht a chosaint. Tá imní orthu faoi dhíothú na bhforaoiseacha sna teochreasa [*tropics*]. Ceapann siad go bhféadfadh díothú na bhforaoiseacha dochar thar cuimse a dhéanamh do chothromaíocht na timpeallachta. Tá sé soiléir anois go gcaithfimid na foraoiseacha a chosaint mar go bhfuil gnó riachtanach acu chun ocsaigin a chur ar fáil don aerbhrat.
- Creideann saineolaithe anois go bhfuil baol ann freisin go dtosóidh Oighearaois [*Ice Age*] nua san Eoraip de dheasca na n-athruithe atá déanta ar an aimsir.
- Fuair 'cosantóir na timpeallachta', Jacques Cousteau, bás sa bhliain 1997. Chaith sé a dhúthracht ag iarraidh an timpeallacht a chosaint agus a chaomhnú, go háirithe trí mheán scannán agus clár teilifíse.

CLEACHTADH (100 MARC)

1   Is ball tú de chraobh áitiúil de Greenpeace, an ghluaiseacht idirnáisiúnta im-shaoil. Tá ort píosa cainte a thabhairt ag cruinniú bliantúil na craoibhe ar an téama 'Tábhacht ár dtimpeallachta'. Scríobh an píosa cainte a thabharfá ar an ócáid sin. (Ardteistiméireacht, 1997.)

2   Táthar chun foirgneamh tábhachtach i do cheantar féin a leagan. Scríobh an tuairisc a chuirfeá chuig nuachtán faoin scéal. (Páipéar samplach, 1997.)

3   Scríobh an chaint a dhéanfá i ndíospóireacht scoile ar son *nó* in aghaidh an rúin seo a leanas: 'A leas féin, agus ní hé leas an phobail, is mó is cás le gach duine inniu'. (Ardteitiméireacht, 1994.)

4   Scríobh an chaint a dhéanfá i ndíospóireacht scoile ar son *nó* in aghaidh an rúin seo a leanas: 'Tá an t-aos óg dall ar thionchar a dtimpeallachta orthu'. (Ardteistiméireacht, 1993.)

5   Scríobh an chaint a dhéanfá i ndíospóireacht scoile ar son *nó* in aghaidh an rúin seo a leanas: 'Tá lá an tírghrá thart in Éirinn'. (Páipéar samplach, 1993.)

6   Scríobh aiste ar an ábhar 'Truailliú agus milleadh na timpeallachta'.

7   Táthar chun seanfhoirgneamh cáiliúil a leagadh chun bóthar nua a dhéanamh i do cheantar. Scríobh an tuairisc a chuirfeá chuig nuachtán faoin scéal.

8   Scríobh aiste ar an ábhar seo: 'Tá an timpeallacht á loit san am i láthair'.

BOCHTAINEACHT—CARTHANACHT—TÍORTHA BOCHTA

Táim ag ceapadh go mbíonn i bhfad níos mó daoine ag caint faoin mbochtaineacht, faoi charthanacht agus faoi thíortha bochta sa lá atá inniu ann ná mar a bhíodh fadó. Níl a fhios agam cén fáth a bhfuil sé seo fíor, ach b'fhéidir go bhfuil baint mhór aige le 'Live Aid' agus an obair a rinne Bob Geldof. Tá dírbheathaisnéis Bob Geldof, *Is That It?* léite agam an athuair, agus tugann sé cuntas dúinn sa leabhar ar cén fáth agus cén chaoi ar thosaigh sé 'Live Aid'.

Ach ní chaithfidh tú dul go tíortha san Afraic nó san Áis chun bochtaineacht a fheiceáil. Cé go bhfuil córas cuimsitheach leasa shóisialta againn in Éirinn, ceaptar go bhfuil beagnach an chúigiú chuid de mhuintir na tíre bocht.

Stór focal

carthanais	charitable organisations
eagraíochtaí deonacha	voluntary organisations
córas leasa shóisialta	social welfare system
cearta na ndaoine	people's rights
dínit an duine	the dignity of the person
fulaingt	suffering
práinneach	urgent
díchothaithe	undernourished
díhiodráitiú	dehydration
ganntanas	want

coilíniú	colonisation
a imdhíonadh	to immunise
easpa cothromaíochta	lack of equality
buinneach	diarrhoea
ar an gcaolchuid/an ngannchuid	needy, suffering from want (féach *Seal le Siomón*)
sclotrach	emaciated
sléibhte móra bia	big food mountains
Eagraíocht Bhia agus Talmhaíochta na Náisiún Aontaithe	the Food and Agriculture Organisation of the United Nations (FAO)
Eagraíocht Dhomhanda na Sláinte	the World Health Organisation
Ciste na Náisiún Aontaithe um Leanaí	the United Nations Children's Fund (UNICEF)
Ar scáth a chéile a mhaireann na daoine (seanfhocal)	People survive by helping one another
cearta daonna á gceilt	human rights being denied
tacaíocht	support
polaimiailíteas	poliomyelitis (polio)
uisce truaillithe	polluted water
iasachtaí móra airgid	big money loans
an daonra ag méadú	the population increasing
galair thógálacha	infectious diseases
líon na ndaoine bochta méadaithe go mór	the number of poor people increased greatly

Abairtí úsáideacha

- Is rud uafásach ar fad é agus is masla don chine daonna na híomhánna millteanacha scáfara den ghorta agus den fhulaingt a bhíonn ar na páipéir nuachta agus ar an teilifís beagnach gach oíche den tseachtain.
- Deirtear go bhfaigheann níos mó ná 35,000 duine bás gach lá sna tíortha is boichte. Tugann UNICEF le fios dúinn go mbíonn ocras ar bheagnach 95 milliún leanbh agus iad ag dul a chodladh gach oíche. An gcreidfeá go bhfaigheann 8 milliún duine bás in aghaidh na bliana de bharr uisce truaillithe amháin! De réir Eagraíocht Dhomhanda na Sláinte is é ganntanas uisce nó uisce truaillithe atá freagrach as 75 faoin gcéad nó níos mó de ghalair i dtíortha bochta.
- Tá eagraíochtaí ar nós Gorta, Trócaire, Concern agus Goal ag déanamh sár-oibre sna tíortha sin, agus is é an cúram is mó a chuireann siad rompu ná uisce glan a chur ar fáil sna tíortha ina mbíonn siad ag obair. Is é an polasaí atá acu ná cabhair a thabhairt do dhaoine cabhrú leo féin, in ionad chuile rud a thabhairt amach saor in aisce i gcónaí.
- Tá go leor carthanas ag cabhrú le daoine bochta in Éirinn chomh maith. Déanann Cumann San Uinseann de Pól sárobair i measc daoine atá ar an

gcaolchuid. Tá eagraíochta áitiúla ar nós Meals on Wheels i mbeagnach chuile cheantar in Éirinn, ag teacht i gcabhair ar dhaoine nach bhfuil in ann béilí a ullmhú dóibh féin.

- Carthanas eile is ea an eagraíocht darb ainm Alone, a bhunaigh Willie Birmingham roinnt blianta ó shin. Ní mhaireann Willie Birmingham, ach maireann an eagraíocht a bhunaigh sé, agus tá obair fhiúntach chreidiúnach ar siúl ag Alone i mBaile Átha Cliath ag cabhrú le seandaoine aonaracha. D'aithin Willie Birmingham nach raibh an córas stáit in ann freastal ar chuile dhuine, go háirithe seandaoine a chónaíonn ina n-aonar. Dá bhrí sin tá Alone ann chun cabhair agus sólás a thabhairt dóibh.

CLEACHTADH (100 MARC)

1 Scríobh aiste ar an ábhar 'Níl tír ar domhan gan a trioblóid féin aici', maidir le do rogha *dhá* thír iasachta. (Ardteistiméireacht, 1997.)

2 Ceap scéal a mbeadh an seanfhocal seo oiriúnach mar theideal air: 'Bíonn blas ar an mbeagán'. (Páipéar samplach, 1997.)

3 Scríobh aiste ar an ábhar 'Fadhb idirnáisiúnta a bhfuil an-spéis agam inti'. (Ardteistiméireacht, 1996.)

4 Ceap scéal nó aiste a mbeadh 'Cothrom na Féinne' oiriúnach mar theideal air. (Ardteistiméireacht, 1995.)

5 Scríobh an chaint a dhéanfá i ndíospóireacht scoile ar son *nó* in aghaidh an rúin seo a leanas: 'A leas féin, agus ní hé leas an phobail, is mó is cás le gach duine inniu'. (Ardteistiméireacht, 1994.)

6 Ceap scéal a mbeadh an seanfhocal seo oiriúnach mar theideal air: 'Ar scáth a chéile a mhaireann na daoine'.

7 Scríobh aiste ar an ábhar seo: 'An gorta i dtíortha bochta inniu'.

8 Scríobh an chaint a dhéanfá i ndíospóireacht scoile ar son *nó* in aghaidh an rúin seo a leanas: 'Níl réiteach ar bith ar fhadhbanna na dtíortha bochta'.

DRUGAÍ—FORÉIGEAN—COIRPEACHT

Níl amhras ar bith orm ná go bhfuil fadhb na ndrugaí, fadhb an fhoréigin agus fadhb na coirpeachta ag dul in olcas, ní hamháin in Éirinn ach ar fud an domhain. Tá sé fíordheacair teacht ar réiteach ar bith ar na fadhbanna seo, atá i bhfad níos measa faoi láthair ná mar a bhíodh am ar bith roimhe seo. Níl gach duine ar aon intinn faoi bhunchúis na bhfadhbanna seo, cé go n-aithnítear go forleathan go bhfuil an dífhostaíocht agus an bhochtaineacht ina measc.

Stór focal

éadóchas	despair
lionn dubh/lagar spride	depression
fuarchúis/patuaire	apathy
slí éalaithe	a means of escape
drugaí mídhleathacha	illegal drugs
hearóin	heroin

andúil	addiction
le fáil go forleathan	widely available
tionchar na ndrugaí	the influence of drugs
an saol mór	society
coirpeacht	crime
cúisithe	charged (in court)
díobháil	damage
ag dáileadh	distributing
dáileóirí	distributors, pushers
ar ais nó ar éigin	by hook or by crook
ógchiontóirí	young offenders
daoine á bhfuadach	people being kidnapped
Filleann an feall ar an bhfeallaire (seanfhocal)	The evil deed rebounds on the evil-doer

Abairtí úsáideacha

- Le roinnt blianta anuas tá fadhb an ndrugaí imithe ó smacht, agus tá drugaí mídhleathacha le fáil go forleathan i mbeagnach gach cathair agus baile mór sa tír. Is féidir drugaí ar nós 'ecstasy' agus hearóin fiú a cheannach gan stró ag na 'raves' a bhíonn ar siúl ar fud na tíre. Tá tionchar na ndrúgaí le feiceáil i ngach áit.

- Dúirt Coimisinéir an Gharda Síochána, Pat Byrne, go bhfuil géarghá le beart a dhéanamh i gcoinne na ndáileóirí, atá ag scaipeadh an bháis i measc na n-aindúileach. 'Múineann gá seift,' a deir an seanfhocal, agus níl amhras ar bith orm ná go bhfuil seift, nó b'fhéidir míorúilt, ag teastáil chun an nós urchóideach seo a chur faoi chois go deo na ndeor.

- Tá sé fíordheacair páipéar nuachta a léamh, éisteacht leis an raidió nó féachaint ar an teilifís sa lá atá inniu ann gan tuairiscí ar choireanna éagsúla agus ar eachtraí foiréigneacha a bheith ar bharr na nuachta. Tugtar 'galar na nóchaidí' ar na fadhbanna sóisialta seo, agus táim ag ceapadh go bhfuil réiteach nua-aimseartha práinneach ag teastáil sula dtagann meath níos measa ar an scéal, más féidir sin.

- Deirtear gur ceann de na cúiseanna is ea an córas eacnamaíochta atá ann in iarthar na hEorpa, mar go gcuireann sé leatrom ar dhaoine faoi leith, go mór mór ar dhaoine bochta. Ar ndóigh, tá baint ag drugaí agus ag alcól leis an bhfadhb seo. Mhol tuarascáil oifigiúil go mba chóir dúinn cúiseanna na bhfadhbanna a scrúdú, léirmheas a dhéanamh orthu, agus cíoradh a dhéanamh ar na lochtanna sóisialta a chruthaíonn meon na fuarchúise i measc daoine bochta atá ar imeall an tsaoil mhóir.

CLEACHTADH (100 MARC)

1 Scríobh aiste ar an ábhar seo: 'An choirpeacht: fadhb mhór in Éirinn faoi láthair'. (Ardteistiméireacht, 1997.)

2   Scríobh aiste ar an ábhar seo: 'An foréigean: ní réiteach é ar fhadhb ar bith'. (Páipéar samplach, 1997.)

3   Scríobh aiste ar an ábhar 'Fadhb idirnáisiúnta a bhfuil an-spéis agam inti'. (Ardteistiméireacht, 1996.)

4   Scríobh aiste ar an ábhar seo: 'Príosúin agus príosúnaigh'. (Páipéar samplach, 1993.)

5   Ceap scéal a mbeadh an seanfhocal seo oiriúnach mar theideal air: 'Filleann an feall ar an bhfeallaire'.

6   Scríobh an chaint a dhéanfá i ndíospóireacht scoile ar son *nó* in aghaidh an rúin seo a leanas: 'Tá an tír seo millte ag na drugaí'.

7   Táthar chun príosún a thógáil in aice do thí. Scríobh tuairisc do pháipéar nuachta faoi.

8   Ceap scéal a mbeadh an seanfhocal seo oiriúnach mar theideal air: 'Ní bhíonn an rath ach mar a mbíonn an smacht'.

NA MEÁIN CHUMARSÁIDE

I dtosach báire, cad iad na meáin chumarsáide? Ar ndóigh, i mbarr an chrainn tá an teilifís, agus ina dhiaidh sin tá na nuachtáin agus na hirisí. Chomh maith leis sin is fíor go n-éisteann an t-uafás daoine leis an raidió, go mór mór an raidió áitiúil, agus níl ceantar ar bith in Éirinn nach bhfuil stáisiún ar leith ann anois.

Tá ríomhairí thar a bheith tábhachtach sa lá atá inniu ann. Cuidíonn ríomhairí linn ar bhealaí éagsúla, mar shampla i gcúrsaí gnó, i gcúrsaí cumarsáide, agus i gcúrsaí oideachais.

Gan amhras, is cuid thábhachtach de na meáin chumarsáide tionscal na fógraíochta. Ní aontaím go hiomlán leo siúd a deir gur tionscal gan tairbhe an tionscal céanna, mar d'fhéadfaí a rá go gcuireann fógraí seirbhís eolais ar fáil don phobal.

Stór focal

na meáin chumarsáide	the mass media
raidió áitiúil	local radio
stáisiúin bhradacha	illegal stations
lonnaithe	situated
áibhéil	exaggeration
tairbhe	value, good
claonta	prejudiced, biased
mí-ionraic	dishonest
teoranta	limited
raon na gclár	the range of programmes
eagarthóir	editor
eagrán	edition
eagarfhocal	editorial
dul chun cinn	progress
is mithid	it's about time
acmhainn	resource

éagsúlacht	variety, diversity
ceannlínte	headlines
An rud is annamh is iontach (seanfhocal)	What's rare is wonderful
duine a agairt	to sue somebody
cumhacht	power
cinsireacht	censorship
cainéil teilifíse	television channels
féiniúlacht	identity
éileamh	demand
léiritheoir	producer
stiúrthóir	director
iriseóir	journalist
siamsúil	entertaining
scannal	scandal
réaltacht	reality
ar an meán	on average
tionchar	influence
teachtaireacht	message

Abairtí úsáideacha

- Nuair a bhíonn daoine ag plé na meán cumarsáide, agus go mór mór an teilifís agus ríomhairí, b'fhiú dóibh machnamh a dhéanamh ar thairngreacht [*prophecy*] Aldous Huxley ina leabhar *Brave New World* (1932). Dúirt Huxley go dtiocfadh an lá nuair a bheadh daoine ag adhradh meaisíní, na heolaíochta agus na teicneolaíochta nua in ionad a bheith ag smaoineamh dóibh féin.

- Is é tuairim go leor daoine gur tháinig an tuar faoin tairngreacht [*the prophecy came true*] agus go bhfuil an ré sin tagtha cheana féin. B'fhéidir nach bhfuil an t-ollsmachtachas [*totalitarianism*] ar scríobh Huxley faoi forleathan go fóill, ach is cosúil go bhfuil an chuid eile dá fháistine [*prophecy*] fíor. Rinne an tOllamh Marshall McLuhan anailís ar thionchar na cumarsáide leictreonaí [*electronic communications*] agus dúirt ina leabhar *War and Peace in the Global Village* (1968) go mbeadh seomraí suí ar fud an domhain ina saghas sráidbhaile domhanda mar gheall ar an teilifís.

- Scríobh Neil Postman, ollamh in Ollscoil Nua-Eabhrac, dhá leabhar, *The Disappearance of Childhood* agus *Amusing Ourselves to Death,* ag maíomh—go mór mór sa dara leabhar—nach gcuireann Meiriceánaigh spéis i rud ar bith mura bhfeileann an 'íomhá' don teilifís.

- Ní féidir a shéanadh go bhfuil cumhacht uafásach ag na páipéir nuachta. Chuir Bernstein agus Woodward, beirt iriseoirí leis an *Washington Post,* deireadh le ré Richard Nixon mar Uachtarán na Stát Aontaithe nuair a nochtaigh siad scannal Watergate. Agus cad faoi Bhrian Lenehan anseo in Éirinn? Cháin sé ról na mban agus Mary Robinson ar chlár teilifíse, agus chaill sé an toghchán.

41

- Tá ré an idirlín [*internet*] linn anois, agus tá sé seo ag déanamh athrú réabhlóideach ar na meáin chumarsáide, in Éirinn agus i ngach áit eile. B'fhéidir go bhfuil tairngreacht Huxley fíor ar deireadh thiar agus gur sráidbhaile domhanda atá i ngach seomra suí ar domhan.

CLEACHTADH   (100 MARC)

1   Bhí fógra ar *An Dréimire* ag iarraidh ar dhaltaí Ardteistiméireachta ailt a scríobh ar an ábhar 'Teilifís na Gaeilge: áis iontach'. Scríobh an t-alt a chuirfeá chuig an eagarthóir ar an ábhar sin. (Ardteistiméireacht, 1977.)

2   Scríobh aiste ar an ábhar 'Fógraí teilifíse: is mór an crá iad'. (Páipéar samplach, 1997.)

3   Scríobh aiste ar an ábhar seo: 'An ríomhaire: níl teorainn lena bhuanna'. (Ardteistiméireacht, 1996.)

4   Ceap scéal nó aiste a mbeadh an seanfhocal 'An rud is annamh is iontach' oiriúnach mar theideal air. (Ardteistiméireacht, 1996.)

5   Ceap scéal nó aiste a mbeadh an nath cainte 'Cothrom na Féinne' oiriúnach mar theideal air. (Ardteistiméireacht, 1995.)

6   Scríobh aiste ar an ábhar 'Na meáin chumarsáide: is mór an dochar a dhéanann siad'.

7   Scríobh aiste ar an ábhar 'Tionchar na meán cumarsáide'.

8   Scríobh aiste ar an ábhar seo: 'An teicneolaíocht nua-aimseartha: ár leas nó ár n-aimhleas?'

CÚRSAÍ CULTÚRTHA—OIDHREACHT—AN GHAEILGE

Tá daoine ann a deir go bhfuil an Ghaeilge agus todhchaí na Gaeltachta i gcontúirt, ach nílim féin cinnte an bhfuil sé sin fíor. Is dócha go mbeadh sé fíor le rá go bhfuil meath ag teacht ar an nGaeltacht agus go bhfuil teorainneacha na fíor-Ghaeltachta ag cúlú le roinnt blianta anuas. Ach má tá, nach bhfuil an Ghaeilge ag scaipeadh agus ag neartú in áiteanna eile?

Go deimhin, tá feabhas nach beag ag teacht ar an scéal ar fud na tíre. Tá Raidió na Gaeltachta ag craoladh ar fud na tíre agus ag dul i bhfeabhas in aghaidh an lae. Agus cad faoi Theilifís na Gaeilge? Tá roinnt de na cláir go hiontach ar fad. Chomh maith leis sin tá forbairt den scoth déanta ag na bunscoileanna lán-Ghaeilge le blianta beaga.

Stór focal

cúrsaí cultúrtha	cultural matters
oidhreacht	heritage
dúchas	native culture
Briseann an dúchas trí shúile an chait (seanfhocal)	You can't hide your nature
athbheochan	revival
meath	decline
cnuasach	collection

ceol tíre/ceol traidisiúnta	traditional music
seanchaíocht/scéalaíocht	storytelling
daltaí a spreagadh chun Gaeilge a labhairt	encouraging pupils to speak Irish
dátheangachas	bilingualism
Tír gan teanga tír gan anam (seanfhocal)	A country without a language is a country without a soul
ó ghlúin go glúin	from generation to generation
dearcadh dearfa	a positive outlook

Abairtí úsáideacha

- Nuair a bhíonn daoine ag caint agus ag scríobh faoi chúrsaí cultúrtha is iomaí uair nach ndéanann siad trácht ar rud ar bith ach an Ghaeilge, agus b'fhéidir ceol traidisiúnta; ach tá i bhfad níos mó ná na rudaí sin i gceist. Is cuid dár gcultúr iománaíocht, camogaíocht, peil Ghaelach, agus go deimhin liathróid láimhe.

- Ach tá áit ar leith i gcultúr na hÉireann ag an nGaeilge, mar is í an teanga an chuid is lárnaí de chultúr ar bith. Tá baint nach féidir a bhriseadh idir an Ghaeilge agus cultúr, ceol, litríocht, stair agus logainmneacha na hÉireann, agus fiú ár n-ainmneacha féin. Is fíor don té a dúirt, 'Tír gan teanga tír gan anam'.

CLEACHTADH   (100 MARC)

1   Scríobh an chaint a dhéanfá i ndíospóireacht scoile ar son *nó* in aghaidh an rúin seo a leanas: 'Is buntáiste mór é gur oileán í Éire'. (Ardteistiméireacht, 1996.)

2   Scríobh aiste ar an ábhar seo: 'Is trua nach aon náisiún amháin an cine daonna uile agus gan ach teanga amháin acu'. (Ardteistiméireacht, 1995.)

3   Aiste a scríobh ar an ábhar seo: 'Conradh na Gaeilge agus na heagraíochta eile Gaeilge: an maith iad?' (Ardteistiméireacht, 1993.)

4   Scríobh an tuairisc a thabharfá do dhuine ón iasacht ar cad is Éireannach ann. (Ardteistiméireacht, 1993.)

5   Scríobh an chaint a dhéanfá i ndíospóireacht scoile ar son *nó* in aghaidh an rúin seo a leanas: 'Tá lá an tírghrá thart in Éirinn'. (Páipéar samplach, 1993.)

6   Scríobh aiste ar an ábhar 'Tír gan teanga tír gan anam'.

7   Scríobh aiste ar an ábhar seo: 'Níl spéis ag muintir na hÉireann in athbheochan na Gaeilge'.

DÍFHOSTAÍOCHT

Tá fadhb na dífhostaíochta i mbéal an phobail [*being talked about*] le blianta anuas. Áit ar bith a dtéann tú cloisfidh tú daoine ag caint fúithi. Má fhéachann tú ar an teilifís feicfidh tú na saineolaithe ag plé na ceiste. Tá an Rialtas ag iarraidh an fhadhb a réiteach, ach glactar leis go coitianta go mbeidh an ráta dífhostaíochta ag méadú go fóill.

Stór focal

imirce	emigration
dul ar an mbád bán	to take the emigrant ship, to emigrate
dóchasach	hopeful
duairceas	gloom
cáilíochtaí oideachais	educational qualifications
chlis air	it failed
comhlacht	company
muinín	confidence
an ráta dífhostaíochta	the unemployment rate
seasmhach	permanent
scuainí	queues
gníomh fónta	worthwhile action
san áireamh	into account
ábaltacht	ability
slí éalaithe	means of escape
obair a chur ar fáil	to provide work
scamall dubh	a black cloud
aicme áirithe	a particular class or group
scéim phíolóta	pilot scheme
mealltach/tarraingteach	enticing
fostaíocht	employment
liúntas	allowance
céatadán	percentage
oiliúint	training
maolú	lessening, alleviation
coinníollacha maireachtála	living conditions
caighdeán maireachtála	standard of living
gaiste na bochtaineachta	the poverty trap
an saol mór/an tsochaí	society
féinmheas	self-worth
géarchéim	crisis
an Gorta Mór/an Drochshaol	the Great Famine

Abairtí úsáideacha

- Luaitear focail ar nós 'aicíd', 'galar' agus 'ailse' nuair a bhíonn daoine ag caint faoi cheann de na fadhbanna is mó in Éirinn—fadhb na dífhostaíochta.
- Tá fadhb na dífhostaíochta chomh dona sin go gceapann daoine áirithe go bhfuil tíortha na hEorpa agus tíortha eile timpeall an domhain ag tús réabhlóide sóisialta a bheas níos bunúsaí ná an Réabhlóid Thionsclaíoch, a d'athraigh an domhan san ochtú agus sa naoú haois déag.
- Tá aois na róbat [*the robot era*] i bhfeidhm anois, agus cuireann sé seo isteach go mór ar chúrsaí fostaíochta. Is féidir le róbat obair deichniúir a dhéanamh —mar shampla i monarcha gluaisteán.

- Is aireagán [*invention*] iontach é an ríomhaire, ach níl amhras ar bith orm ná go bhfuil ríomhairí ag cur isteach ar chúrsaí fostaíochta ar fud an domhain. Ag an am céanna tá cuid mhaith post á gcur ar fáil ag comhlachtaí a dhéanann na ríomhairí.
- Gan amhras is fadhb shóisialta í fadhb na dífhostaíochta; ach is fadhb eacnamaíochta agus fadhb pholaitíochta í freisin. Is dócha nach bhfuil ceantar ar bith ná teaghlach ar bith in Éirinn nach gcuireann an fhadhb sin isteach orthu.
- Fásann go leor fadhbanna eile as fadhb na dífhostaíochta: ina measc an imirce, drugaí, coirpeacht, alcólachas, agus an rud is measa ar fad: féinmharú.

CLEACHTADH   (100 MARC)

1 Scríobh aiste ar an ábhar 'Dífhostaíocht: an fhadhb is measa in Éirinn'.
2 Aiste a scríobh ar an ábhar seo: 'Fadhb na dífhostaíochta: mo réiteachsa uirthi'. (Ardteistiméireacht, 1993.)
3 Scríobh an chaint a dhéanfá i ndíospóireacht scoile ar son *nó* in aghaidh an rúin seo a leanas: 'Ní bheidh leigheas ann go deo ar ghalar na dífhostaíochta'.
4 Ceap scéal a mbeadh an seanfhocal seo oiriúnach mar theideal air: 'I ndiaidh a chéile a dhéantar na caisleáin'.
5 Scríobh aiste ar an ábhar 'Fadhb na dífhostaíochta—fadhb gan réiteach'.
6 Scríobh aiste ar an ábhar seo: 'Fadhbanna sóisialta agus a réiteach'.
7 Scríobh an chaint a dhéanfá i ndíospóireacht scoile ar son *nó* in aghaidh an rúin seo a leanas: 'Níl i ndán d'ógánaigh na hÉireann ach an bád bán'.
8 Scríobh aiste ar an ábhar 'Dífhostaíocht'.

CEOL AGUS SPÓRT

Gan amhras ar bith tá spéis faoi leith ag gach aon duine i gcúrsaí ceoil agus i gcúrsaí spóirt. Pléitear ceol agus spórt i ngach áit ar fud na tíre. An bhfuil U2 níos fearr ná Oasis? An bhfuil Liverpool níos fearr ná 'United'? An mbeidh an lámh in uachtar ag an Mí nó an mbeidh sí ag Maigh Eo? Cé acu is fearr, Contae an Chláir nó Contae Loch Garman? An raibh George Best níos fearr ná Pelé? Go deimhin, meas tú an mbeadh mórán le rá againn lena chéile murach an ceol agus an spórt?

Stór focal

ceol tíre/ceol traidisiúnta/ceol Gaelach	traditional music
pop-cheol, rock-cheol	pop music, rock music
ceol clasaiceach	classical music
snagcheol	jazz
ceol a sheinm	to play music
ranganna ceoil	music classes
amhránaíocht ar an sean-nós	traditional singing
ceolchoirm/coirm cheoil	concert
á n-eisiúint	being released

amaitéarachas	amateurism
gairmiúil	professional
bréag-amaitéarachas	false amatuerism
gnó mór é an spórt	sport is big business
rathúil	successful
an phríomhroinn	the premier division
comórtas	competition
gníomhaire	agent, representative
conradh	contract
brabach	profit
tuarastal	income, pay
lucht tacaíochta	supporters
áiseanna	facilities
gan stró	effortlessly
bainisteoir	manager
gortú	injury
contúirt	danger
straitéis	strategy
corn	cup
ciniceas	cynicism
milliúnaí	millionaire
buaiteoir	victor
caismirt	scuffle
sábháilteacht	safety
coiste	committee
poiblíocht	publicity
pionóis	sanctions

Abairtí úsáideacha

- Táim ag ceapadh go dtaispeánann ceol, agus go mór mór pop-cheol agus rock-cheol, na difríochtaí agus an easpa cumarsáide atá ann idir daoine óga agus iad siúd nach bhfuil óg a thuilleadh. Is maith le glúin amháin saghas áirithe ceoil ach b'fhearr leis an nglúin eile a mhalairt. Dá gcasfadh DJ dlúth-cheirnín [*CD*] le Daniel O'Donnell ag dioscó bheadh rírá agus raic ann, agus chuile sheans go gcaithfí an DJ amach; agus dá dtosódh Daniel O'Donnell ag casadh 'Champagne Supernova' le Oasis, meas tú cad a dhéanfadh a lucht leanúna? Bhuel, gan amhras ar bith bheadh íonadh an domhain orthu.

- Ainneoin go bhfuil spéis ollmhór ag daoine óga i bpop-cheol agus i rock-cheol, níl amhras dá laghad orm ná go bhfuil níos mó daoine óga ag seinm ceoil Ghaelaigh anois ná mar a bhí le fada an lá.

- Tá athruithe móra tagtha ar spórt le roinnt blianta anuas. Is gnó mór é an spórt sa lá atá inniu ann. Tá urraíocht ar fáil ó dhaoine agus ó chomhlachtaí atá sásta deontais agus tacaíocht a thabhairt don lucht spóirt.

46

- Creidtear go bhfuil fadhb na ndrugaí go forleathan i measc lucht spóirt ar fud an domhain.

- Cé nach n-íoctar airgead le peileadóirí ná le hiománaithe anseo in Éirinn, tá go leor daoine ag rá go bhfuil bréagamaitéarachas ag teacht isteach i gcluichí na nGael.

CLEACHTADH   (100 MARC)

1 Scéal nó aiste a cheapadh a mbeadh 'Cothrom na Féinne' oiriúnach mar theideal air. (Ardteistiméireacht, 1995.)

2 Scéal a cheapadh a mbeadh do rogha *ceann amháin* acu seo oiriúnach mar theideal air:
   (*a*) 'Ní bhíonn in aon rud ach seal'
   (*b*) 'Díomá'.   (Ardteistiméireacht, 1997.)

3 Scéal a cheapadh a mbeadh do rogha *ceann amháin* acu seo oiriúnach mar theideal air:
   (*a*) 'Bíonn blas ar an mbeagán'
   (*b*) 'Ar mhuin na muice'.   (Páipéar samplach, 1997.)

4 Aiste a scríobh ar an ábhar seo: 'An ceol: a thábhacht i saol an duine'. (Ard-teistiméireacht, 1996.)

5 Tá iriseoir ceoil á lorg ag an nuachtán *Anois* agus tá spéis agatsa sa phost sin. Caithfidh gach iarratasóir alt samplach ar ghné shuntasach éigin den cheol a chur chuig an mbainisteoir. Scríobh an t-alt a chuirfeá féin ag triall ar an mbainisteoir sin. (Ardteistiméireacht, 1995.)

6 Aiste a scríobh ar an ábhar seo: 'Laochra staire, laochra spóirt, laochra d'aon saghas—is gairid í cuimhne na ndaoine orthu'. (Ardteistiméireacht, 1994.)

7 Scríobh aiste ar an ábhar 'Caitear an iomarca airgid ar chúrsaí spóirt'.

8 Scríobh aiste ar an ábhar seo: 'Pop-cheol agus gach a mbaineann leis: ár leas nó ár n-aimhleas?'

Leideanna don cheapadóireacht

CONAS DÍOSPÓIREACHT A SCRÍOBH

1 Tugtar rún duit, agus caithfidh tú an chaint a dhéanfá ar son *nó* in aghaidh an rúin sin a scríobh.

2 Tá an cheist seo oiriúnach dóibh siúd a bhfuil taithí acu i ndíospóireachtaí.

3 Tá an cheist seo oiriúnach freisin dóibh siúd a bhfuil go leor muiníne acu agus a bhfuil samhlaíocht mhaith acu.

4 Ba chóir tús agus deireadh na díospóireachta a bheith ullmhaithe agat roimh ré.

AN TÚS

A chathaoirligh, a mholtóirí, a chomhdhaltaí, agus a lucht an fhréasúra,

Is mise ... agus tá áthas orm a rá libh go bhfuil mé chun labhairt ar son/in aghaidh an rúin seo. Beidh an fhoireann thall ag iarraidh a gcuid tuairimí a chur ina luí oraibh, ach molaim daoibh gan cluas a thabhairt dóibh. Ar aon nós tá mise ar son/i gcoinne an rúin seo ar chúiseanna suntasacha, agus cuirfidh mé roinnt de na cúiseanna sin os bhur gcóir láithreach.

Ar an gcéad dul síos ...

AN DEIREADH

A chathaoirligh, a mholtóirí, a chomhdhaltaí, agus a bhaill na foirne eile,

Táim beagnach tagtha go deireadh mo chuid cainte ar an rún seo. Tá súil agam go n-aontaíonn sibh leis an gcuid is mó de mo chuid tuairimí. Ní hionann ceart agus neart, ach táim ag ceapadh go bhfuil ceart ar mo thaobhsa nuair a deirim ...

Chun deireadh agus críoch a chur le mo chuid cainte is mian liom mo bhuíochas a ghabháil libh as an éisteacht chineálta a thug sibh dom. Go gcúití Dia sibh, agus go raibh míle maith agaibh.

CONAS ÓRÁID A SCRÍOBH

Tá an oráid agus an díospóireacht mar an gcéanna ach go bhfuil difríocht thábhachtach amháin eatarthu. Bíonn an díospóireacht conspóideach, sa chaoi is go mbíonn ort saghas argóna a dhéanamh faoin rún; agus, ar ndóigh, bíonn dhá thaobh i gceist i gcónaí. Bíonn ort labhairt *ar son* an rúin agus ar son d'fhoirne sa díospóireacht. Ach nuair a bhíonn óráid i gceist is caint aonair a bhíonn ar siúl agat, agus bíonn tú ag labhairt go poiblí i dtaobh ábhair éigin.

Bíonn an leagan amach céanna ag an óráid agus ag an díospóireacht.

AN TÚS

A phríomhoide, a mhúinteoirí, agus a chomhdhaltaí go léir,

Is mise ... agus tá áthas orm deis a fháil labhairt libh inniu/anocht ar feadh scaithimh. Ar an gcéad dul síos caithfidh mé a rá go bhfuilim neirbhíseach agus beagán trína chéile, agus dá bhrí sin tá mé ag impí oraibh a bheith foighneach liom.

AN DEIREADH

A phríomhoide, a mhúinteoirí, agus a chomhdhaltaí, tá ceann scríbe [*end of the journey*] bainte amach agam, agus tá súil agam gur bhain sibh taitneamh agus tairbhe de shaghas éigin as a raibh le rá agam. Go raibh míle maith agaibh as bheith lách cineálta. Guím rath Dé oraibh go léir, agus tá súil agam go n-éireoidh go geal libh.

CONAS AISTE A SCRÍOBH AR ÁBHAR TEIBÍ

Bíonn aiste amháin ar an bpáipéar scrúdaithe go minic a mbíonn baint aici le hábhar teibí. Más mian leat aiste mar seo a scríobh ba chóir duit a bheith cúramach faoi na gnéithe seo a leanas:

- go dtuigeann tú teideal na haiste
- go mbeidh tú in ann ábhar na haiste a láimhseáil gan stró
- go mbeidh tú in ann aiste *iomlán* a scríobh
- go bhfuil a fhios agat nach mbíonn ach *focal amháin* i dteideal na haiste, mar shampla 'Saibhreas', 'Síocháin', 'Uaigneas', 'Saoirse', 'Tírghrá', 'Áilleacht', 'Aoibhneas', 'Díomá', agus mar sin de.

CONAS AISTE A SCRÍOBH AR ÁBHAR SAINIÚIL

Bíonn ceapadóireacht amháin ar an bpáipéar de ghnáth a mbíonn baint aici le hábhar sainiúil. Seo cúpla leideanna faoi na haistí sin.

- Bíonn teideal uirthi ar nós 'Níl mórán measa ag muintir na hÉireann ar pholaiteoirí' nó 'Tír bhreá í Éire le saoire a chaitheamh inti' (Ard-teistiméireacht, 1995).
- Bíonn ort do thuairimí féin a chur in iúl agus tú ag scríobh aiste ar ábhar sainiúil.
- Ba chóir duit *na buntáistí agus na míbhuntáistí* a chur in iúl.

CONAS ALT NUACHTÁIN NÓ IRISE A SCRÍOBH

- Iarrtar ar dhaltaí alt a scríobh le haghaidh nuachtáin nó le haghaidh irise.
- Ba chóir duit cleachtadh a dhéanamh ar ghiotaí a scríobh i gcomhair nuachtáin áitiúil, más féidir leat.
- Má tá iris scoile agaibh ba chóir duit píosaí a scríobh di.
- Ba chóir duit píosaí a scríobh le ceannlíne oiriúnach ar gach alt.
- Ba chóir duit taithí a fháil
  —ar spórt
  —ar chúrsaí reatha
  —ar cheol
  —ar Theilifís na Gaeilge agus ar Raidió na Gaeltachta
  —ar do dhúiche féin.

CONAS SCÉAL A SCRÍOBH

Is minic a thugtar seanfhocal nó nath cainte mar theideal sa cheist seo. Go deimhin, d'fhéadfá scéal a cheapadh faoi fhocal amháin, mar shampla an focal 'Díomá' (Ardteistiméireacht, 1997). Tá aithne agam ar go leor daltaí a cheap scéal bunaithe ar an teideal 'Díomá' sa bhliain sin, agus d'éirigh thar barr leo.

- Tugann an scéal go leor saoirse duit maidir le ciall a bhaint as an seanfhocal nó an nath cainte sa teideal.
- Tá sé furasta go leor focail agus nathanna cainte a bheith foghlamtha agat agus tú ag dul isteach chuig an scrúdú.
- Os rud é gur *scéal* atá i gceist is féidir leat é a scríobh san *aimsir chaite*.
- Is féidir leat *saibhreas teanga, fairsinge Gaeilge* agus *cruinneas* a thaispeáint sa saghas seo aiste.

ROINNT SEANFHOCAL AGUS NATHANNA CAINTE

- Ní bhíonn in aon rud ach seal [*life is short*] (Ardteistiméireacht, 1997).

- Bíonn blas ar an mbeagán [*a little tastes nice*] (Páipéar samplach, 1997).

- Ar mhuin na muice [*on the pig's back*] (Páipéar samplach, 1997).

- An rud is annamh is iontach [*what's rare is wonderful*] (Ardteistiméireacht, 1996).

- Cothrom na Féinne [*fair play*] (Ardteistiméireacht, 1995).

- Is ait an mac an saol [*life is strange*] (Ardteistiméireacht, 1994).

- Ní mar a shíltear a bhítear [*things aren't always what they seem*] (Ardteistiméireacht, 1993).

- Is glas iad na cnoic i bhfad uainn [*the far-off hills are greener*] (Páipéar samplach, 1993).

- Mol an óige is tiocfaidh sí [*praise the young and they'll improve*].

- Is fearr cara sa chúirt na punt sa sparán [*friends are more useful than money*].

- Briseann an dúchas trí shúile an chait [*you can't hide your true nature*].

- Is binn béal ina thost [*a closed mouth is best*].

- Ní bhíonn an rath ach mar a mbíonn an smacht [*there's no good without discipline*].

- Is í aois na hóige aois na glóire [*youth is the best time of your life*].

- Aithníonn ciaróg ciaróg eile [*it takes one to know one*].

- Níl aon tinteán mar do thinteán féin [*there's no place like home*].

- Is minic ciúin ciontach [*the silent are often guilty*].

- Cad a dhéanfadh mac an chait ach luch a mharú? [*people can only follow their nature*].

- Ní bhíonn saoi gan locht [*nobody's perfect*].

- I dtosach na haicíde is fusa í a leigheas [*it's better to act quickly and not let a problem get out of hand*].

- Is fearr an tsláinte ná na táinte [*health is better than wealth*].

- Beidh lá eile ag an bPaorach [*there will always be another day*].

- Tír gan teanga tír gan anam [*a country without its own language is like a country without a soul*].

- Filleann an feall ar an bhfeallaire [*a person's bad deeds will rebound on them*].

- Ar scáth a chéile a mhaireas na ndaoine [*people survive by helping one another*].

Na ceisteanna scrúdaithe—Ceist 1

SCRÚDÚ NA hARDTEISTIMÉIREACHTA, 1997

GAEILGE—ARDLEIBHÉAL—PÁIPÉAR 1
(170 marc)

CEIST 1	CEAPADÓIREACHT	[100 marc]

Freagair do rogha **ceann amháin** de A, B, C, D anseo thíos.
[**N.B. Ní gá dul thar 500–600 focal nó mar sin i gcás ar bith.**]

A	AISTE	(100 marc)

Aiste a scríobh ar **cheann amháin** de na hábhair seo:
(*a*) An choirpeacht—is fadhb mhór í in Éirinn faoi láthair.
(*b*) 'Níl tír ar domhan gan a trioblóidí féin aici.' É sin a phlé i gcás do rogha *dhá* thír iasachta.
(*c*) Scríbhneoirí a ndeachaigh a saothar i bhfeidhm orm. [Is leor trácht a dhéanamh ar *bheirt*.]

B	SCÉAL	(100 marc)

Scéal a cheapadh a mbeadh do rogha **ceann amháin** díobh seo oiriúnach mar theideal air:
(*a*) Ní bhíonn in aon rud ach seal
(*b*) Díomá.

C	ALT NUACHTÁIN NÓ IRISE	(100 marc)

Freagair do rogha **ceann amháin** díobh seo:
(*a*) Bhí fógra in *An Dréimire* ag iarraidh ar dhaltaí Ardteistiméireachta ailt a scríobh ar an ábhar 'Teilifís na Gaeilge—áis iontach'. Scríobh an t-alt a chuirfeá féin chuig an eagarthóir ar an ábhar sin.
(*b*) Abair gur duine tú a rinne éacht áirithe *nó* a ghlac páirt in eachtra neamhghnách éigin. Ba mhaith le *Foinse* alt a fháil uait faoin scéal. Scríobh an t-alt a chuirfeá chuig an eagarthóir.

D   DÍOSPÓIREACHT NÓ ÓRÁID   (100 marc)

Freagair do rogha **ceann amháin** díobh seo:

(*a*) Scríobh an chaint a dhéanfá i ndíospóireacht scoile ar son **nó** in aghaidh an rúin seo a leanas: 'Tá córas oideachais an-mhaith againn in Éirinn'.

(*b*) Is ball tú den chraobh áitiúil de Greenpeace, an ghluaiseacht idirnáisiunta imshaoil. Tá ort píosa cainte a thabhairt ag an gcruinniú bliantúil den chraobh ar an téama 'Tábhacht ár dtimpeallachta'. Scríobh an píosa cainte a thabharfá ar an ócáid sin.

AN ROINN OIDEACHAIS

SCRÚDÚ NA hARDTEISTIMÉIREACHTA, 1997

GAEILGE—ARDLEIBHÉAL—PÁIPÉAR 1
(170 marc)

PÁIPÉAR SAMPLACH

(Ní mór do na hiarrthóirí cúram a dhéanamh de chruinneas na teanga. Caillfear marcanna trí bheith faillíoch ann.)
Ceist 1 *agus* **Ceist 2** a fhreagairt.

CEIST 1	CEAPADÓIREACHT	[100 marc]

Freagair do rogha **ceann amháin** de A, B, C, D anseo thíos.
[N.B. Ní gá dul thar 500–600 focal nó mar sin i gcás ar bith.]

A	AISTE	(100 marc)

Aiste a scríobh ar cheann amháin de na hábhair seo:

(*a*) An foréigean—ní réiteach é ar fhadhb ar bith.

(*b*) Ceol agus ceoltóirí ár linne.

(*c*) Fógraí teilifíse—is mór an crá iad.

| B | SCÉAL | (100 marc) |

Scéal a cheapadh a mbeadh do rogha **ceann amháin** díobh seo oiriúnach mar theideal air:

(*a*) Bíonn blas ar an mbeagán.

(*b*) Ar mhuin na muice!

| C | ALT NUACHTÁIN NÓ IRISE | (100 marc) |

Freagair do rogha **ceann amháin** díobh seo:

(*a*) Táthar chun foirgneamh tábhachtach i do cheantar féin a leagan. Scríobh an tuairisc a chuirfeá chuig *Anois* faoin scéal.

(*b*) Cuir agallamh ar thriúr iardhaltaí ó do scoil féin. Scríobh alt a bheas bunaithe ar an agallamh sin d'iris na scoile.

| D | DÍOSPÓIREACHT NÓ ÓRÁID | (100 marc) |

Freagair do rogha **ceann amháin** díobh seo:

(*a*) Scríobh an chaint a dhéanfá i ndíospóireacht scoile ar son *nó* in aghaidh an rúin seo a leanas: 'Is maith an rud é gur ball í Éire den Aontas Eorpach'.

(*b*) Is tusa Uachtarán na hÉireann agus tá ort óráid a thabhairt ar an teilifís don náisiún uile ar fhadhb na dífhostaíochta. Scríobh an óráid a thabharfá ar an ócáid sin.

SCRÚDÚ NA hARDTEISTIMÉIREACHTA, 1996

GAEILGE—ARDLEIBHÉAL—PÁIPÉAR 1

Nóta 1
Áit ar bith a bhfuil réiltín (*) le feiceáil amach anseo tá athruithe déanta ag an údar ionas go mbeidh an leagan amach céanna ar an bpáipéar agus atá ar pháipéar scrúdaithe na Roinne Oideachais.

Nóta 2
Ní gá dul thar thrí leathanach (idir 500 agus 600 focal nó mar sin) i gcás ar bith.

CEIST 1	CEAPADÓIREACHT*	(100 marc)

A   AISTE*   (100 marc)

(*a*) Fadhb idirnáisiúnta a bhfuil an-spéis agam inti.

(*b*) An ceol—a thábhacht i saol an duine, dar liom.

(*c*) 'An ríomhaire: níl teorainn lena bhuanna'—an fíor sin, an dóigh leat?

B   ALT NUACHTÁIN NÓ IRISE*   (100 marc)

(*d*) Chonaic tú fógra in *Mahogany Gaspipe* ag iarraidh ar dhaltaí Ard-teistiméireachta ailt a scríobh ar an téama 'Aoibhinn beatha an scoláire'. Bronnfar duais £200 ar an iarracht is fearr. Scríobh an t-alt a chuirfeá féin chuig an eagarthóir ar an téama sin.

C   DÍOSPÓIREACHT NÓ ÓRÁID*   (100 marc)

(*e*) Scríobh an chaint a dhéanfá i ndíospóireacht scoile ar son **nó** in aghaidh an rúin seo a leanas:
'Is buntáiste mór é gur oileáin í Éire'.

D   SCÉAL*   (100 marc)

(*f*) Scéal **nó** aiste a cheapadh a mbeadh an seanfhocal 'An rud is annamh is iontach' oiriúnach mar theideal air.

SCRÚDÚ NA hARDTEISTIMÉIREACHTA, 1995

GAEILGE—ARDLEIBHÉAL—PÁIPÉAR 1

CEIST 1	CEAPADÓIREACHT*	(100 marc)

A	AISTE*	(100 marc)

(*a*) 'Tir bhreá í Éire le saoire a chaitheamh inti'—an fíor sin, an dóigh leat?

(*b*) Aoibhneas an tsaoil seo.

(*d*) 'Is trua nach aon náisiún amháin an cine daonna uile agus gan ach teanga amháin acu.' É sin a phlé.

B	ALT NUACHTÁIN NÓ IRISE*	(100 marc)

(*c*) Tá iriseoir ceoil á lorg ag nuachtán agus tá spéis agatsa sa phost sin. Caithfidh gach iarratasóir alt samplach ar ghné shuntasach éigin den cheol a chur chuig an mbainisteoir. Scríobh an t-alt a chuirfeá féin ag triall ar an mbainisteoir sin.

C	DÍOSPÓIREACHT NÓ ÓRÁID*	(100 marc)

(*e*) Scríobh an chaint a dhéanfá i ndíospóireacht scoile ar son **nó** in aghaidh an rúin seo a leanas:
'Is tábhachtaí bheith i d'Eorpach ná i d'Éireannach inniu'.

D	SCÉAL*	(100 marc)

(*f*) Scéal **nó** aiste a cheapadh a mbeadh an nath cainte 'Cothrom na Féinne' oiriúnach mar theideal air.

SCRÚDÚ NA hARDTEISTIMÉIREACHTA, 1994

GAEILGE—ARDLEIBHÉAL—PÁIPÉAR 1

CEIST 1	CEAPADÓIREACHT*	(100 marc)

A	AISTE*	(100 marc)

(a) 'Aos óg tíre an mhaoin is luachmhaire inti'—an fíor sin, an dóigh leat?

(b) 'Laochra staire, laochra spóirt, laochra d'aon saghas—is gairid í cuimhne na ndaoine orthu.' É sin a phlé.

(e) 'Fadhb Thuaisceart na hÉireann—fadhb nach furasta a leigheas'.*

B	ÓRÁID*	(100 marc)

(c) Tusa an ceannaire atá roghnaithe ar Theilifís na Gaeilge. Tá ort labhairt ag preasagallamh le scata iriseoirí faoina bhfuil beartaithe don chainéal nua teilifíse. A mbeadh le rá agat ar an ócáid sin a scríobh.

C	DÍOSPÓIREACHT*	(100 marc)

(d) Scríobh an chaint a dhéanfá i ndíospóireacht scoile ar son **nó** in aghaidh an rúin seo a leanas:
'A leas féin, agus ní hé leas an phobail, is mó is cás le gach duine inniu'.

D	SCÉAL*	(100 marc)

(f) Scéal **nó** aiste a cheapadh a mbeadh an seanfhocal 'Is ait an mac an saol' oiriúnach mar theideal air.

SCRÚDÚ NA hARDTEISTIMÉIREACHTA, 1993

GAEILGE—ARDLEIBHÉAL—PÁIPÉAR 1

| CEIST 1 | CEAPADÓIREACHT* | (100 marc) |

A   AISTE*   (100 marc)

(*a*) Fadhb na dífhostaíochta—mo réiteachsa uirthi.

(*b*) Conradh na Gaeilge agus na heagraíochtaí eile Gaeilge—an maith iad, an dóigh leat?

B   ALT NUACHTÁIN NÓ IRISE*   (100 marc)

(*c*) Táthar chun foirgeamh tábhachtach i do cheantar féin a dhúnadh (m.sh. monarcha, ospidéal, scoil, eaglais, seanfhothrach). Scríobh an tuairisc a chuirfeá chuig an nuachtán *Anois* faoin scéal.

C   DÍOSPÓIREACHT NÓ ÓRÁID*   (100 marc)

(*d*) Scríobh an chaint a dhéanfá i ndíospóireacht scoile ar son **nó** in aghaidh an rúin seo a leanas: 'Tá an t-aos óg dall ar thionchar a dtimpeallachta orthu'.

(*e*) An tuairisc a thabharfá do dhuine ón iasacht ar cad is Éireannach ann.

D   SCÉAL*   (100 marc)

(*f*) Scéal **nó** aiste a cheapadh a mbeadh an seanfhocal 'Ní mar a shíltear a bhítear' oiriúnach mar theideal air.

SCRÚDÚ NA hARDTEISTIMÉIREACHTA, 1993
PÁIPÉAR SAMPLACH

GAEILGE—ARDLEIBHÉAL—PÁIPÉAR 1

CEIST 1	CEAPADÓIREACHT*	(100 marc)

A	AISTE*	(100 marc)

(*a*) Saol an Eorpaigh óig mar a bheas sé, dar liom, san aonú haois fichead.
(*b*) Príosúin agus príosúnaigh.
(*e*) Sonas.

B	ÓRÁID*	(100 marc)

(*c*) Is tusa rogha an phobail mar Uachtarán na hÉireann. Inniu lá d'insealbhaithe agus tá ort óráid a thabhairt uait don náisiún uile. Scríobh an óráid a thabharfá ar an ócáid sin.

C	DÍOSPÓIREACHT*	(100 marc)

(*d*) Scríobh an chaint a dhéanfá i ndíospóireacht scoile ar son **nó** in aghaidh an rúin seo a leanas:
'Tá lá an tírghrá thart in Éirinn'.

D	SCÉAL*	(100 marc)

(*f*) Scéal **nó** aiste a cheapadh a mbeadh an seanfhocal 'Is glas iad na cnoic i bhfad uainn' oiriúnach mar theideal air.

Ceist 2. Léamhthuiscint—treoracha

- Caithfidh tú *dhá shliocht* a léamh agus ceisteanna a fhreagairt ar ábhar na sleachta.

- Is iomaí uair a thógtar na sleachta as irisí nó nuachtáin.

- Ba chóir go mbeadh na freagraí *i d'fhocail féin* chomh fada agus is féidir, ach is féidir leat roinnt de na focail atá sa sliocht a chur isteach i do fhreagra.

- Fiú mura dtuigeann tú ceist (nó ceisteanna) b'fhiú duit buille faoi thuairim [*guess*] a dhéanamh.

- Molaim duit sliocht a léamh uair amháin ar dtús. Ansin léigh na ceisteanna a ghabhann leis an sliocht, agus cuir líne faoi *na focail is tábhachtaí sna ceisteanna*. Ansin léigh an sliocht arís agus cuir líne faoi *na focail chéanna sa sliocht*. Ba chóir go mbeadh an freagra le fáil in aice na bhfocal sin.

- Ná bíodh imní ort mura dtuigeann tú gach focal. Is é *brí ghinearálta* an tsleachta an rud is tábhachtaí.

- Féach ar an scéim mharcála (leathanach ix).

Anois táim chun go leor samplaí a thabhairt duit ionas go mbeidh tú in ann neart cleachtaidh a dhéanamh. Is féidir feabhas mór a chur ar do chuid oibre agus marcanna arda a fháil sa triail tuisceana má leanann tú na treoracha thuas.

Irisí agus nuachtáin

- *Foinse*
- *Lá*
- *Cumarsáid*
- *An tEolaí*
- *An Dréimire*
- *Saol*
- *Mahogany Gaspipe*
- *The Irish Times*

AN LÉAMHTHUISCINT

Scrúdaítear *cumas tuisceana* an dalta ar pháipéar 1. Caithfidh tú *dhá shliocht* a léamh agus ceisteanna a fhreagairt.

Tá 70 marc le fáil sa cheist seo, mar atá:

A: 35 marc
B: 35 marc.

- Read the passage carefully.

- Read the questions.

- Read the passage again.

- Underline words in the passage that match words in the questions, using the number of the question. This is very useful for those who are unsure or who have no idea what that part of the passage means.

- Remember that there will often be two or three parts to a question. *Answer all parts of each question.*

- You may be asked your opinion: 'i do thuairim,' 'dar leat,' etc. In that case start your answer with 'Is é mo thuairim ...' 'Ceapaim ...', 'Is dóigh liom ...' etc.

- Note that the great majority of the marks are for your comprehension of the passage and correct answering. While correct grammar is important, having the correct answer is much more important.

- Your answers should be in your own words; but don't hesitate to quote directly from the passage if you cannot form an answer in your own words.

Na sleachta

LÉAMHTHUISCINT 1 LE FREAGRAÍ SAMPLACHA
(Ardteistiméireacht, 1997)

Léigh an sliocht seo a leanas agus freagair na ceisteanna a ghabhann leis. [*Bíodh na freagraí i d'fhocail féin, oiread agus is féidir leat.*]

BRONNTANAS RÍFHEILIÚNACH

'Liffey Swim' Michelle an Óir!

Tá a fhios ag an saol Fódlach anois mar a ghnóthaigh ár laoch snámha féin, Michelle Smith as Contae Bhaile Átha Cliath, trí bhonn óir agus bonn cré-umha ag na Cluichí Oilimpeacha in Atlanta sna Stáit Aontaithe an samhradh seo caite. Ach, creid é nó ná creid, bhí Éireannach iomráiteach eile ann tráth a ghnóthaigh bonn Oilimpeach, agus, go bhfios dúinn, níor lúthchleasaí in aon chor é!

Ba é duine é sin ná an t-ealaíontóir clúiteach Jack B. Yeats, ar bronnadh bonn airgid air ag na Cluichí Oilimpeacha i bPáras i 1924. Ní i ngeall ar a chumas mar phearsa spóirt, ar ndóigh, a bronnadh an bonn sin air ach i ngeall ar a fhoirfeacht mar ealaíontóir. Bhronntaí boinnn Oilimpeacha an tráth úd ní hamháin ar na buaiteoirí spóirt ach ar ealaíontóirí agus ar scríbhneoirí ard-chumais chomh maith. Is é an trua go deo é, dar lena lán, go ndeachaigh an dea-ghnás úd i léig i ndiaidh 1948. Cibé faoi sin de, bronnadh bonn airgid Oilimpeach ar Jack B. i 1924, rud a léirigh an meas a bhí air ar fud na cruinne mar ealaíontóir.

Rugadh Jack B. Yeats i Londain i 1871. Ba phéintéir an-oilte portráidí a athair agus, ar ndóigh, is eol dúinn uile an cháil dhomhanda a bhí, agus atá fós, ar a dhearthár, an file W. B. Yeats. Tríocha bliain nó mar sin dá shaol a chaith Jack i Sasana, ach dealraíonn sé nach raibh sé riamh ar a shuaimhneas ann. Ba rún dó i gcónaí filleadh ar Éirinn. Lena sean-athair is lena seanmháthair i Sligeach a chaitheadh sé féin agus WB laethanta saoire uile a n-óige, agus níl amhras orm ná go ndeachaigh an saol ansin i bhfeidhm go mór ar an mbeirt acu.

Sa bhliain 1910 d'fhill Jack ar Éirinn. Bhí a rún i gcrích aige! Ba i mBaile Átha Cliath, sa chathair álainn sin cois Life, a chaith sé an chuid eile dá shaol. Ba phort an-mhinic aige é gurbh é Baile Átha Cliath an áit ab ansa leis ar domhan.

Mar mhaisitheoir ba mhó a thuill sé cáil ar dtús, agus bhíodh a chuid pictiúr le feiceáil i leabhair agus in irisí. Níor thug sé faoin bpéintéireacht ola go dtí 1912. Níorbh fhada in aon chor, áfach, a bhí sé i mbun na gné sin den ealaín go raibh sé le háireamh i measc na máistrí móra. Breis is míle saothar ola ar fad a chuir sé de i rith a shaoil, agus cé a déarfadh nárbh éacht 'Oilimpeach' é sin! Thug duine amháin £730,000 le déanaí ar cheann de na saothair sin, agus deir na saineolaithe nach fada go mbeidh milliún punt á thairiscint ag ceannaitheoir éigin eile ar cheann eile acu.

Ba dheacair gan teacht leis an tuairim, go deimhin, gurbh é an péintéir Éireannach ab fhearr riamh é. An stíl shuaithinseach úd a chleacht sé—í lán de dhathanna agus d'íomhánna dlúthfhite ina chéile go draíochtach—is é a mheall na sluaite san am atá thart, agus a mheallfaidh iad i gcónaí, ó gach cearn den domhan. Cúig bliana agus ceithre scór a bhí slán ag draoi seo an phailéid nuair a d'éag sé ar 28 Márta 1957.

Ba an-fheiliúnach go deo, mar sin, an chóip ghleoite de cheann dá shárshaothair, *Liffey Swim*, a tugadh mar bhronntanas do Mhichelle Smith ag searmanas ina honóir i mBaile Átha Cliath tamall roimh an Nollaig. Sa Dánlann Náisiúnta atá an bun-phictiúr, pictiúr a bhfuil léiriú thar a bheith beoga ann de shlua mór ag faire ar shnámhóirí ag iomaíocht le chéile sa chéad rás riamh dá leithéid ar abhainn na Life i lár Bhaile Átha Cliath. B'shin rás amháin, go deimhin, nár bhuaigh ár laoch Oilimpeach!

(i) (a) Luaitear 'dea-ghnás' áirithe sa dara halt. Cén dea-ghnás atá i gceist? (4 mharc)

(b) Cén chaoi a ndeachaigh an 'dea-ghnás' úd chun sochair d'ealaíontóir clúiteach an tsleachta seo? (4 mharc)

(ii) (a) Luaigh pointe eolais ar bith atá sa tríú halt faoi dheartháir an ealaíontóra seo. (3 mharc)

(b) Cad tá sa cheathrú halt faoi áit Bhaile Átha Cliath ina shaol? (3 mharc)

(iii) (a) 'Cé a déarfadh nárbh éacht "Oilimpeach" é sin?' Cén t-éacht atá i gceist san abairt sin sa chúigiú halt? (3 mharc)

(b) Luaitear suimeanna móra airgid san alt céanna. Cad tá i gceist leo? (3 mharc)

(iv) (a) Inis, i mbeagán focal, a bhfuil faoi stíl an ealaíontóra seo sa séú halt. (5 mharc)

(b) 'Draoi seo an phailéid'—cérbh é féin? Cathain a cailleadh é? (2 mharc)

(v) Tá trácht san alt deireanach ar bhronntanas áirithe a bheith an-fheiliúnach. Luaigh *dhá cheann* de na fáthanna a bhí, dar leat, leis an mbronntanas úd a bheith chomh feiliúnach sin. (8 marc)

LÉAMHTHUISCINT 1—NA FREAGRAÍ SAMPLACHA

(i) (a) Ba é an dea-ghnás a bhí i gceist ná go mbronntaí boinn Oilimpeacha ar ealaíontóirí agus ar scríbhneoirí a raibh ardchumas bainte amach acu.

(b) Thaispeán sé an meas a bhí ag daoine air mar ealaíontóir.

(ii) (a) File ba ea W. B. Yeats; chaitheadh W. B. Yeats laethanta saoire i Sligeach le Jack Yeats agus lena seanathair agus a seanmháthair.

(b) Chaith sé cuid dá shaol i mBaile Átha Cliath, agus ba é Baile Átha Cliath an áit ab fhearr leis ar domhan.

(iii) (a) Mar phéinteáil sé breis is míle saothar ola.

(b) Luaitear £730,000 agus milliún punt, agus is é atá i gceist leo ná go bhfuil éileamh an-mhór ar a chuid saothair.

(iv) (a) Chleacht sé stíl shuaithinseach, lena lán dathanna chomh maith le híomhánna dlúthfhite.

(b) Jack B. Yeats. Fuair sé bás ar 28 Márta 1957.

(v) Bhí an bronntanas feiliúnach mar gheall ar an teideal atá air: *Liffey Swim*. Bhuaigh Michelle Smith trí bhonn óir agus bonn cré-umha sa snámh sna Cluichí Oilimpeacha. Chomh maith leis sin ba é an chéad rás riamh ar an Life é, agus ba í Michelle Smith an chéad Éireannach a bhuaigh bonn óir ag snámh sna Cluichí Oilimpeacha.

LÉAMHTHUISCINT 2 LE FREAGRAÍ SAMPLACHA
(Ardteistiméireacht, 1997)

Léigh an sliocht seo a leanas agus freagair na ceisteanna a ghabhann leis. [*Bíodh na freagraí i d'fhocail féin, oiread agus is féidir leat.*]

• RÚN NA SLIOGÁN •

Thart faoi thús an fhómhair seo caite bhí láithreán d'fhoirgneamh nua á cartadh i bpáirc láimh leis an Muileann gCearr i gContae na hIarmhí. An fear a bhí i mbun an ollscartaire ba bheag a shíl sé, agus fiacla móra a mheaisín ag dul go domhain sa talamh crua, go mba sheanreilig an pháirc sin. Ní raibh seanchros ná leac uaighe inti. Cén chaoi, mar sin, a mbeadh a fhios ag an bhfear groí gur ansiúd a bhí reilig na manach a raibh cónaí orthu sa mhainistir in aice láimhe thart ar ocht gcéad bliain ó shin?

Ach b'fhear ciallmhar é, agus mhúch sé inneall an mheaisín ar an toirt nuair a chonaic sé cnámha agus cnámharlaigh agus blaoscanna á nochtadh féin as an gcré chuige!

Bhí meitheal seandálaithe ar an bhfód an lá dár gcionn, agus ba ghairid an mhoill orthu dul i mbun tochailte. Ba thochailt shain-eolach thomhaiste

í seo, ar ndóigh, murab ionann is réabadh ollscartaire! Cúig chnámharlach is tríocha ar fad a d'aimsigh siad; ach ní sna cnámharlaigh amháin a bhíonn suim ag seandálaithe. Is ríthábhachtach, dar leosan, na rudaí beaga a chuirtí sna huaigheanna in éineacht leis na corpáin. Bhí sliogán muirín, mar shampla, thart ar mhuineál cúpla ceann de na cnámharlaigh. Ba dheimhniú iad na sliogáin sin, a deir na seandálaithe linn, go ndeachaigh na manaigh ar leo

iad ar oilithreacht go Santiago de Compostela, in iar-thuaisceart na Spáinne, uair éigin sa Mheánaois. Thugtaí sliogán muirín an uair úd do gach oilithreach chun na háite sin mar chuimhneachán ar a thuras ann.

Cuid de sheanchas na Spáinne le fada an lá é scéal na sliogán sin. Is ionann an focal Santiago agus Naomh Séamas, duine d'aspail Chríost. Creidtear gur chaith an t-aspal úd na blianta fada sa cheantar sin ag leathadh shoiscéal Chríost ann, mar a rinne Pádraig Naofa in Éirinn.

Chinn sé ansin ar chuairt a thabhairt ar a thír dhúchais arís, an Phalaistín, áit a raibh lucht leanúna Chríost faoi ghéarleanúint i gcónaí. Ba ghearr sa bhaile é nuair a gabhadh agus a cuireadh chun báis é. Leath scéal a bháis go dtí an Spáinn, agus bheartaigh a dheisceabail ansiúd a chorp a thabhairt ar ais chun na tíre

Ardeaglais Santiago

sin. D'aimsigh siad an corp, chuir ar bord loinge é, agus sheol chun na Spáinne. Ag gabháil thar chósta na Portaingéile dóibh chonaic siad ar an trá fear ar mhuin capaill a bhí á scuabadh amach san fharraige. Thosaigh siad ag guí chun Naomh Séamas, agus bhain idir fhear agus chapall an trá amach slán sábháilte. Ach, iontas na n-iontas, bhí éadaí an fhir clúdaithe leis na céadta sliogán muirín! Glacadh leis an sliogán áirithe sin riamh ina dhiaidh sin mar shuaitheantas ar an naomh.

Bhain siad a gceantar féin amach ar deireadh, agus chuir siad corp an naoimh i dtuama greanta ann.

Shleamhnaigh na blianta leo go suaimhneach … ocht gcéad díobh. Ach ansin tharla iontas eile. Chualathas cór aingeal ag canadh thart ar an tuama, agus chonacthas solas neamhshaolta ag soilsiú os a chionn. As sin a tháinig an dara cuid den logainm, Compostela, a chiallaíonn 'páirc na réaltaí'. B'shin an uair a thosaigh na sluaite ag dul ar oilithreacht ann. Níorbh fhada go raibh an tarraingt

chéanna ar an áit is a bhí ar an Róimh agus ar Iarúsailéim. Áit mhór oilithreachta fós é, go deimhin.

Faoi mar a míníodh cheana, thugtaí sliogán muirín do gach oilithreach chuig Santiago de Compostela, agus b'shin a tharla, ní folair, i gcás roinnt de na manaigh a cuireadh sa reilig sin láimh leis an Muileann gCearr ocht gcéad bliain ó shin.

[As alt san *Irish Times* le Máirtín Ó Corrbuí.]

(i) (a) Cén obair a bhí fear an ollscartaire a dhéanamh sa pháirc úd? (3 mharc)

(b) Cad a thug air éirí as an obair chomh tobann sin? (4 mharc)

(ii) (a) Luaitear oilithreacht áirithe sa tríú halt. Cén oilithreacht atá i gceist? (2 mharc)

(b) Cá bhfios dúinn go raibh na manaigh úd páirteach san oilithreacht sin? (5 mharc)

(iii) (a) Cén chomparáid a dhéantar sa cheathrú halt idir Naomh Séamas agus Naomh Pádraig? (3 mharc)

(b) Cad a tharla do Naomh Séamas nuair a d'fhill sé ar a thír féin? (3 mharc)

(iv) Cén míniú atá air sa chúigiú halt gurb é an sliogán muirín atá ina shuaitheantas ar Naomh Séamas? (8 marc)

(v) (a) Luaitear 'iontas eile' sa séú halt. Cén t-iontas atá i gceist? (3 mharc)

(b) Cad a bhí mar thoradh ar an 'iontas' sin? (4 mharc)

LÉAMHTHUISCINT 2—NA FREAGRAÍ SAMPLACHA

(i) (a) Bhí sé ag cartadh suíomh d'fhoirgneamh nua.

(b) Mar chonaic sé cnámha, cnámharlaigh agus blaoscanna sa chré.

(ii) (a) Santiago de Compostela sa Spáinn.

(b) Mar gheall ar na sliogáin a bhí thart ar mhuineál na gcnámharlach. Deirtear go ndeachaigh na manaigh ar leo na sliogáin ar oilithreacht go dtí an áit sin.

(iii) (*a*) Deirtear go raibh an bheirt acu ag leathadh shoiscéal Chríost: Naomh Séamas in iarthuaisceart na Spáinne agus Naomh Pádraig in Éirinn.

(*b*) Ghabh siad é agus chuir siad chun báis é.

(iv) Mar nuair a bhí an fear á scuabadh amach san fharraige ghuigh siad chun Naomh Séamas. Sábháladh an fear, agus bhí a chuid éadaí clúdaithe leis na céadta sliogán muirín.

(v) (*a*) Ba é an t-iontas eile ná gur chualathas cór aingeal ag casadh agus chonacthas solas neamhshaolta os cionn na tuama.

(*b*) Tagann 'Compostela', an dara cuid den logainm, as sin. Chomh maith leis sin thosaigh daoine ag dul ar oilithreachta ann.

LÉAMHTHUISCINT 3
(Páipéar samplach na Roinne Oideachais)

Léigh an sliocht seo a leanas agus freagair na ceisteanna a ghabhann leis. [*Bíodh na freagraí i d'fhocail féin, oiread agus is féidir leat.*]

Picasso agus Leabhar Cheanannais

'Guernica' le Picasso   *Giota as Leabhar Cheanannais*

An lá úd sa bhliain 1937 ba bhaile ciúin é Gernika, baile beag i dTír na mBascach. Is beag a shíl na daoine ann go rabhthas ar tí iad a shéideadh isteach i gCogadh Cathartha na Spáinne, agus go mbainfí áit lárnach amach dóibh dá thoradh sin i stair an domhain agus i stair na healaíne. Ní raibh a fhios acu go raibh Gernika roghnaithe mar áit tástála d'armlón na Gearmáine chun cabhrú le Franco an cogadh cathartha a bhuachan.

Lá breá brothallach a bhí ann: na daoine ag dul thart ag tabhairt aire dá ngnóthaí féin, páistí ag súgradh, mná ag siopadóireacht, daoine ag léamh na nuachtán faoi imeachtaí an chogaidh. Go tobann bhí na heitleáin le cloisteáil sa spéir os a gcionn. D'fhéach na daoine suas le teann fiosrachta. Níor bhaol dóibh, dar leo. Díreach ansin is ea a thit na buamaí, áfach—arís agus arís eile, ag lot, ag dó, ag marú. Fágadh na mílte marbh nó loiscthe, agus bhí foirgnimh an bhaile go léir scriosta. Bhí Crann Gernika dóite chomh maith; ba é seo an crann dara a bhí ag fás i lár an bhaile, agus ba shamhailchomhartha é de shaoirse agus d'fhéiniúlacht na mBascach.

B'shin mar a thástáil Hitler na hairm mharfacha a bhí sé a ullmhú dá fheachtas mór go gairid ina dhiaidh sin. Chabhraigh an scrios sin le Franco chun an cogadh a bhuachan, ach níor chloígh sé spiorad na saoirse sna daoine ann. I ndiaidh an chogaidh tógadh Gernika amhail mar a bhí sé roimh an scrios, lena chrann loiscthe i lár an bhaile. Ón uafás sin shíolraigh ceann de na saothair ealaíne is cáiliúla ar domhan, *Guernica* de chuid Picasso.

Rugadh Pablo Ruíz Picasso, duine de mhór-ealaíontóirí na haoise seo, i Málaga na Spáinne ar 25 Deireadh Fómhair 1881. Chaith sé mórán dá shaol i bPáras, agus tá cáil dhomhanda air mar athair na healaíne nua-aoisí. Cailleadh é i Mougins na Fraince ar 8 Aibreán 1973. Fiú daoine nach bhfuil aon chur amach acu ar Phicasso chuala siad trácht ar *Guernica*, múrmhaisiú in oladhath ar chanbhás a péinteáladh i 1937 don Taispeántas Idirnáisiúnta i bPáras. Is é an pictiúr is cáiliúla é de chuid Picasso. As beith ag féachaint air is féidir le duine mórán den bhrón, den bhascadh, den bharbarthacht a bhí i gceist sa scrios úd a mhothú.

Go dtí le fíordhéanaí is istigh i seomra speisialta i nDánlann an Reina Sofía i Madrid a bhí *Guernica* le feiceáil, agus cás mór de ghloine philéar-dhíonach thart air lena chosaint ó dhaoine buile. Ach anois tá an ghloine bainte de agus is féidir é a fheiceáil gan aon loinnir air. Tá an cogadh cathartha úd thart le fada, agus níor chóir gurbh aon bhagairt é íomhá seo na barbarthachta a thuilleadh.

Tá domhainscrúdú déanta ag na saineolaithe ar na tionchair uile a chuaigh i bhfeidhm ar an bpéintéir agus *Guernica* á dhearadh aige, agus tá an saghas líníochta atá le fáil i Leabhar Cheanannais á áireamh acu i measc na dtionchar sin. B'fhiú, mar sin, cuairt a thabhairt ar Mhadrid agus seal a chaitheamh os comhair *Guernica* ann, teacht ar ais ansin agus bualadh isteach i gColáiste na Tríonóide, áit a bhfuil taispeántas nua díreach tar éis tosú ag ceiliúradh Leabhar Cheanannais, ceann de sheoda móra ealaíne na hÉireann.

[As alt in *Anois* le Pádraig Ó Domhnalláin.]

(i)   (*a*)   Cén fáth ar theastaigh ó Franco an baile beag úd a scrios?   (3 mharc)

       (*b*)   Cen fáth a raibh Hitler sásta cuidiú leis?   (4 mharc)

(ii)   Breac síos *trí* mhórphointe eolais faoin gcrann úd i nGernika.   (6 mharc)

(iii)   Breac síos, as an gceathrú halt, *dhá* mhórphointe eolais faoi Phicasso féin agus *dhá* mhórphointe eolais faoin bpictiúr *Guernica*.   (8 Marc)

(iv)   (*a*)   Cá bhfuil an pictiúr *Guernica* anois?   (2 mharc)

       (*b*)   Cén fáth a raibh cás gloine thart air ar feadh tamaill agus gur baineadh an cás sin de le déanaí?   (4 mharc)

(v)   (*a*)   Luaitear seoid áirithe d'ealaín na hÉireann san alt deireanach. Cén tseoid í, agus cá bhfuil sí le feiceáil?   (4 mharc)

       (*b*)   Cén chomparáid a dhéantar san alt céanna idir an tseoid sin agus an pictiúr *Guernica*?   (4 mharc)

LÉAMHTHUISCINT 4
(Páipéar samplach na Roinne Oideachais)

Léigh an sliocht seo a leanas agus freagair na ceisteanna a ghabhann leis. [*Bíodh na freagraí i d'fhocail féin, oiread agus is féidir leat.*]

Titim na Fraince

Tá sé os cionn fiche bliain ó bhí mé sa Fhrainc cheana. Chaith mé roinnt míonna ag obair ansin i 1973. Bhí mé beo bocht agus ag iarraidh bheith i mo scríbhneoir. Caithfidh mé a rá gur thit mé i ngrá le Páras agus le muintir na Fraince, lena dteanga, a gcuid litríochta agus ealaíon. D'fhill mé i mí Iúil seo caite. Bhí mé ag dúil le tír tharraingteach m'óige arís, ach díomá a chuir gach a bhfaca mé orm. Ní raibh mé sa chathair ach dhá lá nuair a bhí fonn orm teitheadh abhaile.

An dúil chráite agus an tsaint san airgead is mó a ghoill orm. Mura raibh tú sásta béile daor a chaitheamh i mbialann níor léir dom go raibh aon fháilte romhat ag na freastalaithe. D'fhág formhór na bhfreastalaithe sin—i siopaí, i gcaiféanna agus i dtithe tábhairne—samhnas orm, agus bhí doicheall le léamh ar a ngoití. Níor chuala a bhformhór trácht riamh ar chúirtéis, gan trácht ar fháilte Uí Cheallaigh!

TÚR EIFFEL, PÁRAS

Ba mhó ná sin an t-athrú a bhí tagtha ar an aos óg. Le trí mhilliún duine dí-fhostaithe agus easnamh buiséid de 322 billiún franc (£43 billiún), ní hiontas iad a bheith imníoch faoin todhchaí. Bhí a gcuid radacachais caite i dtraipisí ag a bhformhór mór. Níor theastaigh uathu ach post a fháil ar ais nó ar éigean. Níor ghoill na teisteanna eithneacha san Aigéan Ciúin Theas orthu a dhath. 'Je m'en fous' ('Ní haon chuid de me ghnósa é') an nath ba thúisce chucu.

Bhí seo le haithint freisin ar an dóigh ar caitheadh le bochtáin agus trampanna. Níor casadh liom riamh trampanna chomh hainnis leis na trampanna a casadh liom i bPáras. Tá fíor-dhrochbhail orthu seo. Uair dá raibh d'fhéadfaidís síneadh siar ar na suíocháin sa Métro san oíche; ach chinn duine drochaigeanta éigin ar

67

chathaoireacha crua stáin a chur isteach sa Métro sa chaoi nach bhféadfaidís síneadh ná codladh orthu. Codlaíonn na trampanna seo anois ar ghreillí sna sráideanna, áit a mbíonn aer te ag teacht aníos ó shiopaí báicéara agus a leithéid. Is minic gan bróg ná stoca orthu agus cuma ainnis ghalrach ar a n-aghaidh. Trasna na sráide uathu d'fhéadfadh craosaire éigin a bheith ag alpadh béile a chosnódh suas le £100 in airgead na hÉireann. Níl aon dul as ag na bochtáin gan dídean ach codladh sna tuamaí agus sna luscaí i Reilig Montparnasse in iar-dheisceart na cathrach. Bhíodh cistin anraith sa tsráid ina raibh mé ag lonnú, Rue Jean-Baptiste de la Salle, chun fóirithint ar an lucht fáin seo, ach dúnadh é: meas fhear na cruaiche ar fhear na luaithe atá ar bhochtáin Pháras anois!

Leis an dúil chráite seo sa mhaoin, an bogadh ar dheis i gcúrsaí polaitíochta, agus an aeráid neamhchinnte eacnamaíochta, tá filistíneacht uafásach ag borradh i measc mhuintir na Fraince. Seo tír a thug Villon, Rousseau, Baudelaire, Hugo, Zola, Sartre, Camus agus a leithéidí dúinn ach nár chuir scríbhneoir, file, dearthóir ná péintéir den scoth ar fáil le os cionn fiche bliain. Eachtrannaigh príomhscríbhneoirí agus príomhfhilí na Fraince inniu. Is Seiceach é Milan Kundera, a bhfuil cáil dhomhanda ar a úrscéalta Fraincise, agus is ón Eilvéis an file is bisiúla acu, Jaccotte, a chónaíonn faoi scáth Mont Bernard.

[*As alt san* Irish Times *le Diarmuid Ó Gráinne.*]

(i) Luaigh *trí* mhórphointe as an gcéad alt faoin tréimhse a chaith an scríbhneoir sa Fhrainc i 1973. (7 marc)

(ii) Luaigh *dhá* mhórphointe atá aige sa dara halt faoi iompar an lucht freastail. (7 marc)

(iii) Luaigh *dhá* mhórphointe atá aige sa tríú halt faoin aos óg sa Fhrainc. (7 marc)

(iv) (*a*) Cén fáth nach féidir leis na bochtáin luí ar na suíocháin sa Métro a thuilleadh? (3 mharc)

    (*b*) Luaigh an *dá* áit i bPáras a dtéann na bochtáin a chodladh iontu anois. (4 mharc)

(v) San alt deireanach tá cur síos ar an athrú atá tagtha ar ghné áirithe de shaol na Fraince. Inis, i mbeagán focal, cén t-athrú é sin. (7 marc)

LÉAMHTHUISCINT 5
(Ardteistiméireacht, 1996)

Léigh an sliocht seo a leanas agus freagair na ceisteanna a ghabhann leis. [*Bíodh na freagraí i d'fhocail féin, oiread agus is féidir leat.*]

An Gorta Mór —súil siar

Ba é an Gorta Mór céad is caoga bliain ó shin an tubaiste ba mheasa dár tharla riamh in Éirinn, agus is iomaí sin bealach ina bhfuiltear á chomóradh faoi láthair. Craoladh sraith cheithre chlár, mar shampla, ar RTE tamall ó shin, sraith an-spéisiúil faoi ghnéithe éagsúla den tréimhse úd. Eagraíodh ceolchoirm speisialta sa Cheoláras Náisiúnta i mBaile Átha Cliath dar teideal 'Slad agus Slánú', ceolchoirm a raibh léiriú inti ar scéal beatha teaghlach amháin a mhair i rith an Ghorta. I gcomhthéacs na n-imeachtaí comórtha sin ar fad ba mhaith ab fhiú do dhuine, dar liom, súil a chaitheamh arís ar an gcaibidil chorraitheach faoin nGorta atá ag an Athair Peadar Ó Laoghaire ina leabhar cáiliúil *Mo Scéal Féin*. Éist leis an sliocht seo as:

'D'iompaigh an Drochshaol gach aon rud taobh síos suas. Agus rud ab iontaí, is iad na feirmeoirí móra láidre a thit ar dtús. An té nach raibh aige ach an fheirm bheag ní raibh cíos mór ná glaonna móra air roimhe sin. Níor dheacair dó anois cúbadh chuige beagáinín eile. Ach an té a raibh an fheirm mhór aige bhí taithí ar an mbeatha chostasach aige. Nuair a tháinig an t-athrú saoil, stad toradh na feirme láithreach. Bhí an chailliúint rómhór agus na glaonna rómhór. Níorbh fhéidir iad a fhreagairt, agus scuab

Sceitse a rinneadh le linn an Ghorta

siad dá bhoinn é. Na daoine a chailleadh a gcuid talaimh ní bhíodh le déanamh acu ach dul ag iarraidh déirce. Ní fada a bhídís ag iarraidh na déirce nuair a thagadh breoiteacht orthu agus d'fhaighidís bás. Go minic, nuair a bhíodh an t-ocras dian orthu, chaithidís éirí agus aghaidh a thabhairt ar theach comharsan éigin a bhíodh, b'fhéidir, chomh dealbh leo féin, féachaint an bhfaighidís lán béil de rud éigin le n-ithe a bhainfeadh an bhuile ocrais díobh.'

Agus éist leis an ngiota seo aige: 'Tháinig an Gorta agus b'éigean do Phádraig agus dá bhean agus don bheirt leanbh a bhí acu, Síle agus Diarmaidín, imeacht síos go Maigh Chromtha agus dul isteach i dteach na mbocht. An túisce a bhí siad istigh ann scaradh iad go léir ó chéile. Cuireadh an t-athair i measc na bhfear, an mháthair i measc na mban, Síle i measc na gcailíní, agus Diarmaidín beag i measc na leanaí óga. Bhí an teach go léir, agus a raibh de dhaoine bochta ann, múchta le gach aon saghas drochbhreoiteachtaí. Ní bhíodh slí dá leath sa teach. Ní dhéanaidís, an méid nach bhféadadh dul isteach díobh, ach iad féin a shíneadh ar phort na habhann taobh thíos den droichead. D'fheictí ansin iad gach aon mhaidin tar éis na hoíche agus iad sínte ina sraitheanna ann. Thagtaí ar ball agus thógtaí an chuid díobh nach mbíodh aon chor á chur díobh acu, agus thugtaí i dtrucaillí iad suas go háit a raibh poll mór domhain leathan ar oscailt dóibh, agus chuirtí síos sa pholl sin i dteannta a chéile iad. Dhéantaí an rud céanna leis an méid a bhíodh marbh istigh sa teach díobh tar éis na hoíche. Ní rófhada tar éis dul isteach dóibh gur tháinig an bás ar Dhiarmaidín. Caitheadh in airde ar an trucail an corp beag agus tugadh suas go dtí an poll mór é, agus caitheadh isteach ann é i dteannta na gcorp eile. Níorbh fhada gur lean Síle Diarmaidín …'

Níl amhras ná gur croí cloiche a bheadh ag an té nach gcorrófaí ag an insint sin. Fágaimis an focal scoir ag an Athair Peadar féin: 'Sin mar a bhí an scéal an uair sin, go gránna agus go fuafar agus go déistineach, mórthimpeall na háite inar tógadh mise, agus tuigim go raibh an scéal ar an gcuma chéanna díreach mórthimpeall na hÉireann go léir.'

(i) Cén t-eolas atá sa chéad alt i dtaobh *dhá* bhealach inar comóradh an Gorta Mór tamall ó shin? (8 marc)

(ii) (*a*) 'Is iad na feirmeoirí móra láidre a thit ar dtús.' Cén míniú atá sa dara halt ar an bhfáth a bhí leis sin? (5 mharc)

(iii) Tá cur síos an-bheoga sa tríú halt ar theach na mbocht Mhaigh Chromtha agus ar shaol na ndaoine ann aimisr an Drochshaoil. Luaigh *trí* mhórphointe as an gcur síos sin. (9 marc)

(iv) Cad a dhéanaidís nuair a bhíodh an t-ocras dian orthu?* (5 mharc)

(v) Deirtear san alt deireanach go bhfágfaí an focal scoir ag an Athair Peadar. Inis, i mbeagán focal, cad a bhí le rá aige.* (5 mharc)

*Ceisteanna agus marcanna breise an údair.

LÉAMHTHUISCINT 6
(Ardteistiméireacht, 1996)

Léigh an sliocht seo a leanas agus freagair na ceisteanna a ghabhann leis. [*Bíodh na freagraí i d'fhocail féin, oiread agus is féidir leat.*]

Mar a bhí—mar atá

I gcroílár na bPiréiní atá Andorra, an stát is lú agus is scoite amach san Eoraip agus é freisin ar cheann de na stáit is sine ar domhan. Níl fiú an 200 míle cearnach faoi, agus gan de dhaonra ann ach thart ar leathchéad míle duine. Sna gleannta cúnga a luíonn idir na sléibhte arda a chónaíonn an formhór mór acusan. Bhí na sléibhte sin faoi bhrat sneachta (mar a bhíonn ar feadh seacht mí in aghaidh na bliana) nuair a bhí mé ann roinnt seachtainí ó shin. Foinse saibhris iad na sléibhte sin do mhuintir Andorra. Plódaíonn na mílte cuairteoir (go leor Éireannach ar mo nós féin ina measc!) isteach chucu, sa gheimhreadh go háirithe, ar shaoire scíála.

Ach tá foinse saibhris eile in Andorra. Stát saor ó dhleacht is ea é, agus is geall le hollmhargadh leathan í an tír anois, a mheallann na sluaite ón bhFrainc agus ón Spáinn chun earraí leictreacha, biotáille agus toitíní a cheannach go saor. D'fhéadfaí an leasainm úd a thug Napóleon ar mhuintir Shasana, 'náisiún siopadóirí', a ghreamú chomh maith céanna de mhuintir Andorra. Tá an phríomhchathair, Andorra la Vella, nasctha leis na bailte in aon ghleann léi sa chaoi gur lárionad ollmhór siopadóireachta an áit sin ar fad. Bíonn na bóithre chomh plódaithe sin le carranna go nglaoitear 'an lárionad páirceála is airde san Eoraip' go tarcaisneach ar Andorra.

A mhalairt de scéal a bhí ann leathchéad bliain ó shin. Bhí Andorra an t-am sin ionann is deighilte ón gcuid eile den domhan. Ba iad an talmhaíocht agus an smuigleáil príomhshlite beatha na ndaoine. Ba thraidisiúin iad sin a chuaigh siar go dtí bhunú an stáitín seacht gcéad bliain ó shin. Ba iad na Múraigh a bhí ann roimhe sin, ach nuair a bhailigh siadsan leo d'éirigh aighneas idir easpag Spáinneach agus cunta Francach faoi úinéireacht an stráice shléibhtiúil talún seo. Réitíodh an t-achrann sa bhliain 1278 nuair a tugadh neamhspleáchas don limistéar faoi chomhardtiarnas na beirte. Tá an socrú sin i bhfeidhm fós, bíodh is gurb é Uachtarán na Fraince atá in áit an chunta Fhrancaigh anois mar dhuine den bheirt 'chomhphrionsaí'.

Ach tháinig athrú ar thraidisiúin na tíre le fás na turasóireachta agus na trádála saor ó dhleacht. Anois tá cultúr na nAndorrach báite faoi thonn na dturasóirí, a dhoirteann anuas ar an stát ina milliúin gach bliain. Is mionlach iad na nAndorraigh ina dtír féin san am i láthair, gan iontu acu an ceathrú cuid den daonra. Catalónaigh agus Spáinnigh 60 faoin gcéad den daonra iomlán, agus Francaigh den chuid is mó atá san fhuílleach. Níl amhras, dá thoradh sin uile, ná go bhfuil teanga dhúchais na tíre (an Chatalóinis) agus a cultúr dúchais i mbaol a mbasctha. Is é an Chatalóinis fós príomhtheanga na gnáthmhuintire agus teanga oifigiúil an stáit, agus tá tréaniarrachtaí ar siúl i gcónaí ag na húdaráis ar mhaithe leis an teanga dhúchais, agus an cultúr a ghabhann léi, a chaomhnú agus a chur chun cinn.

Bhraith mé féin, áfach, gur tír gan anam é Andorra—nár dhada é ach soláthraí earraí saor ó dhleacht agus áit súgartha do thurasóirí. Bhain mé taitneamh, agus ardtaitneamh, as an scíáil; ach ní raibh aon aiféala orm nuair a d'fhág mé an tír bheag seo a bhfuil a hoidhreacht á díol aici, dar liom, le lucht gaimbín.

[As alt san *Irish Times* le Liam Mac Uistín.]

(i)   (*a*)   'Foinse saibhre iad na sléibhte sin.' Tabhair insint an-ghairid ar a bhfuil i gceist ansin.   (4 mharc)

       (*b*)   'Tá foinse saibhris eile in Andorra.' Tabhair insint an-ghairid ar a bhfuil i gceist ansin.   (4 mharc)

(ii)   'Réitíodh an t-achrann sa bhliain 1278.' Cén t-achrann a bhí ann, agus cén réiteach a dtángthas air?   (8 marc)

(iii) Is ag caint ar theanga (an Chatalóinis) agus ar chultúr Andorra
a bheith i mbaol atá an scríbhneoir sa cheathrú agus sa chúigiú
halt. Luaigh *trí* mhórphointe atá aige faoin ábhar sin. (9 marc)

(iv) (*a*) Cá bhfuil Andorra?* (3 mharc)

(*b*) Cé chomh mór is atá Andorra?* (3 mharc)

(v) Cén fáth ar féidir an leasainm 'náisiún siopadóirí' a
thabhairt air?* (4 mharc)

*Ceisteanna agus marcanna breise an údair.

LÉAMHTHUISCINT 7
(Ardteistiméireacht, 1995)

Léigh an sliocht seo a leanas agus freagair na ceisteanna a ghabhann leis. [*Bíodh
na freagraí i d'fhocail féin, oiread agus is féidir leat.*]

Scéal dhá phictiúrlann

Bíodh is nár thuig siad féin é, bhain tábhacht ar leith leis an tionól beag daoine i gcúlseomra an Grand Café, 14 Boulevard des Capucines, Páras, ar 28 Nollaig 1895. Ba é an chéad taispeántas scannán riamh é ar dhíol an pobal as a fheiceáil—an chéad phictiúrlann! Ba iad na deartháireacha Louis agus Auguste Lumière a bhí i mbun an chúraim agus an teilgeoir scannán a d'fhorbair siad féin i bhfearas acu—an cinématographe, mar a bhí á thabhairt acu air. Ceann amháin de na deich scannán ghearra a taispeánadh—'Traein ag teacht isteach i stáisiún'—chuir sé scanradh, is cosúil, ar a lán dá raibh i láthair. Ní fheadar cad a déarfaidís dá bhfeicfidís foréigean scáileáin an lae inniu ag leithéidí Eastwood, Gibson, Pacino, Stallone, agus a gcairde.

Cibé faoi sin de, tá comóradh céad bliain na hócáide stairiúla sin ar siúl ar fud an domhain i mbliana, agus cárbh fhearr rud dá ndéanfaimisne anseo ná súil siar a chaitheamh ar feadh tamaillín ar a bhfuil ina leabhar Scéal na Scannán ag Proinsias Ó Conluain faoin

gcéad phictiúrlann a bunaíodh in Éirinn. 'Ar 20 Nollaig 1909,' a deir Proinsias, 'osclaíodh an Volta Electric Theatre i Sráid Mhuire, Baile Átha Cliath—an chéad phictiúrlann in Éirinn a osclaíodh go speisialta le scannáin, agus gan ach scannáin, a thaispeáint. Dá bharr sin tá scéal na pictiúrlainne sin spéisiúil ann féin, ach tá sé spéisiúil thairis sin ar an ábhar gurbh é James Joyce, duine de na scríbhneoirí Béarla is mó tionchar de chuid na haoise seo, a bhí ina chéad bhainisteoir uirthi.

'Mar is eol dúinn, bhí an Seoigheach ina dheoraí deonach ar an Mór-roinn ó 1902 ar aghaidh, agus is ag múineadh Béarla i gcathair Trieste a bhí sé thart faoi 1905. Casadh roinnt fear gnó air san áit a raibh spéis mhór acu i dtionscal úr na scannán, a bhí ag dul chun cinn go tréan san am. D'éirigh leis a chur ina luí orthu gurbh fhiú dóibh pictiúrlanna a oscailt in Éirinn. Tugadh slám airgid don Seoigheach, d'fhág sé Trieste, agus bhain Baile Átha Cliath, a chathair dhúchais féin, amach ar 21 Deireadh Fómhair 1909. Suíomh feiliúnach

do phictiúrlann nua a bhí uaidh. Chuardaigh sé cuid mhór áiteanna sa phríomhchathair, agus faoi dheireadh shocraigh sé ar uimhir 45 Sráid Mhuire a cheannach. Chuir sé fios láithreach ar a chairde i dTrieste, agus chuaigh siad gan mhoill i mbun pictiúrlann a dhéanamh as an bhfoirgneamh i Sráid Mhuire. Bhí go leor deacrachtaí le sárú; ní dheachaigh an Seoigheach féin a luí roimh a trí a chlog oíche ar bith ó thosaigh an obair ath-chóirithe. É féin a rinne na póstaeir fiú amháin do lá na hoscailte.

'An Volta an t-ainm a thabharfaí ar an bpictiúrlann nua, le honóir a thabhairt don eolaí Iodálach Allesandro Volta. Is beag aird, áfach, a thug nuachtáin an lae ar an iarracht nua—iarracht as a bhfásfadh lear mór foirgneamh den saghas céanna ar fud na tíre. Ach bhí tarraingt na sluaite ar an bpictiúrlann on gcéad lá a osclaíodh í. Bhí a oiread sin daoine thart faoin doras don chéad taispeántas gurbh éigean don Seoigheach fios a chur ar na póilíní chun iad a choinneáil in ord.

'Lean an Volta uirthi ag taispeáint scannán do na sluaite go dtí gur dúnadh í thart faoin mbliain 1950. Ceap oifigí atá ar an láthair anois, ach creideann go leor seandaoine sa chathair go maireann dhá scáil fós ann (ach na súile a bheith agat lena bhfeiceáil)— scáil an Volta agus scáil James Joyce!'

James Joyce

(i)   Cén tábhacht a deirtear sa chéad alt a bhain leis an scata beag daoine sa chúlseomra úd i bPáras? Cén fáth ar greannmhar leis an scríbhneoir rud áirithe a tharla le linn an taispeántais?   (8 marc)

(ii)   (a)   Tabhair insint *ghairid* ar a bhfuil in alt 3 faoina raibh le rá ag James Joyce agus na fir ghnó úd lena chéile ag an gcruinniú i dTrieste.

       (b)   Breac síos pointe *amháin* as an alt céanna a léiríonn go raibh saol dian go leor ag Joyce mar bhainisteoir.   (9 marc)

(iii) (a)   Breac síos pointe *amháin* as alt 4 a léiríonn gur éirigh go maith leis an Volta.

       (b)   Cad is dóigh leat den ghreann atá san abairt dheireanach d'alt 5?   (8 marc)

(iv)   Cén tábhacht a bhaineann leis an tionól i bPáras?*   (5 mharc)

(v)   Tabhair pointe *amháin* eolais faoi scannán ar bith le Louis agus Auguste Lumière.*   (5 mharc)

*Ceisteanna agus marcanna breise an údair.

LÉAMHTHUISCINT 8
(Ardteistiméireacht, 1995)

Léigh an sliocht seo a leanas agus freagair na ceisteanna a ghabhann leis. [*Bíodh na freagraí i d'fhocail féin, oiread agus is féidir leat.*]

——Ceacht le Foghlaim——

Ar 27 Eanáir 1945 mháirseáil trúpaí de chuid Arm Dearg Aontas na Sóivéadach isteach i gcampa báis Auschwitz na Polainne agus scaoil siad saor a raibh fágtha beo nó leathbheo de phríosúnaigh bhochta na háite sin. 'Seansaighdiúir atá ionam', arsa an Coirnéal Petrenko, a bhí i gceannas na dtrúpaí sin, 'agus chonaic mé go leor uafás le mo linn, ach níor shíl mé riamh go luífeadh mo shúile cinn ar radharc chomh cosrach agus a bhí romhainn an lá úd sa

'Geata Auschwitz – Geata Ifrinn'

champa sin.' Tá an saoradh sin ó Auschwitz—leathchéad bliain ó shin—agus ó na campaí báis Naitsíocha eile, á chomóradh ar fud an domhain i mbliana.

Is maith is fiú dúinne mar sin, i gcomhthéacs na n-imeachtaí sin, an tuairisc bheoga seo a leanas a léamh atá ag Breandán Ó hEithir, ina leabhar *An Nollaig Thiar*, ar chuairt a thug sé sa bhliain 1985 ar cheann de na campaí ifreanda sin, campaí ar céasadh agus ar básaíodh na milliúin iontu, go mba Ghiúdaigh naonúr as gach deichniúr díobh. 'Baile beag gleoite é Weimar,' a deir Breandán, 'atá suite i gcroílár na Gearmáine. Tá go leor áiteanna stairiúla ar an mbaile féin, go háirithe an teach inar chónaigh an scríbhneoir Goethe. Níl campa géibhinn

Buchenwald ach turas fiche nóiméad ar bhus ó Weimar, agus shocraigh mé dul ann go luath an chéad mhaidin. Lá gruama ceomhar i dtús mhí na Nollag 1985 a thógas an bus go Buchenwald i gcomhluadar scata daltaí meánscoile a bhí faoi chúram a múinteora: bean mhór chrosta nár stad de bheith ag fógairt orthu bheith ciúin ómósach. "Ní chun na hamharclainne atá sibh ag dul, a rudaí míbhéasacha," a deireadh sí nuair a théadh an gleo thar fulaingt: "táimid ar oilithreacht chun na háite inar mharaigh na Naitsithe na mílte."

'Bheadh Buchenwald duairc lá gréine i lár an tsamhraidh, agus ní mholfainn do dhuine neirbhíseach ar bith cuairt a thabhairt air. Tá sé coinnithe sa staid chéanna, mórán, ina raibh sé an lá i 1945 ar scaoil fórsaí na gComhghuaillithe saor na géibheannaigh a bhí fós ina mbeatha. Is iomaí sin áit inar tharla uafás nach maireann rian an uafáis ann, ach shamhlófá go bhfuil boladh an bháis le fáil fós in aer an ollchampa seo. Mura mbeadh comhluadar callánach na ndaltaí meánscoile agus iarrachtaí feargacha an mhúinteora iad a chiúnú ní fhanfainn chomh fada san áit agus a d'fhanas. Bhíos cúramach fanacht ina n-aice ar feadh an ama. Bhíos scanraithe bheith i m'aonar i measc na gcillíní bídeacha inar chaith oiread sin daoine a n-uaireanta deireanacha ar an saol seo.

'Thaistil mé ar ais go Weimar ina gcomhluadar freisin. Bhí an ceo iompaithe ina bháisteach faoi seo agus an múinteoir chomh tuirsithe dá cúram gur thosaigh sí ag caint liomsa, an t-aon phaisinéir eile seachas iad a bhí ar an mbus. Dúirt sí nár thuig go leor den aos óg méid an uafáis a tharla sna campaí, gur theastaigh ón stát go mbuanófaí an chuid sin den stair in intinn an aosa óig, agus gurbh é sin an chúis a dtugtaí ranganna ar cuairt chuig cibé campa géibhinn ba ghaire dá scoil. D'fhiafraigh mé di ar mheas sí go raibh toradh fónta ar na turais seo. "Níl a fhios agam," ar sise. "Tá siad millte ag pop-cheol an iarthair agus ag na cláir Mheiriceánacha a fheiceann siad ar an teilifís anseo. Déanaim mo dhícheall, ach ..." Chaith sí a lámha san aer agus thosaigh ag béicíl arís. Faoin am ar shroicheamar Weimar bhíos féin in ísle brí chomh mór agus a bhí sise, ach ar chúis eile.

'Naoi mbliana d'aois a bhí mé nuair a thosaigh an Dara Cogadh Domhanda, agus cheapas an uair sin gur mhór an spórt é. Ach anois, tar éis dom Buchenwald a shiúl sa cheo (agus Dachau roinnt blianta roimhe sin), ba é mo mhian an t-uafás a dhíbirt chuig cúl mo chuimhne.'

(i) Luaigh pointe *amháin* sa chéad alt agus pointe amháin sa dara halt a léiríonn gurbh áiteanna uafásacha iad na campaí báis úd. Inis, in abairt nó dhó, a bhfuil i gceist, dar leat, i dteideal an tsleachta. (8 marc)

(ii) Luaigh *trí* mhórphointe as an gcur síos atá ag Breandán Ó hEithir sa tríú halt ar an gcaoi a ndeachaigh campa Buchenwald i gcion air. (9 marc)

(iii) Luaigh *trí* mhórphointe as an tuairisc sa cheathrú halt ar a raibh le rá ag an múinteoir le Breandán. (8 marc)

(iv) Cad a rinne na trúpaí Sóivéadacha i gcampa Auschwitz?* (4 mharc)

(v) Inis, i mbeagán focal, cad a bhí le rá ag Breandán Ó hEithir sa chúigiú halt.* (6 mharc)

*Ceisteanna agus marcanna breise an údair.

LÉAMHTHUISCINT 9
(Ardteistiméireacht, 1994)

Léigh an sliocht seo a leanas agus freagair na ceisteanna a ghabhann leis. [*Bíodh na freagraí i d'fhocail féin, oiread agus is féidir leat.*]

C R U I N N I Ú
M U L L A I G H

10:07 r.n., Déardaoin 27 Bealtaine 1993. Bhí ciúnas na reilige sa champa sléibhteoireachta Éireannach i ngleann Rongbuk na Tibéide. Iad uile ar bís. Go tobann tagann guth ar an raidió gearrthoinne. 'Everest ag glaoch ar Rongbuk. 8,848 méadar an léamh atá ar m'airdemhéadar. Táim i mo shuí ar mhullach an domhain!' An cainteoir? Cé eile ach Dawson Stelfox, ailtire as Béal Feirste, an ceannaire ar chéad fheachtas Éireannach Everest. Bhí éacht i gcrích. Everest (nó Chomolungma i dteanga na Tibéide)—an bhinn is airde ar dhroim talún—bhí a mhullach sroichte ag Éireannach den chéad uair riamh. Na liúnna gliondair a lig lucht an champa astu deir daoine go bhfuil a macalla le cloisteáil fós ar fud na Himiléithe, na sléibhte sceirdiúla sin arb í Chomolungma a mbanríon mhaorga.

Agus bhí a thuilleadh le rá ag Dawson. 'Is onóir thar na bearta agam é', ar seisean, 'bheith san áit dhraíochta seo, áit nach sroichfinn go deo mura mbeadh mo sheachtar comhdhreapadóirí as trí chúige eile na hÉireann.' Ghabh sé buíochas ó chroí leo uile as an onóir a bronnadh air. Bhí briathra molta ar leith aige dá leascheannaire, Frank Nugent. Is bainisteoir le FÁS é Frank i mBaile Átha Cliath. Bhí sé cos ar chois leis go dtí nach raibh siad ach tuairim is 300 méadar ó bharr na binne. Ach ní raibh an dara rogha ag Frank bocht ag an bpointe sin ach éirí as agus filleadh, de thoradh deacracht uafásach a bheith aige a dhóthain aeir a análú chuige as na buidéil ocsaigine. Is é an ocsaigin sin rún na beatha ag an airde mhillteach seo: ba mhairg duit ina héagmais. 'M'éachtsa anseo inniu is é eacht Frank leis é,' arsa Dawson.

Iarradh air ansin tuairisc ghearr a thabhairt ar an aimsir agus ar an áit. 'Tá sé breá te anseo. Is ar éigean atá an leoithne féin ann, agus tá an spéir os mo chionn an-ghorm go deo,' ar seisean. Bhí na scamaill thíos faoi, a dúirt sé, agus beanna eile na Himiléithe le feiceáil go soiléir aige aníos tríothu: Zhangzi agus Manaslu go háirithe, beanna ar ruaig an drochaimsir Dawson agus a chairde anuas astu sna blianta 1987 agus 1991. 'Ní thig liom focail a chur ar a áille atá sé anseo,' ar seisean, 'agus braithim go bhfuil cairdeas diamhair éigin ag baint leis mar áit.' Ghabh sé buíochas arís ansin le gach ball den fheachtas, agus leo sin uile in Éirinn agus ar fud an domhain a chuidigh leis an iarracht ar bhealach ar bith. 'Is gearr anois go mbeidh dorchacht na hoíche ina fallaing ar an bhfód seo fúm ... Glacfaidh mé roinnt grianghraf i dtosach ... Ansin beidh mé ar mo bhealach síos.'

B'shin deireadh lena raibh le rá ag Dawson ar an raidió gearrthoinne ó mhullach Chomolungma. Ach is cinnte nach bhfuil an béaloideas faoin éacht uile-Éireannach seo ach ina thús!

[Bunaithe ar ailt san *Irish Times*.]

(i) Deirtear sa chéad alt go raibh 'éacht i gcrích'. Cén t-éacht é? Cá bhfuair lucht an champa an t-eolas faoi? Conas a léirítear san alt sin gur chuir an t-eolas ríméad orthu? (8 marc)

(ii) Sa dara halt tugtar an-mholadh don leascheannaire ar an bhfeachtas Éireannach. Luaigh *dhá* mhórphointe ar bith atá san alt faoin duine sin. (8 marc)

(iii) Sa tríú halt tugann an ceannaire tuairisc ghairid i dtaobh mhullach na binne agus i dtaobh a raibh le feiceáil aige ón mullach sin. Luaigh *trí* mhórphointe as an tuairisc sin. (9 marc)

(iv) (*a*) Cé a bhí ina ceannaire ar an bhfeachtas?*   (3 mharc)

      (*b*) Cén obair a bhí aige i mBéal Feirste?*   (3 mharc)

(v)   Inis, in abairt amháin, cad a dúirt an scríbhneoir san alt deireanach.*   (4 mharc)

*Ceisteanna agus marcanna breise an údair.

LÉAMHTHUISCINT 10
(Ardteistiméireacht, 1994)

Léigh an sliocht seo a leanas agus freagair na ceisteanna a ghabhann leis. [*Bíodh na freagraí i d'fhocail féin, oiread agus is féidir leat.*]

AN PICTIÚR A D'FHILL

Maidin amháin i mí Lúnasa 1990 d'fhág Sergio Benedetti teach na nÍosánach i Sráid Chill Mochargáin i mBaile Átha Cliath agus sceitimíní air. Bhí sé tar éis scrúdú a dhéanamh ar roinnt pictiúr ann ar iarratas an reachtaire. Ní bréag a rá gur leath na súile le hiontas air nuair a chonaic sé ceann amháin díobh. D'aithin sé láithreach gurbh é Gabháil Chríost, an sárshaothar ealaíne le Caravaggio, a bhí ann—pictiúr nach raibh tásc ná tuairisc air leis na cianta. Ar an mballa sa bhialann a bhí sé, é ansin le trí scór bliain. Sagart amháin, a dúradh leis, a chuir sonrú ann agus nach suífeadh aon áit eile am béilí ach díreach os a chomhair! Is beag a shíl an fear groí sin, ar ndóigh, gur cheann de sheoidphictiúir an domhain a bhí ann. Conas a shílfeadh agus ainm péintéara eile greanta ar an seanlipéad a bhain leis—Gerrit van Honthorst, péintéir ón Ísiltír a mhair sa chéad chéanna le Caravaggio (an seachtú haois déag) ach nach raibh in aon ghaobhar do bheith chomh maith leis.

Is maith mar a thuig Benedetti, áfach, nárbh fhéidir leis an t-áthas a bhí air a roinnt le haon duine go fóill. Bhí bóthar achrannach roimhe lena chruthú gurbh fhíor dá bhreith faoin bpictiúr. Is athchóiritheoir sinsearach é Sergio Benedetti sa Dánlann Náisiúnta i mBaile Átha Cliath, agus is saineolaí é ar phéintéireacht Iodálach ré Caravaggio. Trí bliana a chaith sé i mbun taighde agus athchóirithe ar an bpictiúr, le cead na nÍosánach—trí bliana d'obair mhall-triallach cháiréiseach. Ach ar deireadh bhí an fhianaise uile tiomsaithe aige agus athnuachan iomlán déanta ar an bpictiúr aige.

Scéal tragóideach go leor é scéal an phictiúir féin. Do sheanteaghlach uasal sa Róimh a phéinteáil Caravaggio é sa bhliain 1602, ach cailleadh é féin go tubaisteach ocht mbliana ina dhiaidh sin agus gan é ach ina fhear óg naoi mbliana is tríocha d'aois. Maireann sé fós, áfach, ina shaothar ealaíne, saothar atá lán de bheogacht agus de dhaonnacht. Faoin mbliain 1802 bhí an sean-teaghlach úd báite i bhfiacha, agus dhíol siad dornán pictiúr le hAlbanach saibhir, Gabháil Chríost ina measc. Ach bhí an lipéad míchruinn úd air, rud a d'fhág nár thuig an t-úinéir nua riamh gur scothshaothar le Caravaggio a bhí aige. Nuair a cailleadh an duine deiridh de shliocht an duine sin sa bhliain 1921 díoladh an pictiúr le ceannaitheoir anaithnid éigin i nDún Éideann—ar ocht ngine! Go luath ina dhiaidh sin, ar shlí dhiamhair éigin, bhí an pictiúr ina seilbh ag baintreach óg Éireannach a bhí sa chathair sin ag an am. Marie Lea-Wilson ab ainm di, agus dochtúir ba ea í. Thug sí an pictiúr ar ais go Baile Átha Cliath léi, agus sa bhliain 1930 bhronn sí ar na hÍosánaigh é. Níor shaor ó thragóid saol na mná sin ach oiread: lámhachadh a fear céile go luath tar éis Éirí Amach 1916. Ba Shasanach é a bhí ina chaptaen san RIC i rith an Éirí Amach.

Scéal tragóideach, gan amhras. Ach a bhuí le gairmiúlacht Sergio Benedetti agus le rífhéile na nÍosánach, tá Gabháil Chríost *Caravaggio slán ó bhaol anois sa Dánlann Náisiúnta. Tá deireadh taistil déanta!*

[Bunaithe ar ailt in *Anois.*]

(i)	Sa chéad alt tá cur síos ar an gcuairt a thug duine áirithe ar theach áirithe i mBaile Átha Cliath. Luaigh *dhá* mhórphointe as an gcur síos sin ar a chuairt.	(8 marc)
(ii)	Cén t-eolas a thugtar sa dara halt (*a*) faoi ghairm bheatha an chuairteora sin agus (*b*) faoin 'mbóthar achrannach' a bhí roimhe?	(8 marc)
(iii)	Sa tríú halt tá cur síos ar stair an phictiúir. Luaigh *trí* mhórphointe ar bith as an gcur síos sin.	(9 marc)
(iv)	Cén fáth a raibh sceitimíní ar Sergio Benedetti?*	(5 mharc)
(v)	Cá bhfuil *Gabháil Chríost* Caravaggio anois?*	(5 mharc)

*Ceisteanna agus marcanna breise an údair.

LÉAMHTHUISCINT 11
(Ardteistiméireacht, 1993)

Léigh an sliocht seo a leanas agus freagair na ceisteanna a ghabhann leis. [*Bíodh na freagraí i d'fhocail féin, oiread agus is féidir leat.*]

Sasanach ina laoch Éireannach

JACK CHARLTON

Go déanach oíche Aoine 7 Feabhra 1986 leath an scéal ó 80 Cearnóg Mhuirfean—príomhoifig Chumann Peile na hÉireann—go raibh bainisteoir nua ar fhoireann sacair na hÉireann: Jack Charlton. Bhí lucht nuachta sa tóir air láithreach. Ach ní raibh aon teacht ar Jack. Cá raibh sé? Ag gabháil don ghnó ba bhinn leis riamh: ag iascach! Bhí iontas ar a lán; ach iadsan a raibh aithne acu ar Jack níor chuir sé iontas ar bith orthu. Thuig siad gurb shin an sort duine é: caipín ar a chloigeann, slat iascaigh ina dhorn, a shúil ar an abhainn, agus é beag beann ar chách!

In Ashington i dtuaisceart Shasana a rugadh Jack Charlton sa bhliain 1935. Óganach ard láidir a bhí ann, agus níorbh aon iontas é dá réir sin gur leis an bpeil a chaitheadh sé a chuid ama shaoir aon deis a d'fhaigheadh sé. Sa bhliain 1952 chuaigh sé le Leeds United, club ar fhan sé leis ar feadh a ré imeartha—fiche bliain ar fad. Ní raibh an club ach sa Dara Roinn nuair a chuaigh sé ann i dtosach, agus is beag dóchas a bhí ag aon duine go ndéanfadh sé aon dul chun cinn. Ach nuair a ceapadh Don Revie mar bhainisteoir nua ar an gclub chum sé plean imeartha chun an Chéad Roinn a bhaint amach. Thuig sé go raibh teorainn leis an gcumas a bhí ina chuid imreoirí, agus cheap sé straitéis chun an toradh ab fhearr ab fhéidir a fháil as an gcumas teoranta sin. Ba ar chosaint dhaingean a bunaíodh an straitéis, agus ba é Jack Charlton an bhunchloch inti, an charraig in aghaidh an anfa! Seanscéal anois é an chaoi iontach ar éirigh leis an bplean. Bhí Leeds sa Chéad Roinn an bhliain dar gcionn, agus níor luaithe istigh ansin iad ná a bhain siad craobh na sraithe arís agus arís eile. Níor leor leo sin ach go ndeachaigh siad ar aghaidh agus gur bhain siad an Corn ag Wembley cúpla babhta.

Sa bhliain 1966 imríodh cluichí ceannais Chorn an Domhain i Sasana. Ag imirt a gcluichí uile i Wembley agus tacaíocht fhíochmhar an tslua bhaile laistiar díobh, bhuaigh Sasana an Corn. Bhí Jack ina lárchúlaí ar an bhfoireann sin agus bhí a dheartháir, Bobby, ar dhuine de na himreoirí ab fhearr sa chomórtas. Bhí an bhuaic bainte amach ag an imreoir a thosaigh a chuid peile le club neamhfhaiseanta Leeds.

Blianta ina dhiaidh sin, nuair a d'éirigh a sheanchara Don Revie as a phost mar bhainisteoir ar fhoireann Shasana, chuir Jack isteach ar an bhfolúntas; ach, cé go raibh bonn do Chorn an

Domhain buaite aige le Sasana, níor bhac na hudaráis le freagra fiú a thabhairt ar a litir iarratais. Ach bhí an lá ag teacht go mbeadh aiféala ar Chumann Sacair Shasana faoin díspeagadh sin ...

[As An Bóthar chun na Róimhe *le Vivian Uíbh Eachach*.]

(i)   Sa chéad alt deirtear go raibh iontas ar a lán daoine. Inis cad
      ba bhun leis an iontas sin.   (5 mharc)

(ii) Sa dara halt tá cur síos ar 'phlean imeartha'. Mínigh go gairid
      cén 'plean imeartha' a bhí i gceist, agus breac síos toradh
      amháin a bhí ar an bplean sin.   (10 marc)

(iii) Sa tríú halt deirtear faoin imreoir atá i gceist gur bhain sé
      'buaic' áirithe amach. Cén bhuaic é sin? Cén tagairt a dhéantar
      don bhuaic chéanna san alt deireanach?   (10 marc)

(iv) Deirtear sa chéad alt go raibh an lucht nuachta sa tóir ar Jack
      Charlton. Cén fáth a raibh siad sa tóir air?*   (5 mharc)

(v)   Cén post a bhí Jack Charlton ag iarraidh ach nach bhfuair sé?* (5 mharc)

*Ceisteanna agus marcanna breise an údair.

LÉAMHTHUISCINT 12
(Ardteistiméireacht, 1993)

Léigh an sliocht seo a leanas agus freagair na ceisteanna a ghabhann leis. [*Bíodh na freagraí i d'fhocail féin, oiread agus is féidir leat.*]

AN EORAIP: IS LINN FÉIN Í

Is nós linn cuimhneamh orainn féin mar shaoránaigh de chuid ár dtíre dúchais, nó b'fhéidir uaireanta, ag breathnú níos faide uainn, mar shaoránaigh de chuid na cruinne. Is annamh, áfach, a thugaimid Eorpaigh orainn féin, nó a chuimhnímid orainn féin mar shaoránaigh de chuid na mór-roinne sin. Is mithid dúinn, go deimhin, an port sin a athrú, go háirithe nuair a chuimhnítear ar an vóta dearfach ar son Chonradh Maastricht—Conradh an Aontais Eorpaigh—a thug toghthóirí na hÉireann anuraidh.

Ar feadh na gcéadta bliain ba í an Eoraip croílár forbartha an domhain. Is san Eoraip a cuireadh na réabhlóidí móra eolaíochta agus teicneolaíochta i gcrích. San Eoraip freisin a tháinig forbairt ar chruth an stáit nua-aoisigh. Le linn ré na n-impireachtaí d'éirigh leis na cumhachtaí móra Eorpacha a dtoil a chur i bhfeidhm ar an domhan mór. Go dtí an lá a thosaigh an Dara Cogadh Mór is ag náisiúin na hEorpa a bhí forlámhas an domhain i gcúrsaí míleata, eacnamaíochta, agus cultúrtha.

An Berlaymont, Príomhoifig an Choimisiúin Eorpaigh sa Bhruiséil

Ach d'athraigh an Dara Cogadh Mór an leagan amach sin. San Eoraip a thosaigh an cogadh, agus san Eoraip den chuid is mó a troideadh é. Maraíodh na milliúin, réabadh agus scriosadh talmhaíocht agus tionscail, agus buaileadh buille trom in aghaidh sheasamh na hEorpa sa domhan. D'fhág an cogadh an Eoraip féin scoilte an athuair. Feasta, ba iad Stáit Aontaithe Mheiriceá agus an tAontas Sóivéadach an dá chumhacht mhóra.

Ba mar fhreagra ar an ngéarchéim sin a bunaíodh Pobal Eacnamaíoch na hEorpa. Bhí sé i gceist ag lucht a bhunaithe deireadh a chur go deo leis an gcogaíocht san Eoraip. Ar 9 Bealtaine 1950 d'fhoilsigh Robert Schuman, Aire Gnóthaí Eachtracha na Fraince, an tairiscint ar a dtugtar anois Beartas Schuman. Ba é aidhm na tairisceana sin Pobal Eorpach Guail agus Cruach a bhunú chun comhordú a dhéanamh ar an dá thionscal sin, sna tíortha in iarthar na hEorpa. D'éirigh go seoigh leis mar iarracht. Ach leagadh an bhunchloch ba mhó ar fad ar 25 Márta 1957 nuair a síníodh dhá chonradh sa Róimh. Faoi cheann amháin den dá chonradh sin is ea a bunaíodh Pobal Eacnamaíoch na hEorpa (ar a ngairmtear an tAontas Eorpach anois).

Ach is í an cheist mhór faoi láthair an mbainfear amach choíche an phríomhaidhm a bhí ag na bunaitheoirí, is é sin na ballstáit a thabhairt le chéile ar dtús ar bhonn eacnamaíochta le súil go leanfadh comhoibriú níos leithne i gcúrsaí polaitíochta dá thoradh sin.

(i)   Sa chéad alt deir an scríbhneoir go gcaithfimid port áirithe a athrú in Éirinn. Cén port atá i gceist, agus cad é an fáth is mó a gcaithfimid é a athrú?   (5 mharc)

(ii) Sa dara halt tá cur síos ar an Eoraip mar a bhí sí roimh an Dara Cogadh Mór, agus sa tríú halt tá cur síos ar an Eoraip mar a bhí sí i ndiaidh an chogaidh sin. Luaigh agus mínigh mórphointe *amháin* as an gcéad chur síos agus mórphointe amháin as an dara cur síos.   (10 marc)

(iii) Sa cheathrú halt luaitear aidhm amháin a bhí ag na bunaitheoirí atá i gceist, agus luaitear aidhm eile (an phríomhaidhm) a bhí acu san alt deireanach. Abair go gairid cad iad an dá aidhm sin.   (10 marc)

(iv) Cérbh iad an dá chumhacht mhóra tar éis an Dara Chogaidh Mhóir?*   (5 mharc)

(v)   Cén aidhm a bhí ag tairiscint Robert Schuman?*   (5 mharc)

*Ceisteanna agus marcanna breise an údair.

LÉAMHTHUISCINT 13

(Páipéar Samplach, 1993)

Léigh an sliocht seo a leanas agus freagair na ceisteanna a ghabhann leis. [*Bíodh na freagraí i d'fhocail féin, oiread agus is féidir leat.*]

Cluichí Seoul—súil siar

Bean óg sheabhacshúileach ón gCóiré Theas a bhain an chéad bhonn óir amach sna Cluichí Oilimpeacha i mBarcelona mí Iúil seo caite. Chuir sin ag machnamh mé arís ar an gceathrú Oilimpiad is fiche, a tionóladh i Seoul na tíre sin sa bhliain 1988. Ní dhéanfar dearmad go deo ar an mbród as cuimse a bhí ar uachtarán an Choiste Oilimpigh Idirnáisiúnta agus clabhsúr á chur aige ar na cluichí úd ar 2 Deireadh Fómhair na bliana sin.

Bhí slán á chur aige le 13,626 lúthchleasaí, le 25,000 oifigeach lúthchleasaíochta agus le milliún duine, nach mór, a bhí tar éis teacht ó gach cearn den domhan chun na cluichí a fheiceáil. Go deimhin, níor thógtha a mhórtas ar an uachtarán. Bhí sé le maíomh go raibh brabach $350 milliún nó mar sin déanta, airgead a chaithfí ar chur chun cinn an spóirt amaitéaraigh. Bhíothas á rá gur ar éigean a bhí cluichí ar bith eile riamh ann ó adhnadh lasair na Nua-Chluichí Oilimpeacha in Aithin na Gréige sa bhliain 1896 a raibh an oiread sin ratha orthu. Is cinnte gurbh éachtach mar a d'éirigh leis

an lucht eagraithe iomaitheoirí ó thíortha an iarthair agus an oirthir a thabhairt le chéile ar láthair Oilimpeach den chéad uair le dhá bhliain déag agus ag an am céanna fanacht glan ar fad, geall leis, ar an imreas polaitiúil úd a chuaigh chun dochair go minic roimhe sin don ócáid spóirt is taibhsí agus is iomráití ar domhan.

Ba léir ó thosach na gcluichí i Seoul gur ag na Sóivéadaigh a bheadh an forlámhas i ndeireadh báire. B'éigean do Stáit Aontaithe Mheiriceá umhlú roimh a ndúshlán agus bheith sásta bheith sa tríú háit—i ndiaidh na hOir-Ghearmáine—nuair a bhí na boinn á n-áireamh. Ach thar tír ar bith eile ba í an Chóiré Theas féin ba mhó a d'fhág ábhar iontais ag an lucht féachana ar fud an domhain. Ghnóthaigh sí dhá cheann déag de bhoinn óir, deich gcinn de bhoinn airgid,

agus aon cheann déag de bhoinn chré-umha. Sháraigh sí tíortha ar láidre riamh traidisiún na lúth-chleasaíochta iontu ná inti féin, tíortha ar nós na Síne, na Rómáine, Shasana, agus na Fraince. Gaisce ba ea é seo nach raibh an chuid ba dhóchasaí fiú de lucht spóirt na Cóiré Theas ag súil leis.

Ach cad faoi na tíortha sin nár bhain aon ghradam oifigiúil amach i Seoul agus arbh éigean do scoth a gcuid lúthchleasaithe filleadh abhaile go dealbh díomách? Orthu sin bhí an India—an dara tír is mó daonra ar domhan, i ndiaidh na Síne. Mhínigh Ashwini Kumar, Indiach a bhí ina bhall den Choiste Idirnáisiúnta, an scéal go hanghonta nuair a labhair sé mar seo: 'Is tábhachtaí go mór le rialtais thíortha an Tríú Domhain bia a chur ar fáil do lucht an ocrais ná struchtúir a chruthú ar mhaithe le laochra spóirt a sholáthar.'

D'éirigh go seoigh leis na cluichí i mBarcelona i mbliana; ach is ceart dúinn cuimhneamh i gcónaí ar cé chomh maith agus a bhí an ceathrú Oilimpiad is fiche sa tír bheag eile sin sa bhliain 1988.

(i) Déan cur síos gairid *i d'fhocail féin* ar *dhá* mhórphointe sa dara halt den sliocht a léiríonn gur éirigh go han-mhaith leis na Cluichí Oilimpeacha i Seoul. (10 marc)

(ii) Inis *i d'fhocail féin* cén gaisce atá i gceist san abairt dheireanach den tríú halt. (5 mharc)

(iii) Mínigh *i d'fhocail féin* caint Ashwini Kumar san abairt dheireanach den cheathrú halt. An aontaíonn tú leis? Cuir fáth le do thuairim. (Is leor cúpla abairt.) (10 marc)

(iv) (*a*) Cé a bhuaigh an chéad bhonn óir i mBarcelona? (3 mharc)

  (*b*) Cén Oilimpiad a bhí i Seoul?* (3 mharc)

(v) Inis, i mbeagán focal, cad tá le rá ag an scríbhneoir san alt deireanach.* (4 mharc)

*Ceisteanna agus marcanna breise an údair.

LÉAMHTHUISCINT 14
(Páipéar samplach, 1993.)

Léigh an sliocht seo a leanas agus freagair na ceisteanna a ghabhann leis. [*Bíodh na freagraí i d'fhocail féin, oiread agus is féidir leat.*]

Edith Piaf

GLÓR GEALBHAIN GHLEOITE

Cúpla uair an chloig tar éis bhreacadh an lae ar 19 Nollaig 1915 tháinig beirt phóilíní ar bhean ghioblach ina cnuaisín ar chéimeanna uimhir 72 Rue de Belleville, Páras, agus í ag éagaoineadh ar nós ainmhí i ngaiste. Ba léir go raibh sí ag fulaingt daorphéine. An chéad rud a rith leis na póilíní ná gurbh é 'dríodar na bainise' ba chúis lena caoineadh seachas rud ar bith a thuilleadh a gcuid comhbhróin, gan trácht ar a gcuid ama.

Nuair a chrom an té ba shine síos le staid a hannála a mheas, áfach, ní bhfuair sé aon bholadh óil, agus d'fhiafraigh sé di an raibh sí gortaithe ar bhealach éigin. Nuair nach bhfuair sé freagra ar bith d'ardaigh sé ceann na mná go mall cúramach go bhfuair sé é féin ag breathnú isteach in aghaidh a bhí sean thar a blianta. Ba cheart don bhean seo a bheith óg ach bhí a gnúis tanaí, caite agus rocach faoi mar a bheadh scór breise de bhlianta tite anuas uirthi in aon bhliain amháin. Tháinig crith cos agus lámh ar an gcréatúr bocht, chuir sí scread bheag amháin aisti, agus an chéad soicind eile bhí ról na mná cabhartha á bhrú féin ar an mbeirt phóilíní. Faoin am ar shroich an t-otharcharr Ospidéal Saint-Louis bhí iníon saolaithe do Line Marsa, amhránaí sráide as an Iodáil. Baisteadh Edith Giovanna Gassion ar an leanbh.

Nuair ba léir nach bhféadfadh na tuismitheoirí aire a thabhairt di, thóg seanmháthair an linbh uirthi féin mar chúram í, agus ba ise a thug aire di gur shroich sí ceithre bliana déag, nuair a d'fhill sí ar Pháras in éineacht lena hathair chun saol an 'amhránaí seachráin' a thabhairt uirthi féin. Ba ghleacaí sorcais as an Normainn an t-athair, agus dhéanadh sé cleasa ar chosáin na príomh-chathrach. Is mór mar a chuireadh Edith leis an seó lena glór glan álainn.

Tráthnóna fómhair sa bhliain 1935 bhí Edith ag gabháil fhoinn ar chúinne an Rue Toyon agus Avenue McMahon, a cuid éadaigh stróicthe agus caite, dath an bhalla ar a haghaidh mhánla, nuair a chuala duine darbh ainm Louis Leplée í. Ba le Leplée ceann de na clubanna ba chlúití i gCathair na gCabarets, agus bhí ainnirín ghleoite seo na ngiobal uaidh. I measc na n-amhrán a chan sí an lá sin bhí ceann le Jean Lenoir dar teideal 'Mar Ghealbhan', agus b'as seo a bhaist Leplée an leasainm 'Piaf' uirthi, béarlagair mhuintir Pháras don ghealbhan.

Thar oíche athraíodh stáitse Edith Piaf ó bhialanna beaga suaracha, mar a ndéanadh sí cúpla amhrán a chasadh ar mhaithe le béile na hoíche a bheith aici, go dtí domhan na n-uaisle is an rachmais. Ach níor dhearmad sí riamh an tréimhse a chaith sí ar shráideanna Chathair an tSolais, agus go lá a báis bhí sí fial flaithiúil ag fóirthint ar na bochtáin ar bhealach a chuireadh scéin agus, ar uairibh, alltacht ar a cairde saibhre. I rith an chogaidh d'oibrigh sí go dian dícheallach ag tabhairt mírín bheag siamsaíochta isteach i saol na bpríosúnach Francach sa Ghearmáin.

Nuair a cailleadh í, cúig bliana is fiche ó shin, ba gheall le socraid bhan-ríona an tsochraid a thug muintir Pháras di. Tháinig siad amach ina mílte chun slán a chur léi.

(i)   Tá cuntas sa dá alt tosaigh den sliocht ar bhreith Edith Piaf. Déan cur síos gairid *i d'fhocail féin* ar *dhá* mhórphointe as an gcuntas sin.   (10 marc)

(ii) Cérbh é Louis Leplée? Inis *i d'fhocail féin* cén bhaint a bhí aige le dul chun cinn Edith Piaf mar amhránaí.   (10 marc)

(iii) Cén léiriú atá sa sliocht ar mhórthréith eile a bhain le hEdith

Piaf seachas a cumas amhránaíochta? (Is leor pointe maith *amháin* sa fhreagra.) (5 mharc)

(iv) Cén chaoi a bhfuair Edith Piaf a leasainm?* (4 mharc)

(v) Inis *i d'fhocail féin dhá* mhórphointe atá ag an scríbhneoir sa tríú halt.* (6 mharc)

*Ceisteanna agus marcanna breise an údair.

LÉAMHTHUISCINT 15

Léigh an sliocht seo a leanas agus freagair na ceisteanna a ghabhann leis. [*Bíodh na freagraí i d'fhocail féin, oiread agus is féidir leat.*]

Hodgins Dhroichead Átha —laoch na hÉireann

Comhghairdeas le Tom Hodgins as an mBeith Mhór, Droichead Átha, captaen fhoireann na hÉireann den WKF (Cónascadh Kobudo an Domhain). Bhí sé ina chaptaen ar fhoireann jiu-jitsu na hÉireann a ghlac páirt sa 'World Kobudo Extravaganza' i Sasana le déanaí. Ghlac foirne as fiche tír páirt san ócáid mhór seo, agus ní hamháin gur tháinig Tom agus triúr eile abhaile le boinn óir ach bhuaigh Tom an bhonn óir mar 'Chrios Dubh WKF na Bliana, 1997'. Bhí iomaíocht ghéar ann, ach i ndiaidh coimhlinte fíochmhaire bhí an lámh in uachtar aige le dhá phointe ar John McGeoghan as Birmingham Shasana. Ag labhairt dó i nGaeilge, i mBéarla agus i bhFraincis ag an mbronnadh, ghabh Tom buíochas faoi leith lena thraenálaí, Seosamh Ó Muirí, agus le Seán Boylan, bainisteoir fhoireann na Mí.

Rugadh Tom Hodgins i nDroichead Átha agus chaith sé an chuid is mó dá shaol ar an mBeith Mhór, Contae na Mí, tuairim is míle slí ón mbaile sin. Chaith sé blianta ina chónaí i Rinn na Feirste agus i nGaoth Dobhair, Tír Chonaill, áit a bhfuil gaolta aige. Tháinig beirt fhear ar ais go dtí an ceantar sin tar éis dóibh a bheith ina gcónaí in Albain agus thug siad an jiu-jitsu abhaile leo: b'shin iad Seosamh Ó Muirí agus Eoghan Ó Curráin. Ealaín troda ón tSeapáin is ea jiu-jitsu. Deirtear gur tháinig an ealaín ársa seo ón India, isteach sa tSín, agus ansin isteach sa tSeapáin. Ba é jiu-jitsu ealaín troda na laoch Samurai ar feadh na gcéadta bliain. Deirtear freisin gurb í máthair na healaíon troda uilig í agus gur uaithi a shíolraigh karate, aikido, an dornálaíocht, agus an iomrascáil. Cuirtear béim mhór ar an tsolúbthacht agus ar an aclaíocht coirp, agus caithfidh an 'jiu-jitsuka' cuid mhór ama ag traenáil—dhá oíche nó trí oíche sa tseachtain don tosaitheoir agus ansin cúig oíche sa tseachtain ag an leibhéal is airde.

Cuirtear béim mhór ar 'shruth inmheánach fuinnimh' an duine, ar a dtugtar *'chi'* nó *'ki'*; agus ar an gcúrsa don chrios dubh caithfidh an foghlaimeoir méid áirithe *'tai chi'* (cleachtaí anála) agus *'shiatsu'* (baill leighis) a bheith ar eolas acu. Oireann jiu-jitsu do dhuine ar bith, idir fhir is mhná, agus is cuma cén aois thú. Tá clubanna faoin WKF go forleathan ar fud na tíre.

Sa bhliain 1993 ghnóthaigh Tom Hodgins 'Bonn Airgid an Tíogair' ó Sensei Kingsley Johnston i Londain. B'ábhar mór sásaimh dó é, mar bhí a lán trodaithe de gach cineál stíle páirteach ann. Sa bhliain 1994 bronnadh Bonn Óir John Therien air in Ontario, Canada; agus i mí Iúil 1995 bhuaigh sé dhá bhonn óir agus bonn cré-umha i gcomórtas idirnáisiúnta idir Éirinn agus na Stáit Aontaithe. Bronnadh Bonn Óir Richard Morris air ag ócáid mhór an WKF san Eilvéis sa bhliain 1996. Ach an rud is mó a bhfuil an múinteoir Gaeilge seo bródúil as ná an bonn óir mar 'Chrios Dubh na Bliana, 1997'. Leis seo tá scoláireacht i gceist a thabharfaidh deis dó dul go Canada chun traenáil le Kyoshi John Therien. Comhlíonfaidh an scoláireacht seo aisling mhór eile a bhí ag Hodgins le blianta: dul go California agus traenáil lena chara, an réalta scannán Jeff Speakman, a bhfuil sár-scannáin ar nós *The Perfect Weapon* agus *The Expert* déanta aige.

[Alt le hÉamonn Maguire.]

(i) Breac síos *trí* phointe eolais faoi Tom Hodgins ón gcéad alt. (9 marc)

(ii) Breac síos *dhá* phointe eolais faoin ócáid mhór a bhfuil trácht faoi sa chéad alt. (6 mharc)

(iii) Sa dara halt tugtar eolas dúinn faoi Tom Hodgins. Luaigh *trí* mhórphointe faoi.

(iv) (*a*) Cad deirtear sa tríú halt faoi jiu-jitsu? (3 mharc)

(*b*) Cad air a gcuirtear béim mhór? (3 mharc)

(v) Breac síos *trí* phointe as an alt deireanach faoi na duaiseanna a ghnóthaigh Tom Hodgins. (9 marc)

(vi) Cad a cheapann tú faoin mbród atá air san alt céanna? (6 mharc)

LÉAMHTHUISCINT 16

Léigh an sliocht seo a leanas agus freagair na ceisteanna a ghabhann leis. [*Bíodh na freagraí i d'fhocail féin, oiread agus is féidir leat.*]

RÚN 'ROS NA RÚN'

I bhfolach i measc na gcrann, gar don Spidéal, tá sráidbhaile suimiúil a d'fhás thar oíche, geall leis, i 1996. Seo 'Ros na Rún', suíomh an tsraith-scéil teilifíse den ainm céanna a fheicimid le linn na seachtaine ar Theilifís na Gaeilge. Tá chuile theach i Ros na Rún ceangailte dá chéile, mar dáiríre is foirgneamh mór amháin é. Má shiúlann tú timpeall air ar an taobh amuigh feicfidh tú an t-ollmhargadh, nó an siopa pobail, mar a thugtar air; Tigh Thaidhg, an teach tábhairne is mó clú i gCois Fharraige; an teach lóistín, an Cybercafé; tithe mhuintir na háite ón taobh amuigh; agus seanchaisleán nár baineadh mórán úsáide as sa sraithscéal go fóill.

Taobh istigh den áras seo, thíos staighre agus thuas staighre, tá suímh inmheánacha an tsraithscéil: cistineacha, seomraí suí, seomraí codlata, árasáin, beár Thaidhg, an taobh istigh den chaife, aonad craolta Raidió Ros na Rún, agus mar sin de. Éacht dearthóireachta é seit Ros na Rún. Tá sé incurtha lá ar bith le seit 'Coronation Street' nó 'Eastenders' nó 'Fair City' nó 'Glenroe'. Gar dó, nuair a bhíonn siad ag teastáil, tá sráidbhaile agus cé an Spidéil, sliabh, farraige, agus timpeallacht chreagach Chonamara.

Taobh amuigh de chláir nuachta is beag clár a dhéanann Teilifís na Gaeilge: ceannaíonn said an t-ábhar a chraolann siad. Comhlacht neamhspleách, Léirithe Theilifíse Thír Eoghain, a chuireann 'Ros na Rún' ar fáil do Theilifís na Gaeilge. Fostaíonn Léirithe Theilifíse Thír Eoghain, a riarann 'Riverdance' i measc fiontar eile, comhlacht fuinniúil áitiúil i gConamara, Eo-Theilifís, chun an tsraith a dhéanamh. Bhí leagan de 'Ros na Rún' ar RTE cúpla bliain ó shin, ach thosaigh an scéal as an nua ar Theilifís na Gaeilge nuair a tháinig an stáisiún nua ar an aer. Sa chead chlár ar Theilifís na Gaeilge chonaiceamar Paddy O'Connor, Baile Átha Cliathach, a bhean, Rita, de bhunadh an cheantair, agus a bpáistí, Jason agus Eimear, ag teacht go dóchasach go dtí Ros na Rún agus súil acu go mbeidh saol níos fearr acu sa Ghaeltacht ná mar a bhí sa chathair.

Cosmhuintir an tsráidbhaile, strainséir a thagann isteach, go minic ó cheantar eile Gaeltachta, agus imirceoirí nó daoine eile gaolmhar do mhuintir na háite a fhilleann ar chúis amháin nó ar chúis eile an pobal a bhíonn le feiceáil i 'Ros na Rún'. Fuintear an scéal as an bplé a bhíonn ag an trí dhream seo lena chéile. Tiomáintear na sraithscéalta uilig teilifíse mórán mar an gcéanna. Gluaiseann an scéal ó chothrom go héagothrom—ó fhadhb go réiteach, go fadhb nua go réiteach nua—agus mar sin de go síoraí. Éiríonn an fhadhb go hiondúil as rogha. Cuirfear pearsa i bponc. Caithfidh sé nó sí rogha a dhéanamh. Rachaidh an rogha a dhéanann an phearsa seo i bhfeidhm, ar bhealach amháin nó bealach eile, ar shaol chuile dhuine sa scéal.

Sa chéad bhliain craoladh 150 mír de 'Ros na Rún'. Cheana féin tá stair déanta ag an sraithscéal seo: tá níos mó drámaíocht teilifíse sa Ghaeilge craolta sa tsraith seo ná mar a craoladh ar RTE ó thosaigh an stáisiún sin i 1961. Mar is eol do lucht fógraíochta, féachann níos mó daoine ar shraithscéalta ná ar aon chineál eile teilifíse, fiú an nuacht. Luath nó mall pléifear agus léireofar gach aon fhadhb dhaonna ar féidir a shamhlú ar shraithscéal ar bith. Feiceann daoine a saol féin, agus na cruacháis laethúla ina bhfaigheann siad iad féin, sa sliocht den sraithscéal is suim leo. Tá 'Ros na Rún' ríthábhachtach d'fhorbairt na Gaeilge mar mheán cumarsáide. Tá feicthe cheana féin ar 'Ros na Rún' nach bhfuil ábhar ar domhan nach féidir a léiriú ná a phlé trí mheán na Gaeilge ar bhealach a thuigfidh an gnáthdhuine a fhéachann ar an gclár. Cuidíonn 'Ros na Rún' go mór leis an bhfeachtas atá ar siúl faoi láthair teanga phobail, mar mhalairt ar theanga acadúil nó teanga liteartha, a dhéanamh den Ghaeilge.

Nuair a tháinig Teilifís Éireann ar an aer ar dtús bhí pictiúr grinn in *Dublin Opinion* a thaispeáin seanchaí sa chlúid ag tosú ar a scéal: 'Bhí fear ann fadó …' Ach ní raibh aon duine sa teach ag éisteacht leis: bhí siad cruinnithe thart ar an teilifíseán agus a ndroim leis. Is é 'Ros na Rún' agus sraith-scéalta mar é an Fhiannaíocht nua.

[As alt le Pádraig Ó Giollagáin.]

(i) Breac síos *dhá* phointe atá sa chéad alt faoi shráidbhaile 'Ros na Rún'. (6 mharc)

(ii) Cén fáth a gceapann an scríbhneoir gur éacht dearthóireachta é seit 'Ros na Rún'? (5 mharc)

(iii) Inis, i mbeagán focal, cad tá le rá ag Pádraig Ó Giollagáin sa tríú halt. (7 marc)

(iv) (*a*) Cad iad na *trí* dhream a bhíonn le chéile i 'Ros na Rún'? (6 mharc)

(*b*) Tugann an scríbhneoir cur síos sa cheathrú halt ar fhorbairt an scéil. Breac síos *dhá* phointe eolais faoin bhforbairt sin. (6 mharc)

(v) Breac síos *dhá* phointe eolais as an gcúigiú halt faoi shraithscéalta teilifíse. (5 mharc)

LÉAMHTHUISCINT 17

Léigh an sliocht seo a leanas agus freagair na ceisteanna a ghabhann leis. [*Bíodh na freagraí i d'fhocail féin, oiread agus is féidir leat.*]

Géarchéim i gConamara

Tá cúrsaí tithíochta agus na fadhbanna sóisialta uilig a eascraíonn as an bhfadhb sin ar cheann de na príomhfheachtais a bheas Fóram Chonamara ag cur chun cinn. Bunaíodh an Fóram i gConamara le deireanas le haire an phobail áitiúil a dhíriú ar Ghaeltacht Chonamara uilig.

De réir an Fhóraim, is iad daoine singile atá sna fichidí an dream is mó atá buailte ag an ngéarchéim tithíochta. De réir na bhfiosruithe atá déanta ag Fóram Chonamara i monarchana agus i láithreacha éagsúla oibre i gCois Fharraige, caitheann go leor daoine as Conamara féin agus atá ag obair sa cheantar bogadh go cathair na Gaillimhe i rith an tséasúir thurasóireachta.

Easpa árasán oiriúnach agus ionad cíosa is cúis leis seo. Cé go bhfuil roinnt daoine óga as an gceantar ina gcónaí agus ag obair ann, níl siad ró-shásta lena n-áitribh, de réir cosúlachta.

Labhair roinnt de na tionóntaí sin le *Foinse* agus mhínigh a gcás. Thug tionónta amháin le fios go raibh sí féin ina cónaí i dteach i gConamara a bhí tais agus ag titim as a chéile agus go raibh an tiarna talún ag gearradh £50 cíosa sa tseachtain uirthi.

Dúirt sí go raibh spás mór millteach idir na ballaí agus díon an tí, go raibh an leithreas as feidhm agus uisce ag sileadh as le fada. Dúirt sí cé gur chuir sí an tiarna talún go minic ar an eolas faoi dhrochstaid an tí nach ndearna sé dada faoi ach go mbíodh sé i gcónaí ag gealladh go ndéanfadh. Labhair roinnt tionóntaí eile le *Foinse* faoi na háiteanna cúnga daora a bhí acu féin agus dúirt gur ar éigean a d'fhéadfaí casadh thart sna hárasáin chéanna.

'Tá go leor daoine óga atá ag cur fúthu i gConamara tagtha isteach chuig an oifig againn anseo ag plé na géarchéime tithíochta linn,' a dúirt Deirdre Murphy ón eagraíocht Threshold.

'Is léir go bhfuil an fhadhb imithe in olcas ó tháinig Teilifís na Gaeilge ar an saol. Áitreabh sealadach a bheas acu sa gceantar, agus beidh orthu imeacht as an áit sa samhradh. Sin é an áit a mbíonn an fhadhb acu i gceart.

'Is ar feadh tréimhse naoi mí a ligtear formhór na n-áiteacha sa gcathair. Bíonn ar thionóntaí na cathrach imeacht leo le turasóirí agus lucht saoire a ligean sna tithe agus sna hárasáin. Cá bhfaighidh muintir na tuaithe áiteacha ansin?'

Dúirt Deirdre Murphy freisin go mbíonn fadhb mhór ag tionóntaí nach bhféadfaí ceadúnas cánach a fháil de bhrí nach mbíonn a gcuid tiarnaí talún cláraithe.

'Má iarrann na tionóntaí leabhar cíosa ar na tiarnaí talún tarlaíonn sé go minic go dtugann siad fógra scoir ceithre seachtaine dá gcuid tionóntaí,' ar sí.

'Nuair a imíonn na tionóntaí ansin bíonn deacrachtaí ag na húdaráis áitiúla na tiarnaí talún a aimsiú.'

Dúirt Comhairle Contae na Gaillimhe nach bhfuil uimhir chruinn acu do líon na dtiarnaí talún i gConamara mar go bhfuil méid mór ann nár chláraigh riamh faoi Acht na Leabhar Cíosa agus Cláraithe (1993).

Dúirt Deirdre Murphy gur mar thithe saoire atá formhór na dtithe cíosa i gConamara ag feidhmiú. 'Níl na coinníollacha céanna ag baint leis na tithe saoire agus a bheadh le tithe a bheadh á ligean go lánaimseartha. Fiú dá mbeadh na tithe sin cineál tais, ar éigean a thabharfaí faoi deara sa samhradh é.'

Is léir de réir Fhóram Chonamara go bhfuil níos mó i gceist leis an ngéarchéim tithíochta sa cheantar ná ceist spáis, caighdeáin agus airgid amháin. Beidh an feachtas tithíochta ag plé ábhair shóisialta agus chultúrtha a eascraíonn as an bhfadhb seo, ar nós fostaíocht san iargúil, an óige, agus seasamh na Gaeilge, mar shampla.

'Ní féidir leis an lucht teilifíse, ar cainteoirí Gaeilge a mórchuid, cónaí i gCois Fharraige ach an oiread,' de réir Mháire Uí Neachtain ón bhFóram. 'Cén mhaith a bheith ag caint faoi "athréimiú na teanga", mar dhea, nuair nach féidir le lánúin óg fanacht sa mbaile agus na gasúir a thógáil sa nGaeltacht?'

Beidh cruinniú oscailte ag Fóram Chonamara i gComhar Creidmheasa Cholm Cille in Indreabhán Dé Céadaoin 19 Márta ag 8:00 i.n.

[As alt in *Foinse* le Máire Ní Chatháin.]

(i)   Cad a bheas Fóram Chonamara ag cur chun cinn?   (3 mharc)

(ii)   (*a*) Breac síos *dhá* phointe eolais sa dara halt faoin ngéarchéim
       tithíochta.   (6 mharc)

       (*b*) Cad a dúirt Deirdre Murphy sa séú halt?   (3 mharc)

(iii) Inis, i mbeagán focal, cad eile a bhí le rá ag Deirdre Murphy.   (7 marc)

(iv)   (*a*) Cén gearán a rinne tionónta le *Foinse*?   (4 mharc)

       (*b*) Breac síos pointe *amháin* a rinne Comhairle Contae na
       Gaillimhe faoi líon na dtiarnaí talún.   (5 mharc)

(v)   Breac síos, *i d'fhocail féin*, *dhá* phointe eolais as an dá alt
       dheireanacha.   (8 marc)

LÉAMHTHUISCINT 18

Léigh an sliocht seo a leanas agus freagair na ceisteanna a ghabhann leis. [*Bíodh na freagraí i d'fhocail féin, oiread agus is féidir leat.*]

Am na cinniúna do phobal Hongkong

Is iad na hathruithe a d'fhéadfadh rialtas Beijing a dhéanamh i Hongkong ó 1 Iúil 1997 ar aghaidh príomhábhar cainte mhuintir na n-oileán, agus is ábhar mór cainte é freisin ag daoine oifigiúla a casadh orm sa tSín féin.

Tharla dom a bheith i gcomhluadar bheirt Éireannach a chónaíonn i Hongkong agus atá ar cuairt anseo. Is ar éigean a labhair siad faoi rud ar bith eile ach amháin cúrsaí

an Tuaiscirt agus greann na polaitíochta i mBaile Átha Cliath, seachas a bhfuil i ndán do Hongkong.

Is í méid a bheas an scéal seo ag dul sna míonna atá fágtha ag Hongkong mar choilíneacht Shasanach. Agus is iomaí sin Síneach as Hongkong a fheicfear in Éirinn agus a bheas ag cur gnóthaí nua ar bun inti idir seo agus deireadh an chéid má bhíonn an t-ádh orainn.

Is le linn Chogadh an Chodlaidín, 1839–1842, a fuair Sasana seilbh ar oileán Hongkong. Bhí thart ar cheithre mhíle duine ina gcónaí ar na hoileáin bheaga agus sna bailte san am agus b'fhéidir dhá mhíle iascaire ina gcónaí ar bháid. Maireann roinnt mhaith iascairí agus a dteaghlaigh fós ar bháid. Ach tá tuilleadh agus 6 mhilliún duine anois ann, agus is Sínigh a bhformhór.

Le tríocha bliain anall tá méadú as cuimse tagtha ar gheilleagar Hongkong, cé nach bhfuil d'acmhainn nádúrtha ann ach cuan iontach. Tá máistreacht ar cheirdeanna leictreonacha, ar chúrsaí airgeadais agus éadaigh agus ar chuid mhaith nithe eile ag muintir Hongkong. Oibríonn daoine fíorchrua ar fad, agus is léir gur breá leo trádáil de gach cineál. Bhí barraíocht 15 billiún dollar Hongkong ar cháinaisnéis 1994. Tá infheistiú ollmhór ag Hongkong i ngnóthaí sa tSín féin, agus tionchar dá bharr.

Bíonn faitíos ar a lán i Hongkong go dtosóidh an tSín ag scriosadh chóras na háite ó Iúil 1997 amach. Síltear go gcuirfear cruachóras sóisialta agus eacnamaíochta na Síne i gcion. Is 'réigiún speisialta riaracháin' den tSín a bheas i Hongkong, agus, más fíor, ní athrófar na córais eacnamaíocha agus sóisialta go ceann caoga bliain. Sin le rá gur ar 1 Iúil 2047 a thosóidh na hathruithe. Ní hé gach duine a chreideann sin.

Mar sin féin, dá ndéanfaí athruithe bunúsacha go luath d'fhéadfadh sin cur isteach ar Hongkong mar lárionad dlí trádála an réigiúin go léir. Tuilltear airgead mór as seo, agus is gá don réigiún cúirteanna a bheith ann a nglacfaí gan cheist lena mbreithiúnais. Dá mbeadh ceist ann faoi Hongkong is cinnte go sciobfadh Singapore an chuid sin den ghnó go fíorscioptha. Mar atá cúrsaí, beidh súil ag Singapore teacht i dtír ar an bhfaitíos atá roimh an tSín.

Faoi láthair ní cheapann 60 faoin gcéad de phobal Hongkong go mbeidh ceart agus cóir san áit nuair a rachaidh ionadaithe Beijing i gceannas. Is cinnte gur beag an meas atá ag Beijing ar chearta daonna agus gur beag é aird rialtas na Síne ar leagan amach an domhain mhóir. Tá geilleagar na Síne féin ag dul chun cinn go mór, agus tá a fhios gur cuma le rialtais choimhthíocha faoi chearta daonna thar lear, dá láidre na ráitis a eisíonn siad.

Tiocfaidh athruithe ar Hongkong, ach ní móide go dtarlóidh siad d'aon léim amháin. De réir a chéile rachaidh Sínigh as an tSín féin i mbun gach gnó polaitíochta i Hongkong, ach thiocfadh dó go bhfágfaí máistreacht an gheilleagair acu siúd ag a bhfuil sé faoi láthair go ceann i bhfad. A fhad is a bheas Beijing ag déanamh go maith as an ngeilleagar sin fágfar cúrsaí mar atá siad.

Céard a tharlóidh do na dlíodóirí Éireannacha a bhfuil an oiread sin díobh ag déanamh go maith i Hongkong? Déarfainn féin go mbeidh a bhformhór ann faoi cheann deich mbliana.

[As alt in *Anois* le Proinsias Mac Aonghusa.]

(i) Cad é príomhábhar cainte mhuintir Hongkong san am i
     láthair? Mínigh a bhfuil i gceist go cruinn.   (5 mharc)

(ii) Luaigh *dhá* phointe eolais faoi stair Hongkong.   (6 mharc)

(iii) Luaigh *trí* phointe eolais faoi chúrsaí eacnamaíochta Hong
      kong.   (9 marc)

(iv) (*a*) Cén eagla atá ar mhuintir Hongkong faoi chóras na háite
          tar éis Iúil 1997?   (4 mharc)

     (*b*) Luaigh *dhá* phointe eolais atá ag an scríbhneoir faoi
     chúrsaí eacnamaíochta na Síne.   (6 mharc)

(v) Inis, i mbeagán focal, atá le rá ag an scríbhneoir sa *dá* alt
     dheireanacha.   (5 mharc)

LÉAMHTHUISCINT 19

Léigh an sliocht seo a leanas agus freagair na ceisteanna a ghabhann leis. [*Bíodh
na freagraí i d'fhocail féin, oiread agus is féidir leat.*]

Ar thóir
an dorchadais

Scannán dírbheathaisnéise é *Nixon*.

Is dóigh liom gur mó taitneamh agus tairbhe a bhainfear as an scannán más rud é gur mhair tú trí réimeas Nixon. Táimse ró-óg chun cuimhne a bheith agam ar scannail na ré sin agus, le bheith fírinneach faoi, is beag mo thuiscint ar na scannail sin.

Baineann an stiúrthóir, Oliver Stone, úsáid as struchtúr atá lán de ghiotaí chun saol an uachtaráin a chur os ár gcomhair. Ní insítear scéal Nixon go leanúnach ó thús deireadh ach úsáidtear spléachadh siar go minic. Athraíonn an scéal ón aimsir chaite go dtí an aimsir fháistineach i saol Nixon, rud a chuireann iachall ar an lucht féachana a n-éirim aigne a úsáid chun an scéal a thuiscint.

Is nós le hOliver Stone scannáin chonspóideacha a dhéanamh (mar *Born on the Fourth of July*), agus tá scannán déanta aige faoin laoch Meiriceánach John F. Kennedy. Ní féidir laoch Meiriceánach a ghairm ar Richard Nixon. Is suimiúil an chaoi a sníomhann Stone saol na beirte le chéile. Bhí an ghráin dhearg ag Nixon ar mhuintir Kennedy. Tháinig sé sin chun tosaigh i dtoghchán 1960 nuair a sheas Nixon in aghaidh Kennedy. Críochnaíonn an scannán le líne dhodhearmadta ó Nixon agus é ag seasamh faoi phortráid Kennedy sa Teach Bán: 'Nuair a fhéachann siad ormsa feiceann siad an dóigh ina bhfuil siad; nuair a fhéachann siad ortsa feiceann siad an dóigh a theastaíonn uathu a bheith.'

Is é Anthony Hopkins a ghlacann páirt Nixon, agus tá a chuid aisteoireachta thar cionn. Is cuma cé chomh dúshlánach is atá a pháirt in aon scannán, is féidir leis éacht a dhéanamh. Éiríonn leis meon Nixon a chur inár láthair go

92

foirfe críochnaithe. Tá an chanúint, na geáitsí is an meangadh gáire aige go cruinn.

Is í Joan Allen a thógann páirt a mhná céile, Pat, nó Buddy, mar a thugadh sé uirthi go ceanúil. Tugann sise an-tacaíocht do Hopkins sa scannán. Bagraíonn sí ar Nixon go bhfaighidh sí colscaradh mura n-éiríonn sé as an rás toghchánaíochta.

Is léir gur bhean láidir neamhspleách a bhí inti. Ach fós feicimid í ag seasamh lena fear céile ar deireadh nuair atá chuile dhuine eile imithe.

Faightear léargas ar an Teach Bán sa scannán seo nach bhfaightear in aon scannán eile faoi uachtaráin Mheiriceá go dtí seo.

Pictiúr duairc gruama is ea é, lán le *intrigues* a tharlaíonn i seomraí éagsúla. Úsáidtear modhanna neamhghnácha soilsithe agus uillinneacha drámata ceamara chun íomhá dhorcha den Teach Bán a chur inár láthair. Tá míreanna dubh-agus-bán ag sníomh tríd an scannán, a mbaintear úsáid astu chun saol an fhir óig a ríomh, a sholáthraíonn tuilleadh éagsúlachta.

Is léir ó na gnéithe seo go bhfuil *œuvre* ar ard-chaighdeán cruthaithe ag Oliver Stone. Is léir freisin cé chomh casta achrannach a bhí saol agus ré an Uachtaráin Nixon. Fós féin is dóigh liom gur mhair an scannán rófhada. Ag tógáil an uisce faoi thalamh a

bhain le Watergate san áireamh, sílim go raibh trí huaire a chloig pas beag rófhada.

Ní hamháin go bhfuil na príomhaisteoirí thar barr ach tá foireann na mionpháirteanna le moladh freisin. Ba liosta lena áireamh a bhfuil páirteach ann: Ed Harris, Bob Hoskins, James Woods, Mary Steenburgen, Paul Sorvino, agus eile.

Is é an gné is suntasaí den scannán seo ná an script (scríofa ag triúr, Oliver Stone ina measc). Tá an oiread sin comhráite is línte drámata ann a théann go smior na gcnámh.

Deirtear i leith Nixon gur fear éitigh é nach mbeadh dada le rá aige dá mbeadh air an fhírinne a insint. Deirtear freisin gurb é Nixon an dorchadas a théann ar thóir an dorchadais.

I bhfianaise Watergate agus na buamála a rinneadh ar Laos agus Cambodia, ní dóigh liom gur féidir an fhírinne a cheilt.

Is fiú dul ag an scannán seo má tá suim agat sa ré sin i stair Mheiriceá nó más mian leat togha na haisteoireachta a fheiceáil. Ach bí cinnte go dtugann tú roinnt gráin rósta leat nó ní mhairfidh tú ar feadh os cionn trí huaire a chloig. Cuimhnigh go bhfuair tú an foláireamh anseo ar *Anois*.

Anthony Hopkins (Nixon)

[As alt in *Anois* le Máire Killoran.]

(i) Luaigh *dhá* phointe eolais ón gcéad alt faoin scannán *Nixon*. (6 mharc)

(ii) Breac síos *trí* phointe eolais as an tríú agus an ceathrú halt faoi stíl an stiúrthóra, Oliver Stone (9 marc)

(iii) (*a*) Cad deir an scríbhneoir faoi Anthony Hopkins mar aisteoir? (5 mharc)

(b) Cad deir an scríbhneoir faoin té a ghlacann páirt Nixon? (4 mharc)

(iv) Deir an scríbhneoir gur scannán gruama é *Nixon*. Cén chaoi a léirítear é seo san alt thuas? (6 mharc)

(v) Cén fáth a gceapann an scríbhneoir go raibh an scannán rófhada? (5 mharc)

LÉAMHTHUISCINT 20

Léigh an sliocht seo a leanas agus freagair na ceisteanna a ghabhann leis. [*Bíodh na freagraí i d'fhocail féin, oiread agus is féidir leat.*]

TÚS MAITH

Tá Lorraine Keane ar dhuine de na daoine sin a seasfá sa sneachta ag caint leo: duine fíorshuimiúil suáilceach taitneamhach a bhfuil lear mór eolais aici ach nach mbodhródh le fíricí thú.

'Is mise an dara duine is sine i gcomhluadar de sheachtar. Níl agam ach deartháir amháin, agus tá sé deargmhillte againn,' a dúirt sí go croíúil.

D'aistrigh an teaghlach go dtí an Charraig Dhubh roinnt blianta ó shin, nuair a bhí Lorraine bliain is fiche. Is as Ráth Fearnáin ó dhúchas í.

Tá an tsnaidhm cairdis clainne le mothú go soiléir is í i mbun cainte. Caitheann sí an oiread ama is a fhéadann sí lena teaghlach, go mór mór a deirfiúr óg, atá beagán os cionn aon bhliain déag d'aois.

Bíonn Lorraine Keane ag guí go n-éireoidh an bóthar le daoine i ngach ceard den tír is í i mbun oibre ar a clár 'AA Roadwatch'. 'Is aoibhinn liom a bheith ag craoladh beo, mar níl cinneadh ar bith leis an *mbuzz* a fhaigheann duine as sin,' a dúirt sí. 'Bhain mé an-sult as bheith ag déanamh an chláir "Start Me Up", ach bhain mé sásamh as cuimse as bheith ag cur "Live at Three" i láthair ó Mháirt go hAoine le gairid.

'Déanaim giotaí rialta don chlár, agallaimh bheo; agus iarradh orm an clár iomlán a chur i láthair le gairid.'

Dúirt Lorraine go bhfuil an tuairim aici go bhfuil an fuinneamh neirbhíseach aidréanailíneach as a mbaintear feidhm i ndéantús cláir bheo ar cheann de na nithe is fearr ar domhan.

'Naoi mbliana déag a bhí mise nuair a thosaigh mé ag obair le "AA Roadwatch". Tá mé ansin anois le sé bliana go leith. Bhí mé ag freastal ar choláiste cumarsáide ag an am nuair a dúirt duine de lucht "AA Roadwatch" leis an gcomhordaitheoir seo againne go raibh craoltóir ag teastáil uathu.

'D'éirigh go maith liom, agus tá mé ríméadach go bhfuair mé an post breá seo ag an am sin.' Tá céim sa chumarsáid ag Lorraine chomh maith le taithí san iriseoireacht chraolta.

Lorraine Keane

'Cuimhním ar eachtra bharrúil a tharla dom is mé thart ar shé mhí ag obair le "AA Roadwatch". Bhí sneachta tiubh chuile áit ar fud na tíre, agus bhí tuairisc 60 soicind le déanamh agamsa faoi staid na mbóithre.

'Bhí tuilleadh agus tuilleadh eolais bóthair á gcaitheamh isteach chugam go raibh tuairisc trí nóiméad nó mar sin agam ar deireadh.

'D'éirigh mé measctha go maith ag an rírá agus an ruaille buaille go léir. "O my God, where am I?" a dúirt mé. Shíl mé go maródh na léiritheoirí mé.'

Bhí giota sa *Sunday Business Post* faoin eachtra an Domhnach dar gcionn. 'The road to God knows where' an ceannlíne a thug siad air!

Ní bhíonn Lorraine Keane díomhaoin riamh. Ní hamháin nach mbíonn nóiméad le spáráil aici sa lá ach tá dioplóma sa chaidreamh poiblí ar siúl aici tráthnónta freisin.

'Tá dhá thionscnamh le bheith leagtha isteach agam roimh dheireadh na Bealtaine.' Tá compánach ag Lorraine le fada, ach níl aon phleananna pósta acu. Easpa ama, is dócha!

[As alt in *Foinse* le Máire Ní Chatháin.]

(i) Luagih *dhá* phointe eolais faoin sórt duine í Lorraine Keane
ón gcéad alt. (6 mharc)

(ii) (*a*) Luaigh *dhá* phointe eolais ón gcéad agus ón dara halt
faoi Lorraine agus a teaghlach. (4 mharc)

(*b*) Cén fáth a dtaitníonn léi bheith ag craoladh beo? (4 mharc)

(iii) (*a*) Cén chaoi ar thosaigh sí le 'AA Roadwatch'? (5 mharc)

(*b*) Cén fáth a bhfuil áthas uirthi? (3 mharc)

(iv) Inis, i mbeagán focal, cad a dúirt Lorraine faoi eachtra a
tharla di agus í ag obair ar 'AA Roadwatch'. (8 marc)

(v) Cén cúrsa atá ar siúl aici faoi láthair? (5 mharc)

LÉAMHTHUISCINT 21

Léigh an sliocht seo a leanas agus freagair na ceisteanna a ghabhann leis. [*Bíodh
na freagraí i d'fhocail féin, oiread agus is féidir leat.*]

Réabadh na reilige

Osclaítear *Scream* le hoíche dhorcha agus cailín ina haonar sa bhaile ag déanamh gráin
rósta. Glaonn an guthán, agus labhraíonn fear anaithnid léi, ag bagairt uirthi gan an
guthán a leagan síos. Taobh istigh de chúpla nóiméad—i dtraidisiún an stiúrthóra, Wes
Craven, a thug *Nightmare on Elm Street* dúinn—tá an cailín crochta as crann sa ghairdín agus
í gearrtha ó ghabhal go scornach agus a hionathar ag sileadh léi.

Agus ní bréag an focal 'traidisiún' a lua, mar tá *genre* seo an uafáis linn a bheag nó
a mhór ó thús na scannánaíochta, le *Nosferatu* (1922) agus an chéad *Frankenstein*, a
rinneadh sna tríochaidí, stíl scannánaíochta a forbraíodh go mór sna seachtóidí leis na
scannáin 'slasher', leis an tsraith *Friday the Thirteenth* agus *Halloween* ar dtús, ansin sraith
Wes Craven, *Nightmare on Elm Street*, sna hochtóidí.

Cuid den traidisiún uafáis freisin is ea na scannáin scigmhagúla a rinneadh i stíl
Abbot and Costello Meet Frankenstein, The Adams Family, agus a leithéidí, ina ndearnadh scig-
aithris ar na scannáin uafáis agus ar na nósanna a bhaineann leo. Trasnaíonn *Scream* an
teorainn idir 'uafás' agus 'scigmhagadh'.

In *New Nightmare on Elm Street*—an seachtú scannán sa tsraith sin—rinne Craven
scannán inar tháinig an 'slasher', Freddie Kruger, ar ais, inar fhág sé 'saol na
scannánaíochta' agus ar thug sé aghaidh ar an ngnáthshaol, le hionsaí a dhéanamh ar na
haisteoirí a bhí sa chéad scannán. Bhí Craven é féin ag aisteoireacht mar Craven sa
scannán, chomh maith leis an aisteoir Heather Langenkamp, a bhí ina páirt féin! Scannán

95

Drew Barrymore: *Scream*

a bhí in *New Nightmare on Elm Street* a d'iompaigh an *genre* bunoscionn agus a bhain geit as scannánaíocht an uafáis.

Leanann Craven sa treo sin in *Scream*, scannán atá thar a bheith greannmhar agus scanrúil chomh maith céanna. Dírítear sa scannán ar Sidney Prescott (Neve Campbell, a bhí in *The Craft*), a bhfuil an dúnmharfóir anaithnid seo sa tóir uirthi, agus ar a cairde in Woodsboro High School: Rose McGowan, Skeet Ulrich (*The Craft, Boys, Last Dance*), agus Drew Barrymore, chomh maith leis an bpríomhoide (Henry Winkler!), an póilín áitiúil, David Arquette, agus an tuairisceoir nuachta, Courtney Cox—a bhféadfadh gurb é an dúnmharfóir duine ar bith acu.

Gearrann an dúnmharfóir a bhealach tríd an scannán agus muid ar bís ag iarraidh a dhéanamh amach cé hé féin agus, duine i ndiaidh duine, é ag marú na ndaoine a raibh muid in amhras fúthu, go dtagaimid go dtí an *exposé* cliste ag a dheireadh, ina nochtar an fhírinne agus a mbainimid ciall as an scéal uilig.

Glacann Craven leis go bhfuilimid uilig cleachtaithe ar *genre* an scannáin 'slasher' faoin am seo, go bhfuil ceann nó peire acu feicthe againn, agus go bhfuilimid eolach ar na gnáthnósanna—nó na 'rialacha', mar a thugann pearsa amháin sa scannán orthu: Randy (Jamie Kennedy), freastalaí i siopa físeán a bhfuil eolas ciclipéideach míshláintiúil aige ar scannáin uafáis agus gach a mbaineann leo. I radharc amháin liostaíonn sé rialacha an uafáis dá chairde: maraítear lánúin a bhíonn ag luí le chéile; maraítear déagóirí a bhíonn ag ól nó ag caitheamh tobac; ar ndóigh, an té a deir 'Be right back' ag dul amach an doras dó ní thagann sé ar ais; tagann an mhaighdean slán i gcónaí; srl.

Agus ní hé Randy amháin atá eolach ar 'rialacha' an uafáis. Cluiche atá sa scannán seo, ina bhfuil an dúnmharfóir, an chreach agus an lucht féachana eolach ar na scannáin 'slasher' (agus ar scannáin Craven go háirithe) agus ar na rialacha a bhaineann leo. Agus is timpeall ar na rialacha sin a imríonn Craven an cluiche.

Céard is féidir a rá i ndeireadh na dála ach gur scannán é seo a bhainfidh gáire asat agus a scanróidh an t-anam asat!

[As alt in *Foinse* le Darach Ó Scolaí.]

(i) Luaigh *dhá* phointe as an gcéad alt faoi oscailt an scannáin *Scream*. (6 mharc)

(ii) Luaigh *dhá* chaoi ina ndéanann an scríbhneoir comparáid idir an scannán seo agus scannán ar bith eile. (6 mharc)

(iii) (*a*) Cad deir an scríbhneoir faoin scannán *Scream* sa chúigiú halt? (5 mharc)

(*b*) Cad deir an scríbhneoir faoin dúnmharfóir sa chéad alt eile? (4 mharc)

(iv) Inis, i mbeagán focal, atá le rá ag an scríbhneoir sa dá alt dheireanacha. (7 marc)

(v) Cad é do thuairim, ón alt seo, faoi stíl Wes Craven mar stiúrthóir scannán? (7 marc)

LÉAMHTHUISCINT 22

Léigh an sliocht seo a leanas agus freagair na ceisteanna a ghabhann leis. [*Bíodh na freagraí i d'fhocail féin, oiread agus is féidir leat.*]

(*Brocairí Bhedlington* le Gearailt Mac Eoin)

Ba chóir dúinn fáilte a chur roimh an gcnuasach gearrscéalta seo, ní ar a shon féin amháin ach de bhrí gur tearc go leor iad na saothair ghearrscéalaíochta le húdair Ghaeilge atá tagtha ar an margadh le blianta beaga anuas. Tá na scéalta atá cnuasaithe anseo snoite dea-scríofa, atmaisféar áite agus aimsire cruthaithe go maith ina bhformhór, agus iad lán go barra le pearsana ilghnéitheacha.

SCIGPHICTIÚR AR MHNÁ

Éiríonn le Gearailt Mac Eoin pearsana truamhéalacha, agus pearsana míthaitneamhacha fiú, a chur ina steillbheatha os ár gcomhair i roinnt mhaith de na scéalta, ar bhealach go mealltar sinn ar feadh tamaillín. De réir mar

a dhruidimid i dtreo dheireadh méaldrámata an scéil, áfach, is minic a chuireann an maoithneachas neamhshrianta nó an coimriú teagascúil éifeacht na hinsinte ar ceal d'aon bhuille thubaisteach amháin. Tá sé seo fíor go háirithe faoi na scéalta sin sa chnuasach arb é cluanaireacht agus mídhílseacht bhan is ábhar lárnach dóibh. Sna scéalta seo, a scríobhadh de réir foirmle shílfeá, titeann an phearsa fir (comhairleoir ríomhaireachta ar shaoire tinnis ón job; Gael-Mheiriceánach il-teangach a chaitheann seal i Moscó le barr slachta a chur ar a chuid Rúisise; seanchornal ramhar meisciúil a bhfuil a scíth á ghlacadh aige i dteach ósta i gKent sula dtugann sé faoin saol oibre arís) i ngrá le bean mhealltach (amhránaí sean-nóis as Conamara atá in aontíos le ceannaí éisc Briotánach; rinceoir bailé Rúiseach atá in aontíos le rinceoir Ailgéireach; seanchara leis an gcornal atá fós dóighiúil aclaí ach a bhfuil leannán dá cuid féin aici i ngan fhios dó) a thagann gan choinne ina threo. Caitheann siad seal pléisiúrtha i gcomhluadar a chéile, ag ithe is ag ól, ag caint is ag cadráil, ag spaisteoireacht, ag spraoi is ag suirí lena chéile, go dtí go bhfágann sise ar an trá fholamh sa deireadh é is go bhfilleann ar an bhfear eile. Cé gur chóir go mbeadh bá éigin againn do na fir bhochta shoineanta seo atá meallta ag mná maisiúla mífhreagracha, nuair a dhéantar an feall orthu ag deireadh an scéil is mó d'ábhar magaidh agus grinn ná d'ábhar trua iad.

Díol suntais ann féin na tagairtí iomadúla do mhná sna scéalta seo. Tá gnéithe den scigphictiúr ag roinnt leis an léiriú a dhéantar ar an bhformhór, áfach. Feictear na mná céile postúla, mná ábharaíocha ar tábhachtaí leo comharthaí sóirt na measúlachta ná nithe tábhachtacha mar an Ghaeilge nó mianta collaí a gcuid fear. Feictear an striapach chineálta (Fhrancach) a chaitheann oíche oibre i dtraipisí leis an scríbhneoir bocht Gaeilge a

tharrtháil ón uaigneas, nó an *au pair* (Francach) nach gcuireann suas do mhianta gnéis fhear an tí a bhfuil sí ar fostú ann, nó na mná óga géilliúla a n-éiríonn leis an Sáirsint Ó Briain pléisiúr a bhaint astu nuair nach bhfuil a bhean Chaitliceach féin sásta luí leis 'go dtí go nglanfaí fiacha an tí leis an mbanc, go mbeadh caoi cheart curtha ar an reacht féin, agus go mbeadh sé feistithe amach le troscán den scoth.' Cuirtear clabhsúr méaldrámata le scéal seo Uí Bhriain nuair a sheolann seisean seic a d'íocfadh as ginmhilleadh chuig bean óg. Níl ach scéal amháin ina gcuirtear mná gairmiúla i láthair, agus ansin is scigphictiúr cruthanta de chlinic ban a fhaighimid, áit a dtugtar ainmneacha mar 'an Triantán Comhchosach', agus 'an Ciorcal' ar na mná atá ag obair ann. Tagann ceist an ghinmhillte chun cinn sa scéal seo freisin, ach ní dóigh liom go n-éiríonn le háiféis na hinsinte an teachtaireacht a bhí i gceist ag an údar, b'fhéidir, a chur abhaile ann. Bhraitheas an rud céanna faoin scéal 'Ciorruithe Cuil'. Seo chugainn an scríbhneoir Gaeilge a loiceann gach uile dhuine beo air. Ní hamháin nach bhfaigheann sé an t-aitheantas atá ag dul dó, dar leis, nuair a bhuann sé an duais mhór náisiúnta ach an oíche a bhfuil a shaothar mór le foilsiú, de bharr shiléig neamh-ghairmiúil an fhoilsitheora ní thagann aon duine chuig an seoladh. Fágann an scríbhneoir bocht an seic suarach de £250 ina dhiaidh san óstán, agus tugann sé aghaidh ar Londain, áit a bhfuil

comhlacht foilsitheoireachta sásta £50,000 a íoc leis ar leagan Béarla den sothar Gaeilge! Chuir an scéal seo fonn gáire orm, ach ní dóigh liom ag deireadh an lae gur mar shaothar grinn a scríobhadh é. Baineann an deacracht chéanna leis an gcaoi a bhfitear léargais an údair faoi ábhair éagsúla tríd an insint i scéalta eile. Braithim go bhfuil Mac Eoin ag súil go gcuirfear suntas breise ina chuid tuairimí nuair is i gculaith na gearr-scéalaíochta atá siad á ngléasadh aige. Ní dóigh liom go n-éiríonn leis an gcleas seo a bheag nó a mhór, go háirithe nuair a thagann pearsa an údair idir tú agus príomhphearsa an scéil ar dhóigh inmheánach na hinsinte. Smaoiním go háirithe ar an reacaire in 'Bean an Cheannaí Éisc' a ritheann línte filíochta le Rosenstock leis agus é ag siúl trí shráideanna Londan agus a bhfuil teoiricí daingne aige faoi thionchar thréigean an dúchais Ghaelaigh ar mhuintir na hÉireann.

Gné amháin den leabhar seo arbh fhiú aird ar leith a dhíriú uirthi ná an bealach saoráideach a láimhseálann an t-údar pobail agus aicmí daoine nach gcuirtear i láthair chomh minic sin i bprós-saothar Gaeilge: lucht rachmais Chill Iníon Léinín, mar shampla, lucht gnó agus fiontraíochta 'suasóga' Bhaile Átha Cliath 4, Protastúnaigh Bhaile na Manach, an mhuintir sin a mbeadh a gcuid páistí ag freastal ar scoileanna cónaithe príobháideacha nó a mbeadh *au pair* Francach ar fostú acu. Ní théann Mac Eoin i muinín na teibíochta ná an fhriotail aduain, mar a rinne Diarmaid Ó Súilleabháin go minic agus é ag déileáil le haicmí den chineál sin. Ní leasc leis gearrscéalta a shuíomh i dtíortha iasachta ach an oiread, nó pearsana Francacha nó Rúiseacha a chur ag labhairt na Gaeilge go nádúrtha i mBaile Átha Cliath nó i Moscó, i Londain nó in Amsterdam. Níl amhras ar bith ná gurb é mórbhua an leabhair ná bua sin na nádúrthachta agus na héascaíochta stíle, go háirithe sna sleachta deiscríbhneoireachta, áit a n-éiríonn leis an údar mionsonraí áite agus aimsire a chruthú gan mórán dua.

[As alt in *Foinse* le Máirín Nic Eoin.]

(i) Luaigh *dhá* fháth ar chóir dúinn fáilte a chur roimh *Brocairí Bhedlington,* de réir an scríbhneora.   (5 mharc)

(ii) Déan cur síos, i mbeagán focal, ar na pearsana a chruthaíonn Gearailt Mac Eoin ina leabhar.   (8 marc)

(iii) Cad a cheapann an scríbhneoir faoi na tagairtí a dhéanann an t-údar do na mná ina leabhar?   (8 marc)

(iv) Breac síos *dhá* phointe atá ag Gearailt Mac Eoin i dtaobh airgid.   (6 mharc)

(v) Deir an scríbhneoir go bhfuil gné faoi leith den leabhar arbh fhiú aird a bheith againn air. Breac síos *dhá* phointe atá aici faoin ngné sin.   (8 marc)

LÉAMHTHUISCINT 23

Léigh an sliocht seo a leanas agus freagair na ceisteanna a ghabhann leis. [*Bíodh na freagraí i d'fhocail féin, oiread agus is féidir leat.*]

ÍOCFAIDH KOHL GO DAOR AS AN IARÓG IS DÉANAÍ

Tá rialtas Helmut Kohl anois ag smaoineamh ar lastaí de dhramhaíl eithneach a chur chuig Sellafield Shasana feasta, seachas iad a chur i stóras i nGorleben i dtuaisceart na Gearmáine.

An tseachtain seo caite gortaíodh níos mó ná céad duine agus an dramhaíl á bogadh ó dheisceart na tíre go dtí an tuaisceart le haghaidh stórála.

Lucht agóide agus péas ag troid in aice le Gorleben

Chuir na scórtha míle duine in aghaidh an dream a bhí ag tionlacan an lasta dramhaíola, agus tharla easumhlaíocht shibhialta ar scála nach bhfacthas sa Ghearmáin ó na daichidí.

Cheana féin tá tráchtairí polaitiúla ag tuar go mbeidh rialtas Kohl thíos go mór leis an scéal nuair a bheas olltoghchán ann sa Ghearmáin an bhliain seo chugainn.

Tá Kohl buartha go maith faoinar thit amach. Sa chéad dul síos bhí costais nár bheag ag baint lenar tharla. £23 milliún a bheas le híoc as na sé shoitheach dramhaíola a thabhairt cúpla céad míle ó dheisceart go tuaisceart na Gearmáine, praghas nach féidir le geilleagar na Gearmáine a fhulaingt gach uair a dhéantar dramhaíl eithneach a bhogadh.

Le cois, bhí 30,000 péas de dhíth chun smacht a chur ar an lucht agóide, agus tá ceistanna á gcur ag gach páirtí parlaiminte faoi bhrúidiúlacht na bpéas, nó scannánaíodh iad ag bualadh daoine nach raibh ar bhealach ar bith páirteach i bhforneart.

Ní raibh ach na heachtraí seo mar ábhar scéil ag na meáin feadh na seachtaine, agus cuireadh saol na tíre as riocht ar fad i ngeall ar ar tharla. Scoilt na heachtraí agus an díospóireacht faoi chúrsaí eithneacha an Ghearmáin ó bhonn go barr.

Ach is é an praghas polaitiúil—an praghas is mó a bheas le híoc ag Helmut Kohl—atá ag déanamh tinnis don rialtas i mBonn.

Ar dtús, tá ceist na timpeallachta agus an cheist eithenach ar ais ag barr an chláir oibre, bliain roimh an olltoghchán. Tabharfaidh seo spreagadh mór do na Glasaigh, ceann do na páirtithe is láidre sa Ghearmáin. Agus déanfaidh sé dochar do Helmut Kohl is a pháirtí an uair atá go leor fadhbanna acu cheana i ngeall ar an ardú mór dífhostaíochta.

Tá na Glasaigh ag éileamh go mbeidh reifreann ann faoin chumhacht eithneach agus go gcuirfí stop le bogadh dramhaíola fad is a bheadh an reifreann sin á ullmhú.

Glacann Kohl leis go bhfuil fadhb ann leis an cheist eithneach agus gur gá cúrsaí a athrú ar shlí éigin. Ach ní raibh sé sásta a rá cad é an t-athrú a chuirfí i bhfeidhm san am atá le teacht leis an ghéarchéim i gcúrsaí eithneacha a shárú.

Beidh cruinniú aige lena chomhairleoirí an tseachtain seo, féacháil le straitéis nua a bheartú a sháródh an fhadhb eithneach agus a chuideodh le tacaíocht an phobail a bhaint ar ais dá pháirtí. Ach beidh sé deacair aige, nó tá an Ghearmáin go mór i dtuilleamaí na cumhachta eithneacha, agus is beag baol go n-aistarraingeoidh Kohl ó úsáid na cumhachta sin. Aithníonn sé, áfach, go ndearna imeachtaí na seachtaine seo caite dochar mór d'íomhá a rialtais, agus beidh sé ag iarraidh cuid den dochar sin a leigheas. Ceann de na féidearthachtaí atá ann ná go dtiocfadh leis an dramhaíl a chur amach as an Ghearmáin le stóráil i Sellafield feasta. Tuigtear go mbeadh British Nuclear Fuels breá sásta glacadh lena leithéid, ach bheadh impleachtaí ann d'Éirinn dá gcuirfí tús lena leithéid de thráchtáil, agus tá sin ag cur imní ar an rialtas.

An deireadh seachtaine seo caite tuairiscíodh go mbogfaí tuilleadh dramhaíola ó dheisceart na Gearmáine go Gorleben an samhradh seo. Agus cheana féin tá lucht agóide ag beartú cur ina aghaidh.

Samhradh fada te atá á thuar don Ghearmáin agus go háirithe do Helmut Kohl, a bhí dóchasach—go dtí tús na bliana seo—go mbeadh sé ar ais i gcumhacht don chúigiú huair tar éis olltoghchán na bliana seo romhainn. D'imigh sin agus tháinig seo.

I ngeall ar an rírá is úire seo faoin dramhaíl eithneach, i ngeall ar an ardú mór ar dhífhostaíocht agus an ualach mór atá maoiniú oirthear na Gearmáine ag cur ar an gheilleagar, tá dúil an phobail i Helmut Kohl ag trá i gcónaí. Agus san am céanna is atá an dúil sin ag trá tá dúil an phobail sna Glasaigh ag tuile. Is é fás an Pháirtí Ghlais an rud is mó a bheas le sonrú sa chéad olltoghchán eile, de réir tráchtairí polaitiúla sa Ghearmáin.

Is maith an scéalaí an aimsir.

[As alt in *Lá* le Máire Ní Dhuinn.]

(i)   Cad deirtear faoi rialtas Kohl sa chéad alt?   (4 mharc)

(ii) (*a*) Breac síos *dhá* phointe eolais as an dara agus an tríú halt.   (4 mharc)

     (*b*) Cén fáth a bhfuil Kohl buartha?   (3 mharc)

(iii) Cén fáth ar cuireadh isteach go mór ar shaol na tíre? Déan
     tagairt do *dhá* mhórphointe i do fhreagra.   (8 marc)

(iv) Luaigh *dhá* rud atá ag teastáil ón bPáirtí Glas.   (7 marc)

(v)   (*a*) Cad leis a mbeadh British Nuclear Fuels sásta glacadh?   (4 mharc)

     (*b*) Cén fáth a bhfuil dúil an phobail in Helmut Kohl ag
     laghdú?   (5 mharc)

101

LÉAMHTHUISCINT 24

Léigh an sliocht seo a leanas agus freagair na ceisteanna a ghabhann leis. [*Bíodh na freagraí i d'fhocail féin, oiread agus is féidir leat.*]

Oideachas trí Ghaeilge chun tosaigh ó thuaidh

Dhearbhaigh Coláiste Oideachais Mhuire i mBéal Feirste do *Foinse* go bhfuil siad ar tí post léachtóra lánaimseartha san oideachas trí Ghaeilge a fhógairt—an chéad phost dá shórt sa Tuaisceart. Beidh sé mar chúram ar an té a cheapfar oiliúint trí Ghaeilge a sholáthar d'ábhair mhúinteoirí.

Ceapfar go mbeidh an fógra sna nuachtáin taobh istigh de choicís. Is céim í sin atá á héileamh le fada an lá ag Gaeilgeoirí an Tuaiscirt; is cinnte go bhfáilteofar roimhe agus go mbeidh súil ghéar á coinneáil ar an gceapachán.

Dúirt príomhoide an choláiste, an tUrramach Martin O'Callaghan, gurb í seo an dara céim eile i gclár oibre atá ar bun le bliain. Is cuid é de phlean atá curtha le chéile ag oifigeach forbartha don oideachas lán-Ghaelach sa choláiste, an Dr Gabrielle Nig Uidhir. Is é seo an dara bliain aicise ar an bhfoireann. Deir an tUrramach O'Callaghan go bhfuil an coláiste ar bheagán acmhainní don chúrsa oideachais Gaeilge; tá gá le tuilleadh airgid stáit, a deir sé, ach níl fáil air faoi láthair.

Dá bhrí sin táthar ag brath, dúirt sé, ar dhaoine a bhí ar an bhfoireann cheana féin a bhfuil Gaeilge ar a dtoil acu chun cuid dá gcuid oibre a dhéanamh trí Ghaeilge.

Tá deichniúr mic léinn sa chéad bhliain ag gabháil do chuid dá gcúrsa don teagasc trí Ghaeilge cheana féin. Bhíodar sin i measc an 140 iarratasóir ar ghlac an coláiste leo don chúrsa ceithre bliana don BEd. Ba iad féin a roghnaigh an cúrsa trí mheán na Gaeilge. Tuigtear do *Foinse* go bhfuil thart ar leath a gcúrsa i nGaeilge. Is éard atá i gceist go mbeadh siad siúd a fhaigheann céim cáilithe mar oidí trí mheán na Gaeilge nó trí mheán an Bhéarla.

Tá cúigear mac léinn ag gabháil do chúrsa iarchéime le haghaidh teastais oideachais—tá sé seo cosúil leis an ardteastas oideachais (HDip). Deir an coláiste go bhfuil forbairt fós le déanamh ar an gcúrsa sin.

Cé go bhfáiltíonn Gaeilgeoirí an Tuaiscirt roimh fhorbairt ar an oideachas Ghaeilge, tá cuid acu míshásta nach bhfuil cúrsa iomlán trí Ghaeilge ar fáil d'ábhair oidí. Deir Liam Andrews, údar leabhrán faoi oiliúint bhunmhúinteoirí agus mheánmhúinteoirí do na Gaelscoileanna, nach féidir a bheith ag súil go mbeidh oide a fuair leath a chúrsa trí Ghaeilge chomh cumasach is a bheadh dá bhfaigheadh sé iomlán a chuid traenála tríd an meán cuí.

Tá fás mór tagtha ar ghluaiseacht na scoileanna Gaelacha sa Tuaisceart le dornán blianta agus aitheantas is airgeadú á bhfáil acu ón rialtas de réir a chéile. Is as sin a d'eascair éileamh ar chúrsa oiliúna d'oidí sna scoileanna Gaelacha.

Tuigtear do *Foinse* gurb é Coláiste Mhuire féin a thairg an cúrsa agus nárbh í an roinn a d'iarr ar an gcoláiste é a bhunú. Ní raibh oifig preas na roinne ábalta ceisteanna faoin scéal a fhreagairt, agus ní léir cé mhéad staidéir a rinne an rialtas ar an gceist sular rinneadh an socrú le Coláiste Mhuire. Foras Caitliceach in iarthar Bhéal Feirste is ea Coláiste Mhuire, ach ní léir an ndearna an roinn cinneadh go bhfágfaí oiliúint na múinteoirí Gaelacha faoi sin amháin.

Ní léir ach oiread an mbeadh an roinn sásta a leithéid de chúrsa a chur ar fáil sa choláiste oiliúna i Sruthán Milis, mar a mbeadh fáil ag Protastúnaigh air dá mba mhian sin leo.

Cé go bhfuil an Ghaeilge faoi bhláth sa Tuaisceart, agus i mBéal Feirste go háirithe, bíonn go leor daltaí ar bheagán Gaeilge nuair a thosaíonn siad ar scoil. Leagann Coláiste Mhuire béim ar leith ar an ngá atá le scileanna speisialta do mhúinteoirí a bhaineann leas as an dátheangachas. Deir siad go bhfuil taighde agus obair fhorbartha úrnua ar bun acu chun scothchleachtais mhúinteoireachta a aimsiú agus a bhuanú. Níl a leithéid d'obair déanta in aon áit eile in Éirinn, a deir siad, agus forbairt stairiúil a bheas ann.

[As alt in *Foinse* le Póilín Ní Chiaráin.]

(As Foinse)

(i)   Cad a dhearbhaigh Coláiste Mhuire le *Foinse*? Is leor *dhá* phointe i do fhreagra. (6 mharc)

(ii) Breac síos *trí* phointe eolais as an tríú halt faoin bplean atá ag an gcoláiste. (7 marc)

(iii) (*a*) Cé mhéad duine atá ag déanamh a gcúrsa trí Ghaeilge sa chéad bhliain? (4 mharc)

(*b*) Cad tá le rá ag Liam Andrews i dtaobh oiliúint múinteoirí? (4 mharc)

(iv) (*a*) Breac síos pointe eolas faoi ghluaiseacht na scoileanna Gaelacha sa Tuaisceart. (4 mharc)

(*b*) Cad a thuigtear do *Foinse* faoi cé a thairg an cúrsa? (4 mharc)

(v)   Breac síos *dhá* phointe eolais ar ar leagann Coláiste Mhuire béim. (6 mharc)

LÉAMHTHUISCINT 25

Léigh an sliocht seo a leanas agus freagair na ceisteanna a ghabhann leis. [*Bíodh na freagraí i d'fhocail féin, oiread agus is féidir leat.*]

• Moladh do lucht teagaisc •

Is crá croí é a bheith ag síor-éisteacht le sean-nathanna agus ráitis gan dealramh. Is measa fós é nuair a bhíonn siad ag teacht ó dhaoine a mbeifí ag súil le níos mó eolais uathu. Cé mhéad uair eile a chloisfear
—go bhfuil titim (a chaithfidh a bheith tubaisteach, ar ndóigh) i gcaighdeán na Gaeilge sa ghnáthchóras oideachais?
—go gcaithfear feabhas a chur ar mhúineadh na Gaeilge?
—nach bhfuil na torthaí ag teacht leis an infheistíocht (airgid amháin, ar ndóigh)?

Cá bhfuil an cruthú oibiachtúil ar an titim seo? Cá bhfuil an chomparáid le gach ábhar eile ar an gcuraclam? Conas atá an t-olagón coitianta seo ag teacht le teanntás coiteann na ndaoine céanna sin faoina fheabhas atá caighdeáin oideachais na hÉireann?

Ní mór athnuachan

103

leanúnach agus meastóireacht fhónta ar thorthaí chun córas oideachais a sholáthar a mbeidh bunluachanna mar dhúshraith faoi agus a bheas solúbtha go leor chun freastal ar ilriachtanais agus ar ilchumais foghlaimeoirí.

An bhfuil lucht na ngearán ar an eolas faoin réabhlóid sna siollabais agus sa chur chuige modheolaíochta don Ghaeilge atá i gcrích sna hiar-bhunscoileanna anois, agus ar tí teacht isteach sa bhun-scolaíocht? An n-aithneoidís na téacsleabhair agus na páipéir scrúduithe óna laethanta féin? An mbeidís féin i riocht dul faoi scrúdú cluastuisceana? An bhfuil a fhios acu gur múinteoirí Gaeilge a thosaigh an réabhlóid seo, gurb iad atá á cur i gcrích, agus gurb iad atá fós á feabhsú i gcomhar leis an Roinn Oideachais agus leis an NCCA?

Tá na páirtithe polaitíochta go léir, de réir dealraimh, ar son cumais sa Ghaeilge labhartha. Tá an seasamh seo le tuiscint ó ráitis phoiblí agus ó pholasaithe scríofa dá gcuid. Pé dream a thiocfaidh i gcumhacht b'fhéidir leo, i dtreo na haidhme seo, príomhrún Chomhar na Múinteoirí Gaeilge a chur i gcrích. Is é

sin an bhéaltriail Ghaeilge don Teastas Sóisearach a thabhairt isteach láithreach ar bhonn córasach, seachas an socrú 'roghnaitheach' mar atá i réim fós.

Tá an bhéaltriail seo dlite do mhúinteoirí agus do dhaltaí mar dhlúthchuid den siollabas a tugadh isteach sa bhliain 1989. Ina héagmais tá daltaí fós á marcáil dáiríre as 320 marc seachas as 400 marc sa scrúdú.

Ach ansin tarraingítear anuas ceist atá níos íogaire fós—ceist nach dtugann lucht na casaoide aon aird uirthi, toisc nach bhfuil an t-oideachas ach ina sceilpín gabhair acu.

Cad chuige an cumas cainte seo? An bhfuil polasaithe comhtháite teanga ann a chinnteoidh fíorúsáid na hacmhainne seo do lucht a sealbhaithe? Is ansin a luíonn fíorchúis frustrachais daoine. Tá an Ghaeilge sa chóras oideachais ar bhonn i bhfad níos éifeachtaí ná an Ghaeilge i réimsí eile den chóras stáit. Tá a bhuíochas sin ag dul do mhúinteoirí Gaeilge.

Is féidir locht a fháil ar thuairiscí suibiachtúla na ndaoine a mhaíonn sa daon-áireamh go bhfuil Gaeilge acu. Ach ní bheadh an maíomh sin le déanamh ag

formhór díobh murach múinteoirí Gaeilge. Is gairmithe iad múinteoirí Gaeilge. Tapaíonn siad gach deis chun cur lena scileanna gairmiúla.

Is ansin atá fáth a n-éilimh go mbainfí leas as an airgead ón Aontas Eorpach atá ar fáil faoi láthair don fhorbairt ion-ghairme d'fhonn 'cadre' oiliúnóirí-comhairleoirí a fhorbairt mar thaca leanúnach le múinteoirí ina gcuid scoileanna féin agus leis an gcigireacht, a bhfuil cúram na scrúduithe ag luí chomh trom sin orthu.

Ní torthaí fónta a bhíonn ar iarrachtaí aineolacha lucht 'caitheamh anuas'. Mar a meabhraíodh dom le déanaí, níl ach 's' idir saineolaí agus aineolaí.

Tá go leor acmhainní againn in Éirinn. Is ar acmhainní eolais atá anois agus a bheas an bhéim feasta. Cheal polasaithe comhtháite stáit is baolach, áfach, go bhfanfaidh acmhainn Ghaeilge ár ndaltaí scoile ina hacmhainn beagúsáide, in ainneoin díchill múinteoirí. Is ar an bhfíric sin ba chóir an cáiseamh a dhíriú.

[As alt san Irish Times le Helen Ó Murchú.]

(i) Breac síos *trí* phointe eolais faoi na rudaí atá ag cur as don scríbhneoir. (9 marc)

(ii) Ainmnigh *dhá* cheist a chuireann an scríbhneoir faoi lucht na ngearán. (8 marc)

(iii) (*a*) Cad é príomhrún Chomhar na Múinteoirí Gaeilge? (4 mharc)

(*b*) Cén chomparáid a dhéanann an scríbhneoir idir an Ghaeilge sa chóras oideachais agus an Ghaeilge i réimsí eile de chóras an stáit? (4 mharc)

(iv) Cad deir an scríbhneoir faoi mhúinteoirí Gaeilge? (5 mharc)

(v) Cén fhíric ar chóir an cáiseamh a dhíriú uirthi? (5 mharc)

LÉAMHTHUISCINT 26

Léigh an sliocht seo a leanas agus freagair na ceisteanna a ghabhann leis. [*Bíodh na freagraí i d'fhocail féin, oiread agus is féidir leat.*]

'Twin Peaks' na Gaeilge?

(*TEARMANN* LE ROBERT WELCH)

Tá sé deacair a dhéanamh amach cén cuspóir a bhí ag Robert Welch agus *Tearmann* á scríobh aige. Úrscéal atá ann a dhéanann dlúthaithris ar *genres* nach bhfuil meas ag lucht *critice* orthu agus a shíltear a bheith 'foliteartha' ar bhealach éigin. Is iad genre an úrscéal bleachtaireachta agus an úrscéal uafáis atá i gceist agam. Éiríonn leis nósanna agus clichéanna an dá genre a thabhairt leis go cruinn, ach ní dócha gur deacair sin do dhuine de na scoláirí litríochta is bisiúla sa tír.

Tá, ar ndóigh, a gclaochlú féin déanta ag na hiar-nua-aoisigh ar an scéal bocht bleachtaireachta. Scéal bleachtaireachta go bunúsach a bhí in *The Name of the Rose* le hUmberto Eco, ach tóraíocht fhealsúnta a bhí ann chomh maith, agus gearrchuntas ar ghnéithe de stair na Críostaíochta. Beidh cuimhne ag daoine ar *Twin Peaks*, sraith iontach teilifíse le David Lynch. Goideadh scéal *Twin Peaks* díreach amach as úrscéal bleachtaireachta. Maraítear bean óg darb ainm Laura Palmer, agus cuirtear bleachtaire de chuid an FBI chun a baile dúchais chun an scéal a fhiosrú. Ní fada, áfach, gur sloigtear isteach é i saol osréalach tromluíoch, agus tá fiche ceist le fuascailt aige sula bhféadann sé díriú ar an gceist chlúideach úd, Cé a mharaigh Laura Palmer? Is deacair teacht ar an bhfírinne agus tú in amhras an bhfuil a leithéid de rud agus 'fírinne' ann níos mó. Ba é seo domhan an úrscéal bleachtaireachta tiontaithe bunoscionn, agus bheifeá ag dúil leis an gclaochlú céanna in *Tearmann*, go háirithe ó tharla an dá scéal a bheith chomh cosúil sin le chéile.

Cuirtear státseirbhíseach de chuid na Roinne Ealaíne is Cultúir go cathair Thearmainn chun fiosruithe a dhéanamh faoin Acadamh Amharclannaíochta ann. Imíonn seisean ar iarraidh, gan a thásc ná a thuairisc le fáil. Cuirtear beirt eile de chuid na roinne go Tearmann chun a fháil amach cad é a bhain dá gcomhleacaí. Is é Toirealach Mac Liam an t-oifigeach sinseartha, duine stuama a dhíríonn ar a chuid oibre agus nach bhfuil an iomarca samhlaíochta ag cur as dó. Chomh maith le gnáth-thochailt an bhleachtaire chun teacht ar an bhfírinne bheifeá ag dúil go mbeadh cruacheisteanna fealsúnta le fuascailt ag Mac Liam agus go dtabharfaí a dhúshlán a mheon a athrú maidir le nithe a bhí ina n-airteagail chreidimh aige go dtí seo. Déantar sin, ach ar bhealach atá ciotach go leor agus nach bhfuil aon ró-dhoimhneas ag baint leis.

Cad é atá fágtha, mar sin? Tá, leabhar bleachtaireachta a thiontaíonn ina leabhar uafáis sa dara leath. Ar nós *Twin Peaks,* cuirtear domhan an bhleachtaire ar fiar rud beag—príosún a bhfuil brat urláir agus *mini-bar* i ngach cillín ann, neacha osnádúrtha, agus mar sin de—ach tá cuid mhór de Mickey Spillane ann ina dhiaidh sin. Seo domhan ina gcaitheann na mná ar fad 'sálta miodóige', domhan cailíní damhsa a bhfuil 'cur amach cruinn acu ar theicnící comhraic na Seapáine.' Éiríonn an cur síos prislíneach ar mhná rud beag tuirsiúil i ndiaidh tamaill. Níl bean ar bith dá luaitear ó thús deireadh an leabhair nach bhfuil ag iarraidh aird a tharraingt ar a cíocha, ar a tóin, nó ar a cosa, agus sin ar mhaithe leis an mbleachtaire meánaosta Mac Liam. 'Fiú sa tsáinn anaithnid seo ina rabhas níor fhéadas gan cruinne a tóna faoin sciorta gearr veilbhite a thabhairt faoi dear,' a deir Mac Liam agus é i mbaol báis.

Is dócha gur le tréan íoróine a chloíonn Welch leis na buanchruthanna baineanna seo, ina gcuid gúnaí teannta agus sálta arda; ach an fiú i ndáiríre na gnásanna áirithe seo a aoradh? Más aoradh atá ar siúl ní hí an chuid is caolchúisí den aoradh é, ach an t-údar i gcónaí ag tarraingt airde ar cé chomh bréagach is atá an saol samhalta seo atá cruthaithe aige: 'an gluaisteán féin cosúil leis na cinn sin a bhíonn sna scannáin ó Hollywood,' nó arís eile, 'tá an áit seo [óstán] cosúil le feisteas scannáin.'

Ach oiread leis an mbleachtaire sa scannán úd *Angel Heart,* ní le gnáthchoirpeacht atá Mac Liam ag plé ach (go sábhála Dia sinn) le fórsaí níos dorcha ná sin. Seo an ghné fhealsúnta den leabhar: an mhaith agus an t-olc in achrann lena chéile. Ach léirítear an choimhlint eatarthu ar an mbealach is follasaí agus is comhghnásach amuigh: aingeal ar thaobh amháin agus deamhan ar thaobh eile.

Bheifeá ag dúil le beart níos uaillmhianaí ó Robert Welch, murach gur mar chaitheamh aimsire dó féin a scríobh sé *Tearmann*. I ndeireadh na dála is léiriú maith dílis atá i gclúdach an leabhair ar an ábhar atá istigh ann: gunna i lámh fir agus lámh mná ag slíocadh leathbhróg ard. Seo *penny dreadful* de leabhar, agus níl sé pioc níos ealaíonta de thairbhe a bheith i nGaeilge.

[As alt in *Foinse* le hAntain Mac Lochlainn.]

(i) Luaigh *dhá* phointe as an gcéad alt faoin leabhar *Tearmann*. (6 mharc)

(ii) Cén chomparáid a dhéanann an scríbhneoir idir an leabhar *Tearmann* agus 'Twin Peaks'? (Is leor *dhá* phointe.) (6 mharc)

(iii) (*a*) Breac síos pointe *amháin* as an tríú halt faoi Thoirealach Mac Liam. (3 mharc)

(*b*) Cad a tharlaíonn don leabhar seo sa dara leath? (3 mharc)

(iv) Tá cur síos sa cheathrú halt faoi dhomhan na mná. Breac síos *trí* phointe eolais atá ag an scríbhneoir faoi na mná sa leabhar seo. (marc)

(v) (*a*) Déanann an scríbhneoir tagairt don scannán *Angel Heart* sa dara halt deireanach. Inis, i mbeagán focal, cad tá le rá aige faoi. (4 mharc)

(*b*) Luaigh *dhá* thuairim a nochtann an scríbhneoir san alt deireanach faoin leabhar agus faoin údar. (4 mharc)

LÉAMHTHUISCINT 27

Léigh an sliocht seo a leanas agus freagair na ceisteanna a ghabhann leis. [*Bíodh na freagraí i d'fhocail féin, oiread agus is féidir leat.*]

Corcaíoch sa Tuaisceart

I mí Lúnasa 1961 tharla dom bheith ag spaisteoireacht i sráidbhaile Bhun Abhann Duinne i gContae Aontroma. Áit bheag ghleoite is ea é, i bhfad amach ó ghleo agus gleithearán an tsaoil agus gan aon róbhaol ann go gcasfaí na céadta Corcaíoch ort tar éis poist mhóra a bhaint amach ann. Faoi mar a fuaireas amach i gceann tamaillín, bhí ar a laghad Corcaíoch amháin ann tráth. Ach fillfimid chuige sin ar ball.

Cibé scéal é, thaitin an sráidbhaile seo go seoigh liom, agus nuair a thosaigh mé ag breathnú ar an gcuan beag cluthar d'imigh mo chuid smaointe ar fán ar fad ag cuimhneamh ar Mháire Ní Néill, file a chónaigh sa teach bán cearnógach thíos cois trá, a phós agus a d'imigh an loch amach go Canada, agus a d'fhág an oiread sin d'amhráin áille faoina gleannta dúchais ina diaidh, go háirithe an ceann álainn úd 'Sea Wrack', an ceann is mó a thaitníonn liom.

Chuimhnigh mé ar Sheán an Díomais agus ar an mbás a d'imir na hAlbanaigh air anseo sa bhliain 1567 tar éis dó a bheith ag caitheamh féasta leo. Seán bocht! Ba bheag a cheap sé nuair a chuaigh sé i muinín na nAlbanach i gcoinne Chlann Dónaill go mbeadh a cheann ar spíce i gCaisleán Bhaile Átha Cliath sula i bhfad.

Sea, bhí mé ag baint an-taitnimh as Bun Abhann Duinne, agus b'fhurasta dom a thuiscint an fáth a dtagadh John Masefield, file, ann ar saoire. Phós sé bean ón áit, ar ndóigh. Dé réir dealraimh bhí fiabhras eile air seachas 'Sea Fever'.

I lár an chuainín, os comhair an óstáin amach, bhí fear ina sheasamh istigh i mbád. Ní raibh cor as agus é ag breathnú ar an líon a bhí i bhfearas sa sáile aige. Deirimse foighne leat, ach is aige siúd a bhí sé. D'fhan mé leath-uair an chloig ag féachaint air, agus ní raibh sé tar éis corraí. Bhog mé liom isteach san óstán. Ón bhfuinneog istigh chonaic mé an fear eile ar an gcé ag tochras an lín isteach. Bradán amháin a bhí ann, a chualas. Cé a bheadh ina iascaire!

Ach tháinig fonn iascaigh ormsa mar sin féin. Bhreathnaigh mé ar an abhainn álainn chaiseach a bhí ag scuabadh thar dhroichead an tsráidbhaile. Bhí dealramh breac air, ach bhí tuairim agam go mbeadh rialacha dochta daingne faoi iascach anseo sa Tuaisceart. Tá seanabairt a deir, 'Nuair a bhíonn amhras ort cuir ceist ar phóilín,' agus seo suas an bóthar i mo choinne triúr fear breá den RUC. Chuir mé stró orthu. 'Ar mhiste libh a insint dom an mbeadh ceadúnas ag teastáil uaim chun dul ag iascaireacht ansin?' Stopadar go cairdiúil.

'Áhá,' arsa duine acu, 'aithním ar do chanúint gur as Yorkshire duit.'

'Mo náire thú!' arsa duine eile acu. 'Nach n-aithneófá canúint an Deiscirt?'

'Á,' ar seisean, ag síneadh amach a láimhe chugam, 'as Béal na mBlátha duit.'

'Ní as Béal na mBlátha dom,' arsa mise, 'ach ag an am céanna ní raibh dul amú ró-mhór ort!'

'Is cuma,' ar seisean. 'Tá fáilte romhat go Cois Abhann Duinne.'

D'fháiltigh an bheirt eile romham chomh maith. 'An bhfuil eolas agat ar áit ar a dtugtar Maigh Chromtha?' arsa an chéad duine.

'Seaneolas,' arsa mise. 'Tá abairt againne nár rugadh amadán riamh ar an mbaile sin.'

Chuir an póilín racht gáire as. 'Dar fia, is cosúil gur mar sin atá sé,' ar seisean. 'Bhí fear ón mbaile sin san fhórsa againne anseo, agus deirimse leat nárbh aon amadán é siúd ach oiread.' (Agus luaigh sé a ainm.) 'Ach ba é an fear ba chrua a casadh orm riamh é. Bhí fear méaracán lá ar bharr an droichid thíos ansin, agus thug do chara as Maigh Chromtha fógra dó a bheith glanta as an áit lena chuid trealaimh laistigh de chúig nóiméad. Nuair a bhí an t-am istigh bhí fear na méaracán gan corraí ón áit, agus níor dhein mo dhuine as Maigh Chromtha ach breith ar an mbord agus idir bhord agus ghiuirléidí eile a chaitheamh isteach san abhainn. Á, bíonn fir chrua i Maigh Chromtha gan aon agó!'

Cheistigh mé arís é faoin gceadúnas iascaigh. D'ísligh sé a ghuth, chaith sé siar a chaipín ar a chloigeann, bhuail sé buille beag ar mo ghualainn, agus dúirt: 'Dhera, ní fiú duit a bheith ag fáil ceadúnais. Bí ag iascach leat!'

Chroith an triúr acu lámh liom arís, á rá go raibh súil acu go mbainfinn taitneamh as an sráidbhaile, agus d'imíodar leo—isteach i teach tábhairne. 'Sea, muise,' arsa mise i m'aigne féin, 'cá bhfuil an difríocht idir iad agus ár nGardaí féin, ach difríocht éide agus cnaipe.'

[As *Aeriris* le Pádraig Ó Dálaigh.]

(i) Breac síos *dhá* phointe eolais faoi na smaointe a rith leis an scríbhneoir agus é i mBun Abhann Duinne den chéad uair. (6 mharc)

(ii) Deir an scríbhneoir sa dara halt gur chuimhnigh sé ar Sheán an Díomais. Luaigh trí *phointe* eolais atá aige faoi. (8 marc)

(iii) Inis, i mbeagán focal, a bhfuil le rá ag an scríbhneoir sa cheathrú halt faoin bhfear a bhí ina sheasamh i mbád. (7 marc)

(iv) (*a*) Breac síos *dhá* phointe eolais ón gcúigiú halt faoin abhainn. (4 mharc)

(*b*) Breac síos *dhá* phointe eolais ón gcomhrá a bhí idir an scríbhneoir agus na póilíní. (4 mahrc)

(v) (*a*) Cad a rinne an fear as Maigh Chromtha le fear na méaracán? (3 mharc)

(*b*) Cén difríocht atá idir póilíní an RUC agus na Gardaí, i dtuairim an scríbhneora? (3 mharc)

LÉAMHTHUISCINT 28

Léigh an sliocht seo a leanas agus freagair na ceisteanna a ghabhann leis. [*Bíodh na freagraí i d'fhocail féin, oiread agus is féidir leat.*]

An bhfuil ionradh na nDons le teacht?

Táimid ag éisteacht le ráflaí le bliain anuas go bhfuil sé i gceist ag club sacair Wimbledon cur fúthu go buan i mBaile Átha Cliath. Deirtear gurb é bainisteoir U2, Paul McGuinness, ba thúisce a smaoinigh ar an bplean agus go bhfuil go leor tacaíochta faighte aige ó lucht gnó i mBaile Átha Cliath agus i Londain.

Ní dóigh liom mar sin féin gur chreid aon duine go dtarlódh sé, ach ó tharla go bhfuil an oiread cumhachta, airgid agus cairde saibhre ag McGuinness, bheartaigh an FAI an scéal a fhiosrú. Bhailigh siad eolas ó na clubanna móra, agus fuair siad amach go raibh siad ar fad glan i gcoinne na 'Dons' a theacht go hÉirinn.

Dúirt príomhfheidhmeannach an FAI, Bernard O'Byrne, nach raibh seans na ngrásta go dtarlódh sé go deo; ach le seachtain anuas tá cor nua ar fad tagtha sa scéal. Tá consortium nua idir Sasanaigh, Liobánaigh, Éireannaigh agus fir ghnó ón Iorua tar éis teacht le chéile le cur chuige.

D'fhógair Wimbeldon an tseachtain seo caite go bhfuil 80 faoin gcéad de scaireanna an chlub ceannaithe ag triúr billiúnaí as Críoch Lochlann, Kyell Rune Gjelsten, Kyle Inga Roekue, agus Bjorn Rune Gjelsten, ar £30 milliún. Ba le Sam Hamman, 'Mr Wimbledon', na scaireanna úd, agus cé go bhfuil siad díolta aige tá baint mhór aige leis an gclub go fóill.

Tá sé ceaptha ina bhainisteoir ginearálta, post a thugann an-chumhacht dó ó thaobh stiúrú, eagrú agus riaradh an chlub.

Is é an deacracht mhór atá ag Wimbledon, ar ndóigh, nach bhfuil páirc dá gcuid féin acu, agus is caolseans go bhfaighidh siad ionad sásúil agus oiriúnach i gceartlár London. Cheana féin bhíodar ag breathnú ar roinnt suímh i bpríomhchathair na hÉireann, ina measc an áit ina gceaptar go mbeadh an staid nua, dhá mhíle ó Chluain Dolcáin.

Dé réir cosúlachta is ar choinníoll go n-aistreoidh na Dons go Baile Átha Cliath a rinneadh an t-infheistiú mór sa gclub. Is cinnte go bhfuil an FAI, agus go mór mór Shamrock Rovers, ar buile faoin gcor is déanaí sa scéal, mar go bhfuil sé ar intinn acu siúd staid nua, a choinneoidh tríocha míle duine, a thógáil i dTamhlacht.

Le barr ar an donas, tá ráflaí eile ann le laethanta beaga anuas go bhfuil cuid de chlubanna móra na hÉireann a bhí glan in aghaidh an phlean seo ón tús tagtha ar mhalairt aigne, agus is cinnte go mbeidh tionchar mór acu seo ar chúrsaí i ndeireadh an lae.

Tá faitíos ar chuid mhaith daoine i mBaile Átha Cliath roimh theacht na nDons— ní roimh na peileadóirí féin ach roimh lucht tacaíochta Man Utd, Liverpool, Newcastle, Chelsea srl. ag taisteal chun na hÉireann. Is cinnte go gcuirfeadh sé seo ríméad ar na daoine óga, mar go mbeadh seans acu na réaltaí móra a fheiceáil: leithéid Shearer, Fowler, Giggs, agus ar ndóigh Roy Keane seo againn féin. Ó thaobh gnó de is iontach an scéal é don phríomhchathair agus don cheantar máguaird. Bheadh gach óstán agus B&B lán go béal gach dara deireadh seachtaine.

San am céanna tá imní ar mhuintir na cathrach faoin méid bligeard a leanann na clubanna seo. Is cuimhin linn go léir an taispeántas a thugadar i mBóthar Lansdowne dhá bhliain ó shin, nuair b'éigean an cluiche idirnáisiúnta idir Éirinn agus Sasana a stad de bharr an réabadh a thosaigh i measc lucht leanta na Sasanach.

Mar sin féin tá sé thar am ag an FAI cinneadh cinnte a dhéanamh faoi staid sacair a thógáil i mBaile Átha Cliath agus gan a bheith ag brath ar pháirc rugbaí Bhóthar Lans-downe, áit nach mbíonn oiriúnach ar chor ar bith do chluichí idirnáisiúnta sacair toisc an dromchla a bheith chomh míchothrom le portach móna.

Deir daoine atá i bhfabhar na nDons a theacht nach dtiocfaidh aon fheabhas go deo ar chaighdeán sacair in Éirinn mura dtarlaíonn rud éigin den sórt seo. Is beag lucht tacaíochta atá ag na príomhchlubanna—Shamrock Rovers, Shelbourne, agus St Pat's— mar go dtugann formhór lucht tacaíochta sacair Bhaile Átha Cliath a ndílseacht do chlubanna thar sáile.

Tá sé ráite freisin go bhfuil comhlacht teilifíse Sky ag coinneáil súil ghéar ar chúrsaí agus nach fada go mbeidh siad féin sáite ann. Lochlannaigh agus Sasanaigh ag teacht ar ais inár measc arís: nach ait an mac an saol?

[As alt in *Foinse* le Seán Bán Breathnach.]

(i)   Cad iad na ráflaí atá i gceist sa chéad alt?   (4 mharc)

(ii)   (*a*) Cad deirtear sa dara halt faoi Paul McGuinness?   (4 mharc)

(*b*) Cad a bheartaigh an FAI?   (4 mmarc)

(iii) Cad deir an scríbhneoir faoi na deacrachtaí atá ag Wimbledon?   (7 marc)

(iv) Cén fáth a bhfuil eagla ar dhaoine i mBaile Átha Cliath roimh theacht na nDons?   (8 marc)

(v)   Breac síos *trí* phointe eolais faoi na daoine atá i bhfabhar an fhoireann a theacht.   (8 marc)

LÉAMHTHUISCINT 29

Léigh an sliocht seo a leanas agus freagair na ceisteanna a ghabhann leis. [*Bíodh na freagraí i d'fhocail féin, oiread agus is féidir leat.*]

An ceacht a thug DJ do Cyril

Uair amháin eile tá Cyril Farrell á cháineadh ag lucht leanta na hiomána i nGaillimh. Thar cheannaire ar bith, is aisteach go deo an meas atá ag a threabh ar Cyril.

Ó tharla nár thug aon bhainisteoir eile ach é Corn Mhic Carthaigh cois Coiribe sna blianta beaga seo caite, ceapann go leor den phobal iomána i nGaillimh nach mbeidh aon rath ar fhoireann an chontae dá uireasa; ach tá comhartha ceiste ag go leor acu faoina chuid taiticí agus faoina léamh ar an imirt nuair a bhíonn cluichí ar siúl.

Moladh Farrell go hard na spéire nuair a chuir sé an chluain ar Chill Chainnigh i gcluiche leathcheannais na hÉireann ar Pháirc Semple sa mbliain 1986, nuair a d'fhág sé líne lántosach na Gaillimhe taobh le beirt agus nuair a d'úsáid sé an tríú duine timpeall lár na páirce.

Thriail sé an plean céanna sa gcluiche ceannais in aghaidh Chorcaí, ach bhí siad siúd ag súil leis. D'fhág Johnny Crowley idir an líne lánchúil agus an líne leathchúil, áit ar bhailigh sé chuile shliotar a tháinig ina threo ar a shuaimhneas, agus bhuaigh Corcaigh cluiche ceannais eile fós a bhí dlite do Ghaillimh, dar le lucht leanta an mharúin: 4-13 in aghaidh 2-15.

'Tá Farrell go maith ag ullmhú foirne do chluiche, ach níl an chríonnacht ann na hathruithe a dhéanamh agus an cluiche ar siúl,' a dúirt an fear feasa.

Maitheadh na peacaí sin ar fad dó le buanna na mblianta 1987 agus '88; ach ansin d'imigh Cyril. Nó ar imigh? Ní baileach é. Bhí sé fós feiceálach ar an imeall, ag cabhrú leis na foirne faoi 21 agus mionúir faid is a bhí cúram na sinsear ar Jarlath Cloonan agus ar Mattie Murphy.

Luadh a ainm go minic le linn a dtréimhsí siúd mar bhainisteoirí, ach ba é an tuairim a bhí sa timpeall go raibh Cyril ag fanacht go gcuirfí fios air. Bheadh sé réidh an uair sin, ach ní raibh baol ann go dtiocfadh sé sa seans agus go seasfadh sé toghchán don phost.

Cuireadh fios air. Leag sé a chartaí ar bhord glas Dhúrlais Dé Domhnaigh seo caite. Rinne Nicky Brennan amhlaidh, ach bhí mámh ina ghlaic siúd nach raibh fáil ar bith ar a leithéid sa bpaca eile a bhí ag Cyril. Bhí ón aon go dtí an rí acu beirt, ach bhí cárta breise i lámh an Bhraonánaigh: uimhir 12 a bhí ar an gcárta, agus ba é a thuill breis agus leath an scóir a bhí ag Cill Chainnigh faoi dheireadh, 2-8 as 4-15.

Fearacht Cyril Farrell, bhí siad ann freisin a bhí sásta agus réidh le D. J. Carey a cháineadh nuair nár imir sé go maith i gcluiche ceannais Chúige Laighean. Beidh siad linn i gcónaí, an dream gearrbhreathnaíoch seo atá faoi réir le mórchuid a chur le scéal ar an gcéad amharc agus breithiúnas a bhaint as nach bhfuil ann beag ná mór. D'fhreagair DJ iad siúd go cinnte.

Ní chailleann ardiománaí a chumas as ucht droch-chluiche amháin a imirt, ná péire, ná fiú trí cinn.

Is é an fhírinne go bhfuil D. J. Carey san iomaíocht le Christy Ring sa gcomórtas don iománaí ab fhearr a bhí riamh ann, agus fearacht Ring, seans, scór bliain ó inniu, go mbeidh ar chumas a lámha, a riostaí agus a intinn roinnt mhaith de na rudaí a rinne sé Dé Domhnaigh seo caite a dhéanamh i gcónaí ach nach mbeidh na cosa ná na scamhóga.

Ní fheicfidh mise ar chuma ar bith a leithéid arís, agus tá mé thar a bheith buíoch go bhfuair mé an deis é a fheiceáil i mbarr a mhaitheasa.

Más é cumas dosháraithe D. J. Carey ba mhó a thug ceannas do Chill Chainnigh Dé Domhnaigh seo caite, caithfear a rá freisin go raibh an t-ádh dearg ar Ghaillimh a bheith 9 gcúilín chun cinn ag leath ama. Chuir na Cait dhá sheans iontacha ar chúil amú, agus rinne a gcúl báire, Adrian Ronan, dhá bhotún ar deacair iad a mhaitheamh dó agus bhronn dhá chúl ar Ghaillimh sa leath céanna sin.

Beidh sé thar a bheith suimiúil an bhfágfar idir na postaí é nuair a thiocfas an cluiche leathcheannais in aghaidh an Chláir.

Agus céard faoi Cyril agus a chairde? Céard faoin lámh cártaí a roghnaigh siadsan sular shuigh siad chun boird? Agus ina suí dóibh, cén stuaim a bhain leis an gcaoi ar imir siad na cártaí sin?

Ag breathnú siar, is deacair a rá go mba bhotún é Finbarr Gantley a roghnú sa líne lánchúil, áit nár imir sé ariamh roimhe. Bhí sé neirbhíseach ar thosú dó, ach choinnigh sé guaim air féin, agus ba bheag a bhí sé in ann a dhéanamh faoina ruathar a bhí DJ a thabhairt isteach an pháirc ina threo, ag tús an dara leatha go háithrid.

Ní dóigh liom féin gur cheart Joe McGrath a bheith roghnaithe. Feicim gur theastaigh ar a laghad duine amháin a raibh spreac ann sna tosaithe le cuid den ualach a bhaint de na fir nach bhfuil an-mhór, ach ós rud é go raibh sé socraithe ag bainisteoireacht na Gaillimhe Joe Cooney a chur ag imirt mar lántosach, cén fáth nár roghnaigh siad ann ó thús é?

D.J. Carey, thuas, agus Cyril Farrell, ar dheis, an fear a chuidigh go mór le deireadh a chur le Gaillimh sa chraobh cheannais

Is furasta an t-eolas a bheith agat agus tú ag breathnú siar. Ní raibh an deis ná an t-eolas sin ag Farrell ná ag a chomrádaithe Dé Domhnaigh seo caite, ná aon Domhnach eile, ach ní ghlanfaidh sin an scamall atá tite ar an iomáint i nGaillimh an tseachtain seo, scamall nach nglanfar go gcasfar Liam Mac Carthaigh an bealach arís.

[As alt in *Foinse* le Mártan Ó Ciardha.]

(i) Cén fáth a bhfuil comhartha ceiste ag go leor daoine faoi thaicticí Cyril Farrell? (5 mharc)

(ii) (*a*) Cathain a moladh go mór é? (4 mharc)

(*b*) Cén scór a bhí ann nuair a d'imir Gaillimh i gcoinne Chorcaí? (3 mharc)

(iii) Luaigh *dhá* phointe eolais maidir leis an 'dream gearrbhreathnaíoch'. (8 marc)

(iv) Tugann an scríbhneoir ardmholadh do D. J. Carey. Luaigh *trí* phointe eolais atá aige faoi. (9 marc)

(v) Inis, i mbeagán focal, cad tá le rá ag an scríbhneoir san alt deireanach. (6 mharc)

LÉAMHTHUISCINT 30

Léigh an sliocht seo a leanas agus freagair na ceisteanna a ghabhann leis. [*Bíodh na freagraí i d'fhocail féin, oiread agus is féidir leat.*]

BÍONN BLAS AR AN mBEAGÁN

D'ól Seán Ó Muirí cupán tae i mbialann an aerfoirt agus é ag machnamh ar an aistear fada a bhí roimhe. Bhí a mhuintir díreach tar éis slán a chur leis, agus bhí sé beagán beag uaigneach. Ar aon nós bheadh sé saor agus neamhspleách sula i bhfad agus é ar a bhealach thar lear. Sea, muise, bhí laghdú ag teacht ar an uaigneas, agus diaidh ar ndiaidh bhí sé ag teacht chuige féin arís.

Ar deireadh thiar thall thosaigh an scairdeitleán ag dul síos an rúidbhealach agus toit ag teacht ó na rothaí. Bhí sé ar mhuin na muice anois: páirceanna glasa na hÉireann thíos faoi agus saol nua agus eachtraí nua os a chomhair.

Shroich an t-eitleán aerfort Addis Ababa ar a seacht a chlog an mhaidin dar gcionn. Sea, bhí aistear iontach tosaithe aige, agus chun an fhírinne a rá bhí sceitimíní áthais air. Bhí grian gheal na hAfraice ag scoilteadh na gcloch cheana féin, ní raibh oiread is puth gaoithe ag séideadh, agus i ngach áit bhí *torann, torann, torann*. Chuir Liam Ó Caoimh as Concern fáilte

113

agus fiche roimhe agus é ag fanacht leis na málaí. Dúirt Liam leis go mbeadh obair shuntasach shásúil le déanamh aige san Aetóip.

D'fhan sé ar feadh na hoíche sin i lóistín i lár Addis Ababa. Daoine dúra neamhchairdiúla a bhí san áit, gan mórán le rá acu, ach níor chuir sé sin isteach ná amach ar Sheán. An Aetóipis a bhí á labhairt thart timpeall air; ach ba chuma le Seán. Bhí sé san Afraic, 'an Mhór-roinn Dhorcha', agus bhí gliondar ina chroí.

Chodail sé go sámh an oíche sin, agus nuair a d'éirigh sé ar maidin cé a bhí ag fanacht leis ach Liam as Concern, agus beirt fhear eile in éindí leis. Bhí jíp acu—'asal na hAfraice'—lasmuigh den lóistín, agus nuair a bhí a bhricfeasta ite ag Seán thosaigh siad ar thuras 700 míle nó mar sin go ceantar Dire Dawa, in oirthear na tíre.

Ní raibh na bóithre rómhaith—go deimhin ní raibh bóthar ar bith in áiteanna áirithe, agus ní raibh ach dhá stad acu ar an mbealach go Dire Dawa. Bhí an chéad stad acu i mbaile darb ainm Mieso, áit ar fhan siad ar feadh na hoíche. Stad siad ina dhiaidh sin in Afdem, sráidbhaile bídeach amuigh i lár an fhásaigh. Sea, arsa Seán leis féin, táim san Afraic anois ceart go leor.

Shroich siad Dire Dawa le breacadh an lae, agus ní chreidfeá cad a bhí os a gcomhair amach: daoine gan uisce, gan bia, gan dídean, gan dóchas. Ní páirceanna glasa na hÉireann a bhí le feiceáil anseo ach an fásach fiáin agus i ngach áit gaineamh, gaineamh, gaineamh.

Ar shos óna chuid scolaíochta a bhí Seán Ó Muirí. D'fhéach sé ar a uaireadóir. Bhí sé leathuair tar éis a naoi ar an Aoine 13 Meitheamh. Bheadh a chomhdhaltaí ag tosú an scrúdú Gaeilge san Ardteist, agus eisean ag tosú ar obair dheonach san Afraic. Bhí sé ag ceapadh go raibh íoróin an-ait ag baint leis an scéal: mí na scrúduithe in Éirinn, mí an bháis san Afraic.

Ach ba chuma leis faoi na scrúduithe. Nach raibh gá géar le hobair dheonach mar seo? Agus nár gheall sé do Dhia go dtabharfadh sé faoin obair dá dtiocfadh a mháthair bhocht slán ón obráid mhór a bhí aici leathbhliain roimhe sin?

Ach mo léan go deo ach bhí rudaí ag dul in olcas sa champa i nDire Dawa, agus bhí Seán ag ceapadh nach bhféadfadh le cúrsaí a bheith níos measa. Ach, go sábhála Dia muid, d'éirigh siad i bhfad ní ba mheasa. Bhris an tíofóideach amach i measc na gcréatúr bocht a bhí faoina gcúram. Is deacair a rá an bhfuil galar níos measa ná an tíofóideach céanna. Pé scéal é, bhí na céadta ag fáil bháis de in oirthear na hAetóipe, agus, go bhfóire Dia orainn, cé a bhí i gceartlár an bháis ach Seán bocht.

Bhí sé gar do champa Concern i nDire Dawa lá nuair a bhuail sé le seanfhear críonna caite. Duine le Dia a bhí ann. Rinne Seán iarracht cabhair a thabhairt dó, ach nár thit an créatúr bocht i laige. Fuair sé bás os a chomhair amach, agus ghoil sé seo go mór ar Sheán.

De réir a chéile bhí míshuaimhneas agus uaigneas ag teacht air. Bhí sé ag machnamh ar ghleannta glasa na hÉireann, ar a chomhdhaltaí, agus go mór mór ar a mhuintir sa bhaile. Bhí sé ag cabhrú le duine de na dochtúirí Éireannacha, an Dochtúir Ó Máille as Béal an Átha, Contae Mhaigh Eo, lá in áit bheag idir Dire Dawa agus Harer. Bhí na céadta ag fáil bháis chuile lá. Chonaic sé gasúr beag ar thaobh an bhóthair, agus chuir sé a lámha thart air. Bhí an créatúirín ag breathnú air lena shúile móra donna. Bhí sé ag fáil bháis.

Bheartaigh Seán ar dhul ar ais abhaile, ar ais chuig Coláiste Oilibhéir, ar ais chuig na leabhair, ar ais chuig a theaghlach. Is ansin a smaoinigh sé ar fhírinne an tseanfhocail: 'Bíonn blas ar an mbeagán.' Dá mbeadh fiú amháin beagán ag na créatúirí seo san Afraic bhí Seán lánchinnte de go mbeadh blas iontach ar fad air.

[Obair shamhlaíoch an scéal seo le hÉamonn Maguire.]

(i)   Luaigh *dhá* phointe as an gcéad alt faoin gcuma a bhí ar Sheán. (6 mharc)

(ii) Luaigh *dhá* phointe as an dara halt faoi Addis Ababa. (6 mharc)

(iii) Luaigh *trí* phointe atá ag Seán sa tríú halt ar a thuras go Dire Dawa. (9 marc)

(iv) Luaigh *dhá* phointe eolais faoin gcampa i nDire Dawa. (6 mharc)

(v)   Inis, i mbeagán focal, cén t-athrú a tháinig ar Sheán san alt deireanach. (8 marc)

An Chluastuiscint

Am: 30 nóiméad nó mar sin
100 marc (17 faoin gcéad)

Molaim duit an leabhar *Caint agus Cluastuiscint* (Gill & Macmillan) a fháil chun dianstaidéar a dhéanamh don chluastuiscint. Tá sé soiléir ó na marcanna breise atá le fáil sa scrúdú seo gur fiú duit cuid mhaith ama a chaitheamh ag ullmhú di.

Treoracha

1 Cé gur téip chomónta [*a common tape*] atá ann don Ardleibhéal agus don Ghnáthleibhéal, páipéir scrúdaithe ar leith atá ann.
2 Ba chóir do chuid freagraí a bheith i nGaeilge amháin; ach, mar a dúirt mé cheana, glactar le focail aonair agus le huimhreacha i mBéarla.
3 Beidh cothromaíocht [*equality*] ann idir na canúintí.
4 Beidh deis agat breathnú ar na ceisteanna ar feadh cúpla nóiméad roimh thosú na téipe.
5 Níl gá ar bith le freagraí fada ná le habairtí iomlána a scríobh i gcónaí. Is féidir leat lán marcanna a fháil gan ach focal amháin a scríobh.
6 Ná fág ceist gan freagra a scríobh. Mura bhfuil tú cinnte is fiú buille faoi thuairim [*a guess*] a dhéanamh.
7 Tugtar tuairim is 90 faoin gcéad de na marcanna do *thuiscint* agus *eolas*. Tugtar tuairim is 10 faoin gcéad do chruinneas sa Ghaeilge.

MOLAIM DUIT

—éisteacht le Raidió na Gaeltachta, le Raidió na Life, le hAnna Livia (Baile Átha Cliath), agus leis na stáisiúin áitiúla ar fud na tíre atá ag cur seirbhís i nGaeilge ar fáil;
—féachaint ar Theilifís na Gaeilge, agus ar an nuacht i nGaeilge agus cláir eile Gaeilge ar RTE, go mór mór réamhaisnéis na haimsire;
—éisteacht le cainteoirí mar Sheán Bán Breathnach, Micheál Ó Muircheartaigh agus Micheál Ó Sé agus iad ag tabhairt tráchtaireachta ar chluichí éagsúla.

LEIDEANNA DON CHLUASTUISCINT

• You should pay particular attention to presentation, and make sure your handwriting can be understood. You might consider using a pencil for ease of correction.
• Don't hesitate to write in capital letters. There should be ample time for doing this, as many questions require only very short answers.

- Note carefully the number of examples required in your answer: for example 'Breac síos *trí* phointe,' 'Luaigh *trí* fhadhb,' 'Ainmnigh buntáiste *amháin.*'
- If you don't know the answer, attempt an intelligent guess.
- You may ask the superintendent at the exam centre for a piece of supplementary paper so that you can write down notes during the playing of the tape.

Téarmaí coitianta
- an Roinn Oideachais
- an Roinn Ealaíon, Oidhreachta, Gaeltachta agus Oileán
- Teilifís na Gaeilge
- Glór na nGael
- Slógadh
- Raidió na Life
- tráth na gceist
- an Taoiseach
- Údarás na Gaeltachta
- Raidió na Gaeltachta
- Conradh na Gaeilge
- Scór na nÓg
- Gael-Linn
- comharchumann
- coirm cheoil
- an Tánaiste
- an tAire Oideachais (Micheál Martin)
- an tAire Ealaíon, Oidhreachta, Gaeltachta agus Oileán (Síle de Valera)
- díospóireacht
- comóradh

Moltaí eile don chluastuiscint
Molaim duit dianstaidéar a dhéanamh ar logainmneacha éagsúla, go háirithe:
- logainmneacha na hÉireann
- an Eoraip agus an domhan
- tíortha agus cathracha éagsúla.

Molaim duit freisin staidéar a dhéanamh ar na gnéithe seo a leanas:
- laethanta agus dátaí
- na míonna
- an t-am
- daoine mór le rá
- pearsana spóirt
- pearsana raidió, teilifíse agus scannán
- réaltaí ceoil
- an Rialtas
- an aimsir

- tinneas
- cúrsaí oideachais
- uimhreacha
- ainmneacha agus sloinnte

LEAGAN AMACH

Cuid A

Cloisfidh tú *trí cinn* d'fhógraí (fógraí raidió de ghnáth) sa chuid seo. Cloisfidh tú gach fógra díobh *faoi dhó*. Beidh sos tuairim is 30 soicind (*a*) roimh an gcéad seinm, (*b*) tar éis na chéad seinte, agus (*c*) tar éis na dara seinte. Titeann an rud céanna amach maidir le fógra 1, fógra 2, agus fógra 3.

Cuid B

Cloisfidh tú *trí cinn* de chomhráite sa chuid seo. Cloisfidh tú gach comhrá ó thosach deireadh an chéad uair. Ansin cloisfidh tú an comhrá ina *dhá mhír.* Beidh sos tuairim is 30 soicind le haghaidh scríobh na bhfreagraí tar éis gach míre. Ina dhiaidh sin cloisfidh tú an comhrá ó thosach deireadh arís. Titeann an rud céanna amach maidir le píosa 1, píosa 2 agus píosa 3.

Cuid C

Cloisfidh tú *trí cinn* de phíosaí nuachta raidió nó teilifíse sa chuid seo. Cloisfidh tú gach píosa díobh *faoi dhó*. Beidh sosanna (tuairim is 30 soicind) le haghaidh scríobh na bhfreagraí tar éis na chéad éisteachta *agus* tar éis na dara héisteachta. Titeann an rud céanna amach i gcás píosa 1, píosa 2, agus píosa 3.

Nóta

Ní féidir linn téipeanna na scrúduithe a chur ar fáil leis an leabhar seo, ach tá roinnt téipeanna le fáil leis an leabhar *Caint agus Cluastuiscint.* Chomh maith leis sin ba chóir go mbeadh na téipeanna le fáil i do scoil féin; agus táimid ag cur cóip de script na dtéipeanna ar fáil sa leabhar seo (leathanach 131–140).

Trialacha cluastuisceana

SCRÚDÚ NA hARDTEISTIMÉIREACHTA, 1995

GAEILGE (ARDLEIBHÉAL)

TRIAIL CHLUASTUISCEANA (100 marc)* le freagraí samplacha

*80 marc a bhí ann sa bhliain 1995, ach 100 marc atá ann anois.

Cuid A

Cloisfidh tú *trí cinn* d'fhógraí raidió sa Chuid seo. Cloisfidh tú gach fógra díobh **faoi dhó**. Beidh sosanna le haghaidh scríobh na bhfreagraí tar éis na chéad éisteachta agus tar éis na dara héisteachta.

Fógra a hAon

1   (*a*)   Cén duais atá i gceist sa chomórtas?

£2,000

        (*b*)   Cén stáisiún raidió atá ag tairiscint na duaise?

Raidió na Gaeltachta

2   Caithfidh gach amhrán Gaeilge sa chomórtas coinníollacha áirithe a shásamh. Breac síos *trí cinn* ar bith de na coinníollacha sin.

        (*a*)   *Amhráin nua-aimseartha i nGaeilge*

        (*b*)   *nár casadh go poiblí fós*

        (*c*)   *nach bhfuil níos faide ná trí nóiméad go leith.Is ceart na hiarratais a bheith ar téip.*

Fógra a Dó

1   (*a*)   Cé chomh minic is a bhíonn an comórtas díospóireachta seo ar siúl?

Comórtas bliantúil é.

        (*b*)   Cé dó an comórtas?

Do chumainn in institiúidí tríú leibhéil.

2   (*a*)   Cén áit ina mbeidh an comórtas ar siúl i mbliana?

San ollscoil i gCorcaigh.

(*b*)   Cén fáth ar san áit sin a bheas sé?

Mar tá sé 150 bliain ó shin ó bunaíodh an coláiste sin.

3   Breac síos pointe eolais éigin eile faoin gcomórtas.

Is comórtas Gael-Linn agus an Irish Times é./Caithfear sonraí faoi do chumann agus táille £5 a chur chuig Gael-Linn faoi 3 Feabhra./'Is maith an rud é gur oileán í Éire' an rún a bheas á phlé.

Fógra a Trí

1   (*a*)   Cé mhéad post atá le líonadh?

Dhá phost.

(*b*)   Cá mbeidh na fáilteoirí ag obair?

Duine amháin i gConamara agus duine eile i mBaile Átha Cliath.

2   Breac síos *dhá cheann* de na cáilíochtaí a chaithfidh a bheith ag iarratasóirí.

(*a*)   *Caighdeán ard Gaeilge*

(*b*)   *Scileanna rúnaíochta./Taithí ar ríomhairí./Pearsantacht mhaith.*

3   Cén seoladh ba cheart duit a chur ar chlúdach d'iarratais?

An Ceannasaí, Teilifís na Gaeilge, Baile Átha Cliath 4.

Cuid B

Cloisfidh tú *trí cinn* de chomhráite sa Chuid seo. Cloisfidh tú gach comhrá díobh **trí huaire**. Cloisfidh tú an comhrá ó thosach deireadh an chéad uair. Ansin cloisfidh tú é ina *dhá mhír*. Beidh sos le haghaidh scríobh na bhfreagraí tar éis gach míre díobh. Ina dhiaidh sin cloisfidh tú an comhrá ó thosach deireadh arís.

Comhrá a hAon

An Chéad Mhír

1   Luann Síle comóradh áirithe. Cén comóradh é sin?

Faoin nGorta Mór.

2   Luann Séamas roinnt bunphointí eolais faoi ábhar an tionscadail. Breac síos *dhá cheann* díobh.

(*a*)   *Tháinig dubh ar na prátaí*

(*b*)   *Fuair milliún duine bás den ocras./D'fhág milliún duine an tír.*

An Dara Mír

1   Molann Séamas do Shíle comparáid áirithe a dhéanamh. Cén chomparáid í sin?

Idir an Gorta Mór agus na milliúin duine atá ag fáil bháis den ocras inniu i dtíortha eile.

2   Molann Séamas dhá leabhar Gaeilge do Shíle. Cad tá le fáil iontu, dar leis?

Cuntais bhreátha ar shaol uafásach na ndaoine ag an am.

3   Cén pointe atá ag Séamas faoi chainteoirí dúchais Gaeilge?

Gur cainteoirí dúchais formhór na ndaoine a fuair bás.

Comhrá a Dó

An Chéad Mhír

1   Cén uair a thosaigh an trioblóid, dar le Bríd?

Nuair a fuair foireann na hÉireann an 'cúl gleoite'.

2   Luann Pól scata áirithe bithiúnach. Cad a bhí ar siúl acu?

Bhí siad ag screadaíl ar nós ainmhithe agus ag caitheamh buidéal is gach uile shórt leis an slua.

3   Cad a rinne an réiteoir a thaitin le Bríd?

Chuir sé an cluiche ar ceal ar an bpointe.

An Dara Mír

1   Cén gaisce a rinne na Gardaí?

D'éirigh leo an scata gealt a choinneáil le chéile san aon chúinne amháin.

2   Cad a dhéanfadh Bríd leis an scata gealt úd?

Chaithfeadh sí isteach i bpríosún iad.

3   Cén fáth a bhfuil déistin ar Bhríd?

Mar gur éirigh le scata mar sin cluiche breá a chur ó mhaith ar na mílte eile.

Comhrá a Trí

An Chéad Mhír

1   Cén duais mhór a bhain an fear as Contae na Gaillimhe?

    Beagnach milliún go leith punt.

2   Cé mhéad airgid a bhain an bhean óg as Conamara?

    Breis is trí mhilliún punt.

3   Is dóigh le Micheál go bhfuil cúpla cleas i gceist. Cén dearcadh atá ag
     Máire air sin?

    Nach cleas é ach an t-ádh dearg a bheith orthu.

An Dara Mír

1   Cad a dhéanfadh Micheál, dar le Máire, dá mbuafadh sé milliún punt?

    Rachadh sé as a mheabhair.

2   Cad a dhéanfadh Micheál, dar leis féin, dá mbuafadh sé milliún punt?

    Chuirfeadh sé gach pingin de sa bhanc.

3   Cén fáth a bhfuil Máire crosta le Micheál ag deireadh an chomhrá seo?

    Mar go bhfágfadh sé ise agus a chairde gan dada.

Cuid C

Cloisfidh tú *trí cinn* de phíosaí nuachta raidió nó teilifíse sa Chuid seo. Cloisfidh
tú gach píosa díobh **faoi dhó**. Beidh sosanna le haghaidh scríobh na bhfreagraí
tar éis na chéad éisteachta agus tar éis na dara héisteachta.

Píosa a hAon

1   Cén fáth a bhfuil na hÉireannaigh seo i bpríosún?

    Mar bhí siad ag smugláil drugaí amach as an tír.

2   (*a*)   Cé mhéad den ábhar a bhí i bhfolach ag an mbeirt fhear?

        Tonna go leith.

    (*b*)   Cá raibh an t-ábhar a bhí i bhfolach acu?

        Ar chúl painéal speisialta ina gcarbhán.

Píosa a Dó

1 Ainmnigh *dhá* dhream a chaithfidh a bheith an-chúramach an Nollaig seo.

Siopadóirí./Tábhairneoirí./Trádálaithe. [Dhá cheann as an trí.]

2 Breac síos *dhá* phointe eolais faoi na nótaí bréige fiche punt seo.

(*a*) *Nótaí Sasanacha iad.*

(*b*) *Tá siad cóipeáilte chomh maith sin go mbeadh sé an-deacair iad a aithint ó nótaí cearta./Gabhadh luach breis is cúig mhilliún punt de na nótaí i mBaile Átha Cliath amháin.*

Píosa a Trí

1 Cé mhéad duine ar bronnadh boinn óir orthu?

Ar dhuine is tríocha. (Ar thríocha a haon duine./Ar 31 duine.)

2 Cén fáth ar bronnadh na boinn sin orthu?

As gaisce mór dúshlánach a leagan amach agus a thabhairt chun críche.

3 Cén gaisce a rinne an bhean óg?

Rinne sí turas 1,000 míle ar rothar (idir dhá chathair san Astráil).

SCRÚDÚ NA hAIRDTEISTIMÉIREACHTA, 1996

Cuid A

Cloisfidh tú *trí cinn* d'fhógraí raidió sa Chuid seo. Cloisfidh tú gach fógra díobh **faoi dhó**. Beidh sosanna le haghaidh scríobh na bhfreagraí tar éis na chéad éisteachta agus tar éis na dara héisteachta.

Fógra a hAon

1 (*a*) Cén t-ainm atá ar an gcomórtas?

(*b*) Cén t-am a bheas sé ag tosú maidin Dé Sathairn seo chugainn?

2 Luaigh *dhá* phointe eolais faoin bpríomhdhuais.

(*a*)

(*b*)

3   Cad is gá do scoil a dhéanamh más mian léi a bheith sa chomórtas?

_____

Fógra a Dó

1   (*a*)   Cén aois a bhí ag an bhfear óg seo nuair a tháinig sé go Corcaigh?

_____

(*b*)   Cén contae arb as a athair?

_____

2   Luaigh pointe suimiúil faoina chuid oideachais i gCorcaigh.

_____

3   (*a*)   Cén ollscoil a bhfuil sé ag freastal uirthi anois?

_____

(*b*)   Rinne sé gaisce i spórt áirithe anuraidh. Cén gaisce é sin?

_____

Fógra a Trí

1   (*a*)   Cén stáisiún raidió atá ag fógairt anseo?

_____

(*b*)   Cén ceadúnas nua atá acu?

_____

2   Ainmnigh *dhá* chomhlacht a bhfuil spéis acu sa stáisiún seo.

_____

3   (*a*)   Cad is ainm don bhainisteoir nua sa stáisiún?

_____

(*b*)   Cén fáth a gcuirfeá glao gutháin ar an duine sin?

_____

Cuid B

Cloisfidh tú *trí cinn* de chomráite sa Chuid seo. Cloisfidh tú gach comhrá díobh **trí huaire**. Cloisfidh tú an comhrá ó thosach deireadh an chéad uair. Ansin cloisfidh tú é ina *dhá mhír.* Beidh sos le haghaidh scríobh na bhfreagraí tar éis gach míre díobh. Ina dhiaidh sin cloisfidh tú an comhrá ó thosach deireadh arís.

Comhrá a hAon

An Chéad Mhír

1   (*a*)   Cén áit ar mhaith le Róisín a bheith an mhí seo chugainn?

_____

(*b*)   Cad a bheas ar siúl san áit sin?

_____

2   (*a*)   Cad a tharla anuraidh sa tSualainn?

_____

(*b*)   Cad a tharla sa Ghréig céad bliain ó shin?

_____

An Dara Mír

1   Cén gaisce a rinne na hÉireannaigh bhreátha úd a luann Pól?

(*a*)   _____

(*b*)   _____

Comhrá a Dó

An Chéad Mhír

1   Cad é fad an scannáin atá i gceist anseo?

_____

2   Cén aois lena mbaineann scéal an scannáin?

_____

3   Luaigh fáth *amháin* ar shíl Séamas go raibh na 'hOscair' tuillte ag an scannán.

_____

An Dara Mír

1   Cén tuairim atá ag an mbeirt acu faoi na radhairc tíre sa scannán?

_____

2   Luaigh rud *amháin* faoin scannán a thaitin go mór le Séamas.

_____

3   Cén fáth ar mhaith le Séamas go dtiocfadh Mel Gibson ar ais go hÉirinn?

_____

Comhrá a Trí

An Chéad Mhír

1   Cén scéala faoi Enya a bhí ar an bpáipéar?

   _____

2   Luaigh *dhá* phointe faoin albam is déanaí uaithi.

   (*a*)   _____

   (*b*)   _____

An Dara Mír

1   Cén fáth, dar le Páid, ar bhris Enya le Clannad?

   _____

2   Cén pointe atá ag Síle faoi Enya agus í ina cailín scoile?

   _____

3   Cá bhfuair Enya a grá don cheol dúchais?

   _____

Cuid C

Cloisfidh tú *trí cinn* de phíosaí nuachta raidió nó teilifíse sa Chuid seo. Cloisfidh tú gach píosa díobh **faoi dhó**. Beidh sosanna le haghaidh scríobh na bhfreagraí tar éis na chéad éisteachta agus tar éis na dara héisteachta.

Píosa a hAon

1   Cén bheirt a d'fháiltigh roimh Clinton ag an aerfort?

   _____

2   Céard a rinne sé in Áras an Uachtaráin?

   _____

   (*a*)   Cén áit a raibh slua mór ag fanacht leis?

   _____

   (*b*)   Cé mhéad duine a bhí sa slua sin?

   _____

Píosa a Dó

1   Cad a tharla Dé Céadaoin seo caite in Inis?

_____

2   Thug an cainteoir moladh mór d'eagraíocht áirithe. Cén eagraíocht í sin?

_____

3   Cé a bhíonn páirteach sna himeachtaí atá i gceist anseo?

_____

Píosa a Trí

1   Cad a tharla san áit úd deich mbliana ó shin?

_____

2   (*a*)   Cén gradam a bronnadh ar an mbean iontach seo?

_____

    (*b*)   Cad a rinne sí leis an ngradam sin a thuilleamh?

_____

SCRÚDÚ NA hARDTEISTIMÉIREACHTA, 1997

Cuid A

Cloisfidh tú *trí cinn* d'fhógraí raidió sa Chuid seo. Cloisfidh tú gach fógra díobh **faoi dhó**. Beidh sosanna le haghaidh scríobh na bhfreagraí tar éis na chéad éisteachta *agus* tar éis na dara héisteachta.

Fógra a hAon

1   (*a*)   Cén t-ainm atá ar an gcomórtas?

_____

    (*b*)   Cé chomh minic a bhíonn sé ar siúl?

_____

2   Cén aidhm atá leis an gcomórtas?

_____

3   (*a*)   Cé mhéad airgid atá sa duaischiste?

    (*b*)   Cén bhaint atá ag an Uachtarán leis an gcomórtas?

Fógra a Dó

1   Cén cúram atá ar an mbord a luaitear anseo?

2   Breac síos *dhá* cháilíocht a chaithfidh a bheith ag na hiarratasóirí.

    (*a*)

    (*b*)

3   (*a*)   Cad é an dáta deireanach do na hiarratais?

    (*b*)   Cén seoladh is ceart a chur ar chlúdach iarratais?

Fógra a Trí

1   (*a*)   Cén clár raidió atá i gceist?

    (*b*)   Breac síos an lá agus an t-am a bheas sé ar siúl.

2   Cad a bheas sa chlár?

3   (*a*)   Cén tír ina gcraolfar an clár?

    (*b*)   Cé a bheas ag déanamh na cainte sa chlár?

Cuid B

Cloisfidh tú *trí cinn* de chomhráite sa Chuid seo. Cloisfidh tú gach comhrá díobh **trí huaire**. Cloisfidh tú an comhrá ó thosach deireadh an chéad uair. Ansin cloisfidh tú é ina *dhá mhír*. Beidh sos le haghaidh scríobh na bhfreagraí tar éis gach míre díobh. Ina dhiaidh sin cloisfidh tú an comhrá ó thosach deireadh leis.

Comhrá a hAon

An Chéad Mhír

1   Cén fáth a bhfuil Tomás crosta le Treasa?

_____

2   Luaigh *dhá* phointe faoin drochbhrionglóid a bhí aige.

    (*a*) _____

    (*b*) _____

An Dara Mír

1   Luaigh pointe *amháin* faoin mbrionglóid bhreá a bhí ag Treasa.

_____

2   Cén fáth, dar le Treasa, a raibh an drochbhrionglóid ag Tomás?

_____

3   Cén bhrionglóid álainn a thaitneodh go mór le Tomás?

_____

Comhrá a Dó

An Chéad Mhír

1   Cén fáth nár mhaith le Niamh an litir a oscailt?

_____

2   (*a*)   Cén grád a fuair Pádraig sa Fhraincis?

_____

    (*b*)   Ainmnigh ábhar a bhfuair sé B2 ann.

_____

3   (*a*)   Cén grád a fuair Niamh sa Bhéarla?

_____

    (*b*)   Ainmnigh ábhar a bhfuair Niamh B1 ann.

_____

An Dara Mír

1   Cén fáth a bhfuil Niamh sásta leis na pointí atá aici?

_____

2   Cén chéad rogha a bhí ag Pádraig ar an bhfoirm?

_____

3   Cén cuireadh a thugann Niamh do Phádraig?

_____

Comhrá a Trí

An Chéad Mhír

1   Cén teideal atá ar an aiste Ghaeilge a fuair siad?

_____

2   (*a*)   Cén duine ón saol poiblí a bheas ag Diarmaid san aiste?

_____

     (*b*)   Cé a bheas aige ó chúrsaí ceoil nó spóirt?

_____

An Dara Mír

1   Luann Gráinne cuairteanna áirithe. Cad iad na cuairteanna sin?

_____

2   Cad deir Diarmaid a tharla i Nua-Eabhrac i mí Feabhra?

_____

3   Luaigh gairmeacha beatha na beirte a bheas ag Gráinne san aiste.

_____

Cuid C

Cloisfidh tú *trí cinn* de phíosaí nuachta raidió nó teilifíse sa Chuid seo. Cloisfidh tú gach píosa díobh **faoi dhó**. Beidh sosanna le haghaidh scríobh na bhfreagraí tar éis na chéad éisteachta agus tar éis na dara héisteachta.

Píosa a hAon

1   (*a*)   Cé mhéad airgid atá á lorg acu?

_____

     (*b*)   Cad chuige an t-airgead sin?

130

2   Luaigh fáth *amháin* ar breá le cuairteoirí an áit.

_____

Píosa a Dó

1   Cén fáth ar i gCorcaigh a rinneadh an bronnadh?

_____

2   Ní dhearna éacht áirithe ach líon beag daoine. Cén t-éacht é sin?

_____

3   Cén gaisce a rinne an duine céanna seo dhá bhliain ó shin?

_____

Píosa a Trí

1   Cén contae inar rugadh an t-athair a luaitear anseo?

_____

2   (*a*)   Cén rud a raibh an t-athair sin go maith chuige ina óige?

_____

   (*b*)   Cén post atá aige faoi láthair?

_____

SCRIPT NA TÉIPE, 1997

Cuid A

Fógra 1

Seo fógra faoi Chomórtas Ghlór na nGael. Comórtas náisiúnta pobail é seo, ar ndóigh, a bhíonn ar siúl gach bliain chun an Ghaeilge agus an cultúr Gaelach a chur chun cinn. Tá duaischiste £35,000 ar fáil, agus is í an tUachtarán, Máire Mhic Roibín, a bhronnann na duaiseanna gach aon bhliain. Is féidir na foirmeacha iontrála a fháil ó oifig Ghlór na nGael, Baile Átha Cliath 2.

Fógra 2

Seo fógra ó Bhord na Gaeilge, an bord stáit a bhfuil de chúram air úsáid na Gaeilge a leathnú i measc an phobail. Tá fáilteoir á lorg acu. Ní mór ardchumas sa Ghaeilge agus sa Bhéarla a bheith ag an té a cheapfar, agus pearsantacht thaitneamhach. Má tá spéis agat sa phost seo cuir do litir iarratais roimh 13 Nollaig go dtí an Bainisteoir Pearsanra, Bord na Gaeilge, Baile Átha Cliath 2.

Fógra 3

Seo fógra ó Raidió na Gaeltachta faoi mhír an-speisialta ar an gclár 'Spórt an Lae', Dé Domhnaigh seo chugainn ag a trí a chlog. Beidh craoladh beo againn as Celtic Park i nGlaschu na hAlban ar an gcluiche sacair idir Celtic agus Rangers. Cluiche fíorthábhachtach é seo don dá chlub. Is é Seán Bán Breathnach a bheidh ina thráchtaire air.

Cuid B

Léigh anois go cúramach ar do scrúdpháipéar na treoracha agus na ceisteanna a ghabhann le cuid B.

Comhrá 1

Treasa:	Tá cuma uafásach ort ar maidin, a Thomáis. Cheapfadh duine go raibh taibhse feicthe agat!
Tomás:	Ní ag magadh fúm a bheifeá, a Threasa, dá mbeadh an bhrionglóid agatsa a bhí agamsa aréir.
Treasa:	Cén bhrionglóid a bhí agat, in ainm Dé?
Tomás:	Bhíos thíos i bpoll mór sa talamh agus scata bligeard os mo chionn in airde ag radadh carraigeacha móra anuas orm. Baineadh geit chomh mór sin asam gur dhúisigh mé. Ach shíleas gur istigh sa pholl a bhíos i gcónaí. Bhíos sceimhithe, a dhuine!

***

Treasa:	Bhí brionglóid agamsa aréir chomh maith, a Thomáis. Ach ceann breá a bhí inti! Shíl mé gur mise Madonna sa scannán *Evita* agus go raibh scata thart orm ina dhiaidh ag iarraidh orm m'ainm a scríobh dóibh!
Tomás:	Ó, nárbh aoibhinn duit, a Threasa! Cén fáth sa diabhal nach ceann deas mar sin a bhí agamsa?
Treasa:	Na físeáin sin a mbíonn tusa ag féachaint orthu, a Thomáis, is iad is cúis leis—gan iontu ach daoine ag batráil agus ag marú a chéile!
Tomás:	Rachaidh mé go dtí an scannán sin agatsa anocht, mar sin, *Evita*, agus gach aon seans gur brionglóid álainn a bheas agam faoi mé féin agus Madonna a bheith ag imeacht linn le chéile ar chapall bán go Tír na nÓg!

Comhrá 2

Pádraig:	Na litreacha seo, a Niamh, litreacha na dtorthaí—an osclóimid anois iad, nó an bhfanfaimid?
Niamh:	Osclóimid anois iad, in ainm Dé. Ach an osclófá do cheannsa i dtosach? Tá saghas eagla ormsa!

Pádraig: Maith go leor, a Niamh … Cad é seo anois? Gaeilge A2 … B1 sa Bhéarla agus sa Fhraincis … B3 sa mhatamaitic, agus B2 sa cheimic agus san fhisic. Ar m'anam ach níl siad sin go holc! Do cheannsa anois, a Niamh … cad é a fuair tú?

Niamh: Fan go bhfeice mé! … A2 sa Ghaeilge agam, a Phádraig … A2 eile sa Bhéarla, B2 sa Fhraincis, B3 sa mhatamaitic, agus B1 sa bhith-eolaíocht agus sa tíreolaíocht. Cad é a shíleann tú? Na torthaí sin a fuaireamar—an bhfuil siad ceart go leor?

***

Pádraig: Ceart go leor? Tá siad ar fheabhas! Tá 505 pointe agatsa, agus 495 agamsa!

Niamh: 505 agam! Go hiontach! Gheobhaidh mé áit anois sa choláiste oiliúna do bhunmhúinteoirí. Bhí sé sin mar chéad rogha agam ar m'fhoirm CAO.

Pádraig: Ó, go maith, a Niamh … Agus tá na pointí agamsa don innealtóireacht. Is í an innealtóireacht, mar is eol duit, an chéad rogha a bhí agamsa.

Niamh: Seo, a Phádraig, an dtiocfaidh tú liom isteach sa chaife anseo? Caithfimid na torthaí breátha sin a cheiliúradh!

Pádraig: Caithfimid, cinnte. Beidh *knickerbocker glory* an duine againn!

Comhrá 3

Gráinne: Haló?

Diarmaid: Haló, a Ghráinne! Diarmaid anseo. An bhfuil nóiméad agat? Tá a fhios agat an aiste Ghaeilge sin a fuaireamar don Luan— 'Éireannaigh cháiliúla inniu'? Cé mhéad de na daoine sin is gá a bheith againn san aiste?

Gráinne: Beirt, a Dhiarmaid: duine ón saol poiblí agus duine eile ó chúrsaí ceoil nó spóirt.

Diarmaid: Ó, an-mhaith ar fad! Nach bhféadfainn píosa a scríobh faoin Uachtarán, Máire Bean Mhic Roibín—agus ansin píosa eile faoin ngrúpa ceoltóirí traidisiúnta, na Chieftains?

Gráinne: D'fhéadfá, cinnte. D'fhéadfá a lán a rá faoi na cuairteanna a thug an tUachtarán ar na tíortha bochta san Afraic, agus go bhfuil sí ag sul anois le post mór faoi na Náisiúin Aontaithe.

Diarmaid: Agus na Chieftains, ar ndóigh—tá a fhios againn uile faoin ngradam 'Grammy' a bronnadh orthu i Nua-Eabhrac i mí Feabhra. Ach, a Ghráinne, cén bheirt a bheidh agatsa?

Gráinne: Bhuel, scríobhfaidh mé píosa, is dóigh liom, faoin bhfile as Contae Dhoire Séamus Heaney, ar bronnadh Duais Nobel na Litríochta air i 1995, agus píosa faoin dornálaí a thugann an 'Curadh Ceilteach' air féin, Steve Collins as Baile Átha Cliath.

Diarmaid: Ó, breá ar fad! Bhuel, an bhfuil a fhios agat, a Ghráinne, táim thar a bheith buíoch díot. Nár lagaí Dia thú! Slán.

Cuid C

Léigh anois go cúramach ar do scrúdpháipéar na treoracha agus na ceisteanna a ghabhann le cuid C.

Píosa 1

Dúnfar ceann de na teampaill is sine i mBaile Átha Cliath, Teampall Naomh Michan, mura bhfaighidh siad gan mhoill £200,000 le díon nua a chur air. Is breá le turasóirí an teampall seo. Sna tuamaí thíos faoi tá go leor corpán a bhfuil an craiceann agus an ghruaig fós orthu. Agus tá orgán álainn ann ar sheinn an ceoltóir cáiliúil Handel air uair amháin.

Píosa 2

Inné ina chathair dhúchais, Corcaigh, bronnadh dealbh chré-umha ar an dreapadóir cáiliúil Pat Falvey. Is é Pat an chéad Éireannach leis an sliabh is airde i ngach ceann de na seacht mór-roinn a dhreapadh. Níor dhein an t-éacht céanna sin ach daichead duine ar fad, Pat Falvey ina measc. Dhá bhliain ó shin chroch Pat bratach na hÉireann ag barr Shliabh Everest, an sliabh is airde ar domhan.

Píosa 3

Ceist agam oraibh, a éisteoirí! Cén bhaint atá ag Contae Dhún na nGall leis an seó cáiliúil 'Riverdance'? Agus an freagra? As an Fhál Carrach sa chontae sin athair Eibhlín Ní Mháirtín, duine de na príomhrinceoirí sa seó, agus is as Gaoth Dobhair sa chontae céanna Breandán de Gallaí, príomhrinceoir eile sa seó. Tá Eibhlín agus a muintir ina gcónaí i mBaile Átha Cliath anois, áit a bhfuil a hathair ina oifigeach Custaim agus Máil. Ba rinceoir breá é féin ina óige.

Sin deireadh na trialach. Slán agaibh!

SCRIPT NA TÉIPE, 1996

Cuid A

Fógra 1

Seo fógra ó Raidió na Gaeltachta. Beidh sraith nua den chomórtas iar-bhunscoile 'Tráth na gCeist' ag tosú anseo ag a deich a chlog maidin Dé Sathairn seo chugainn. Is é Bord na Gaeilge atá ag déanamh urraíochta ar an bpríomhdhuais—luach £5,000 d'ábhar oideachasúil don scoil as a dtagann an fhoireann is fearr. Triúr a bheas ar gach foireann. Más mian le do scoil bheith sa chomórtas seo seol d'iarratas chuig Raidió na Gaeltachta, Casla, Contae na Gaillimhe.

Fógra 2

Seo fógra ó Raidió-Teilifís Éireann faoin gclár 'Tinteán', a bheas ar siúl Dé Máirt seo chugainn. Fear óg as Corcaigh, Seán Óg Ó hAilpín, a bheas i gceist sa chlár. Rugadh Seán Óg i bhFiji, agus bhí sé aon bhliain déag nuair a tháinig sé go Corcaigh. As Fiji a mháthair agus as Contae Fhear Manach a athair. Fuair sé a chuid oideachais ar fad trí Ghaeilge i gCorcaigh. Tá sé in Ollscoil Chathair Bhaile Átha Cliath anois. Bhí sé ina chaptaen ar an bhfoireann mhionúr as Corcaigh a bhuaigh craobh na hÉireann san iománaíocht anuraidh.

Fógra 3

Seo fógra ó Raidió na Life. Tá ceadúnas fógraíochta anois againn anseo i Raidió na Life, an t-aon raidió Gaeilge i mBaile Átha Cliath, agus cheana féin tá a lán de na comhlachtaí móra ag cur spéise ionainn: Telecom Éireann, Bus Átha Cliath, Guinness … agus más spéis leatsa leas a bhiant as deiseanna fógraíochta Raidió na Life, cuir glao ar Anna—Anna de Barra, ár mbainisteoir fógraíochta nua. Fógair as Gaeilge é: is é do leas é!

Cuid B

Comhrá 1

Róisín:	An bhfuil a fhios agat, a Phóil, cén áit ar mhaith liomsa a bheith ar an naoú lá déag den mhí seo chugainn? Ag na Cluchí Oilimpeacha in Atlanta sna Stáit Aontaithe.
Pól:	Ó, nár bhreá é, a Róisín, a bheith leis an slua mór ag féachaint ar Sonia Ní Shúilleabháin agus Michelle Nic Gabhann ag buachan dhá bhonn óir!
Róisín:	Agus tá an-seans acu! Nár bhuaigh Sonia bonn óir anuraidh i gCraobh an Domhain sa tSualainn, agus Michelle, bhuaigh sí dhá bhonn óir agus bonn airgid i gCraobh na hEorpa san Ostair.
Pól:	Bhuaigh, cinnte. Agus nach Éireannach a bhuaigh an chéad bhonn óir riamh sna Cluichí Oilimpeacha—sa Ghréig, céad bliain ó shin.

***

Róisín:	Fíor duit, a Phóil—James Brendan Connolly. Rugadh i Meiriceá é ach b'as Árainn a athair agus a mháthair.
Pól:	Agus cuimhnigh ar na hÉireannaigh bhreátha eile a bhuaigh boinn óir sna cluichí seo: Pat O'Callaghan, Bob Tisdall, Ronnie Delany, Michael Carruth …
Róisín:	Sea, Michael Carruth—nach sna Cluichí Oilimpeacha deireanacha i mBarcelona a bhuaigh seisean an bonn óir? Ní raibh an t-ádh ar Sonia sna cluichí céanna!
Pól:	Ní raibh; ach beidh an t-ádh léi an uair seo. Táim cinnte de—í féin agus Michelle! Olé, olé!

Comhrá 2

Máire:	Inis seo dom, a Shéamais. Ná dúirt tusa liomsa ná raghfá go dtí rud ar bith a mbeadh an t-aisteoir Mel Gibson ann? Agus anois cloisim go raibh tú ag an scannán *Braveheart* aréir!
Séamas:	Bhí, a Mháire—agus, creid é nó creid, bhaineas an-taitneamh as, Scannán fada é, ar ndóigh—trí huaire an chloig—ach ní shílfeá é sin agus tú ag féachaint air.
Máire:	Agus cad é do mheas ar Mel Gibson anois? Fuair *Braveheart* cúig Oscar, tá a fhios agat. Ar shíl tú go raibh siad tuillte aige?
Séamas:	Ó, bhí, gan dabht. An laoch Albanach úd William Wallace ón tríú céad déag, cuireadh os ár gcomhair go haoibhinn é, agus an bás uafásach a fuair sé ar deireadh.

***

Máire:	Sea, agus cuimhnigh gur deineadh an chuid is mó den scannán anseo in Éirinn. Ná raibh na radhairc tíre go hálainn ar fad?
Séamas:	Bhíodar gleoite! Ach is é is mó a chorraigh mise ná an marú sna cathanna agus mar a céasadh Wallace bocht ar deireadh. Deineadh na giotaí sin go healaíonta, mheas mé.
Máire:	Agus ná raibh an t-aisteoir Éireannach Brendan Gleeson ar fheabhas ina pháirt?
Séamas:	Bhí, go deimhin. Ach cogar, a Mháire, an bhfuil aon seans go dtiocfadh Mel ar ais agus scannáin eile a dhéanamh anseo mar gheall ar dhaoine ar nós Naoise agus Deirdre, Robert Emmet agus Sarah Curran?

Comhrá 3

Síle:	Hi, a Pháid. An bhfaca tú an scéala ar an bpáipéar inné faoi do 'ghrá geal', an t-amhránaí as Dún na nGall Eithne Ní Bhraonáin? Gur duine í den deichniúr ban is airde tuarastal sna hoileáin seo faoi láthair?
Páid:	Sea, chonaic mé sin, a Shíle: breis is trí mhilliún punt atá tuillte aici le bliain anuas.
Síle:	Agus tá ag éirí go hiontach leis an album is deireanaí uaithi; tá na milliúin cóip de díolta cheana féin.
Páid:	Tá cóip agamsa! Is albam galánta é agus an ceol diamhair draíochtach céanna ann is atá sa dá albam eile uaithi. Cloisim féin farraigí Dhún na nGall ag éirí agus ag titim i ngach nóta aici.

***

Síle:	An bhfuil a fhios agat, a Pháid, bhí an ceart ar fad aici briseadh ón ngrúpa Clannad an t-am sin agus dul a bealach féin.
Páid:	Ó, bhí, cinnte. Theastaigh uaithi a bheith dílis dá ceol féin, don mheascán den cheol clasaiceach agus den cheol traidisiúnta.

Síle: Sea, thaitin an ceol clasaiceach go mór léi i gcónaí, Mozart agus a leithéid, fiú agus í ina cailín scoile.

Páid: Ó, thaitin. Agus, ar ndóigh, óna hathair féin, Leo, a bhfuil an teach tábhairne go fóill aige i nDún na nGall, a fuair sí a grá don cheol dúchais.

Cuid C

Píosa 1

Shroich an tUachtarán Bill Clinton Aerfort Bhaile Átha Cliath go gairid tar éis a deich maidin inniu. Chuir Uachtarán na hÉireann, Máire Mhic Roibín, agus an Taoiseach, John Bruton, fáilte roimhe. Tiomáineadh ansin é go dtí Áras an Uachtaráin, agus tar éis dó a ainm a chur i leabhar na gcuairteoirí ghluais sé go dtí Dáil Éireann. Tugadh ansin é go dtí Faiche an Choláiste i lár na cathrach, áit a raibh slua ollmhór ag fanacht leis—ochtó míle duine.

Píosa 2

Is é Dónal Carey, teachta Dála agus aire stáit, a dhein Slógadh Náisiúnta '96 a oscailt go hoifigiúil Dé Céadaoin seo caite in Inis, Contae an Chláir. 'Uirlis an-tábhachtach é Slógadh', a dúirt sé, 'leis an nGaeilge a chur chun cinn i measc daoine óga, agus tá Gael-Linn le moladh go hard as é a eagrú gach bliain le breis is sé bliana is fiche anuas. Bíonn daoine óga ó gach contae páirteach ann, agus is breá liom an taobh sin de.'

Píosa 3

Deich mbliana ó shin a tharla an pléascadh uafásach sa stáisiún núicléach ag Chernobyl san Úcráin, agus inné bronnadh an gradam 'Eorpach na Bliana' ar bhean as Éirinn, Adi Roche, mar gheall ar an obair iontach atá déanta aici ar mhaithe le páistí bochta na háite sin. Thug sí an chéad ghrúpa de na páistí sin go hÉirinn sa bhliain 1991. I gCorcaigh a chónaíonn Adi Roche lena fear céile, Seán.

Sin deireadh na trialach. Slán agaibh!

Script na téipe, 1995

Cuid A

Fógra 1

Seo fógra faoi dhuais £2,000 atá á tairiscint ar amhrán Gaeilge nua-chumtha ag Raidió na Gaeltachta. Amhráin nua-aimseartha i nGaeilge a theastaíonn ach nár casadh go poiblí fós agus nach bhfuil níos faide ná trí nóiméad go leith. Is ceart na hiarratais ar téip, maille le cóip chlóscríofa de na lirící, a chur chuig Réalta '95, Raidió na Gaeltachta, Casla, Contae na Gaillimhe, faoin Aoine seo chugainn.

Fógra 2

Seo fógra faoi iarratais a bheith á nglacadh fós do chomórtas díospóireachta Gaeilge Gael-Linn-The Irish Times. Comórtas bliantúil é seo do chumainn in institiúidí triú leibhéil na tíre. San ollscoil i gCorcaigh a bheas sé i mbliana, ó tharla gur 150 bliain ó shin go díreach a bunaíodh an ollscoil sin. Ba chóir na sonraí faoi do chumann agus táille £5 a sheoladh chuig Gael-Linn i mBaile Átha Cliath faoi 3 Feabhra. 'Is maith an rud é gur oileán í Éire' an rún a bheas á phlé.

Fógra 3

Seo fógra faoi dhá phost atá le líonadh i dTeilifís na Gaeilge. Fáilteoirí atá uathu, duine le bheith i gConamara agus an duine eile i mBaile Átha Cliath. Caithfidh caighdeán ard Gaeilge a bheith ag achan iarratasóir, chomh maith le scileanna rúnaíochta, taithí ar ríomhairí, agus pearsantacht mhaith. Más spéis leat na poist seo seol d'iarratas chuig an gCeannasaí, Teilifís na Gaeilge, Baile Átha Cliath 4.

Cuid B

Comhrá 1

Síle:	Cogar, a Shéamais. Caithfidh tú cabhrú liom sa tionscadal seo a fuair mo rangsa ón múinteoir staire inniu.
Séamas:	Cén tionscadal é sin, a Shíle?
Síle:	Ó, ceann faoin nGorta Mór, a bhfuil comóradh 150 bliain á dhéanamh againn air i mbliana.
Séamas:	Bhuel, is iad ba bunphointí eolais ná gur tháinig an dubh ar na prátaí—príomhbhia na ndaoine ag an am; go bhfuair milliún duine bás den ocras; agus gur fhág milliún eile an tír.

* * *

Síle:	Dhera, nach bhfuil an méid sin ar eolas ag cait an bhaile! Cad faoi rud éigin spéisiúil ná beidh ag aon duine eile?
Séamas:	Bhuel, d'fhéadfá comparáid a dhéanamh idir an Gorta Mór in Éirinn agus na milliúin duine atá ag fáil bháis den ocras inniu i dtíortha eile.
Síle:	Ó, go breá. An-phointe é sin. Aon cheann eile, anois?
Séamas:	Tá a fhios agat an dá leabhar Gaeilge úd, *Mo Scéal Féin* leis an Athair Peadar Ó Laoghaire agus *Peig* le Peig Sayers—tá cuntais bhreátha iontusan ar shaol uafásach na ndaoine ag an am. Cuimhnigh i gcónaí gur cainteoirí dúchais Gaeilge formhór na ndaoine a fuair bás.
Síle:	Go breá ar fad, a Shéamais! Nár lagaí Dia thú!

138

Comhrá 2

Pól:	An raibh tú ag breathnú ar an gcluiche sacair sin aréir, a Bhríd, idir Éirinn agus Sasana? Nach raibh sé uafásach?
Bríd:	A Dhia na Glóire, a Phóil, agus rud ait: bhí gach rud breá síochánta go bhfuair Éire an cúl gleoite úd.
Pól:	Ach an raic a thosaigh ansin! An bhfaca tú an scata bithiúnach sin ó Shasana thuas staighre san Ardán Thiar? Iad ag screadaíl ar nós ainmhithe agus ag caitheamh buidéal is chuile shórt leis an slua!
Bríd:	Bhuel, an bhfuil a fhios agat, a Phóil, ach amháin gur chuir an réiteoir an cluiche ar ceal ar an bpointe níl amhras ná go mbeadh cúpla duine marbh acu.

***

Pól:	Sea, cinnte. Agus rinne na Gardaí gaisce nuair a d'éirigh leo an scata gealt sin a choinneáil le chéile san aon chúinne amháin.
Bríd:	Ach in ainm Dé, a Phóil, cé a thug ticéid do na scabhaitéirí sin?
Pól:	Níl a fhios agam, a Bhríd. Ach tá a fhios agam seo: is droch-dhaoine amach is amach iad a thógann raic gach áit a dtéann siad. Tá seanaithne i Sasana orthu.
Bríd:	Isteach i bpríosún dorcha éigin a chaithfinnse iad! Gur éirigh le scata gealt mar sin cluiche breá a chur ó mhaith ar na mílte eile— bhuel, cuireann sé déistin orm.

Comhrá 3

Micheál:	An bhfuil a fhios agat seo, a Mháire, níl mé chun an diabhal Lotto sin a dhéanamh go deo arís! An bhfaca tú inné ansin gur duine eile as Contae na Gaillimhe a bhain an duais mhór?
Máire:	Sea—beagnach milliún go leith punt ag fear inteacht ann.
Micheál:	Tá a fhios agam; agus is cuimhin leat an bhean óg sin i gConamara cúpla bliain ó shin—bhain sí breis is trí mhilliún. Caithfidh sé go bhfuil cúpla cleas acu sin nach bhfuil againne!
Máire:	Cleas! Ní hea, bhail. An t-ádh dearg a bheith orthu, sin a bhfuil.

***

Micheál:	Tá an ceart agat, is dócha! Ach, a Dhia, cad é nach ndéanfainn dá dtitfeadh milliún mar sin isteach i mo ghlac chugam!
Máire:	Rachfá as do mheabhair—sin é a dhéanfá! An cuimhin leat an fear bocht sin i mBaile Átha Cliath a chaith an t-iomlán ar na capaill?
Micheál:	Ach, a Mháire, ní haon amadán mar sin mise. Chuirfinn gach pingin rua den mhilliún sa bhanc.
Máire:	Ó, an gcuirfeá, anois! Agus cad é fúmsa agus do chairde—a sheas leat i gcónaí! An bhfágfá muidne gan dada?

Cuid C

Píosa 1

Thug consal na hÉireann sa Phacastáin cuairt Dé Céadaoin ar thriúr Éireannach atá á gcoinneáil i bpríosún i bPeshawar, baile in iarthuaisceart na tíre sin. Bhí siad ag iarraidh drugaí a smugláil amach as an tír. Beirt fhear agus bean atá gafa. Tá sé curtha i leith na bhfear go raibh tonna go leith den druga 'hashish' i bhfolach acu ar chúl painéil speisialta ina gcarbhán.

Píosa 2

Deir na Gardaí go gcaithfidh siopadóirí, tábhairneoirí agus trádálailthe de gach cineál a bheith an-chúramach ar fad an Nollaig seo. Deir siad go bhfuil nótaí bréige fiche punt—cinn Shasanacha—atá gafa acu cóipeáilte chomh maith sin go mbeadh sé an-deacair iad a aithint ó nótaí cearta. I mBaile Átha Cliath amháin gabhadh luach breis is cúig mhilliún punt de na nótaí bréige seo.

Píosa 3

Aréir i gCaisleán Bhaile Átha Cliath bronnadh duaiseanna 'Gaisce' Uachtarán na hÉireann ar dhuine is tríocha de dhaoine óga. Fuair achan duine acu bonn óir speisialta ón Uachtarán, Máire Mhic Roibín, as gaisce mór dúshlánach a leagan amach agus a thabhairt chun críche. Bean óg atá beagnach dall ba ea duine acu. An gaisce a rinne sí ná turas 1,000 míle a chur di ar rothar idir dhá chathair san Astráil.

Sin deireadh na trialach! Slán agaibh.

Páipéar 2

The answering of prose and poetry questions at Leaving Certificate Higher level is a specialised affair requiring a specialised vocabulary. Many pupils fail to reach their potential in this part of the exam because they have not acquired the type of vocabulary necessary for achieving high grades. I include, as an introduction to this part of this revision book, a fairly comprehensive vocabulary that should enable you to approach this section with much more confidence.

Be sure to
—learn the appropriate words and expressions, and
—practise them at school, doing homework, and during school exams.

Téarmaí speisialta

téama [*theme*]: what the subject matter of the poem or story is.

saghas dáin nó scéil [*the type of poem or story*]: aoir [*satire*], caoineadh [*lament*], grá [*love*] …

mothucháin [*feelings, emotions*]: grá, uaigneas, brón, éad [*jealousy*], fuath [*hate*], eagla …

íomhá, íomhánna [*image, images*]: imagery.

stíl [*style*]: gonta [*sharp*], simplí [*simple*], ársa [*old-fashioned*], nua-aimseartha [*modern*], casta [*complicated, convoluted*] …

meadaracht [*metre*]: saorvéarsaíocht [*blank verse*], trí rann agus amhrán …

léirmheas [*review, appraisal*]: an appraisal of a poem or story—not intended to be a summary or description. In this kind of question you should try to analyise why, for example, it is a good or bad poem or story.

Prós dualgais

'Clann Uisnigh'
'An Phiast'
'Iníon Rí na Cathrach Deirge'
Mise Mé Féin (sliocht)
'Na Sráideanna' (sliocht as *Seal le Siomón*)
Deoraíocht (sliocht)

CLANN UISNIGH

Téama

Scéal é seo faoi *díoltas Chonchúir mhic Neasa,* rí Uladh, ar Chlann Usinigh agus an chaoi ar mharaigh sé iad. Tá brón agus briseadh croí ar Dheirdre dá bharr.

Pearsana

Deirdre: iníon Fheidhlimidh Mhic Daill.
Conchúr mac Neasa: rí Uladh, ina chónaí in Eamhain Mhacha.
Clann Uisnigh: Naoise, Áinle, agus Ardán, laochra in arm Chonchúir.
Cathbhadh: draoi. Baisteann sé Deirdre; cuireann sé mallacht ar Eamhain Mhacha.
Leabharcham: buime a thug aire do Dheirdre.
Tréandorn: teachtaire Chonchúir.
Fearghus mac Róigh, Conall Cearnach, Cú Chulainn: laochra in arm Chonchúir.
Bórach: fear uasal le dún cois farraige.
Buinne Borbrua, Iollann Fionn: beirt mhac le Fearghus.
an Chraobhruaidhe: laochra Uladh, a raibh áras acu in Eamhain Mhacha agus a bhí dílis do Chonchúr.

Príomhphointí an scéil

- Scéal é seo ón *Rúraíocht.*
- Rugadh iníon darbh ainm **Deirdre** do bhean **Fheidmlimidh**.
- Bheartaigh **Conchúr** go mbeadh an cailín álainn ina bhean aige féin nuair a bheadh sí fásta suas.
- D'fhás sí suas agus **Leabharcham** ag tabhairt aire di.
- Thit sí i ngrá le **Naoise**, agus chuaigh sí go hAlbain le Naoise agus le **Clann Uisnigh**.
- Tar éis tamaill thug Conchúr cuireadh dóibh teacht abhaile.
- Ar deireadh thiar thall d'fhill siad abhaile.
- Tugadh féasta dóibh in Eamhain Mhacha.
- Chuir Conchúr Leabharcham, agus ina dhiaidh sin **Tréandorn**, chun a fháil amach an raibh Deirdre chomh hálainn is a bhí sí riamh.
- D'ionsaigh Conchúr an teach a raibh Clann Uisnigh ann.
- Chuir **Cathbhadh** uisce timpeall ar Chlann Uisnigh le draíocht.

- Maraíodh Naoise agus Clann Uisnigh.
- Nuair a cuireadh Naoise, **Áinle** agus **Ardán** san uaigh, léim Deirdre isteach in aice le Naoise, agus fuair sí bás freisin.
- Chuir Cathbhadh mallacht go deo ar Eamhain Mhacha, agus dúirt nach mbeadh aon duine de shliocht Chonchúir i gceannas ann go brách.

Tréithe na bpríomhphearsan

Conchúr
- Duine *lách* é ar dtús, ach tagann athrú air.
- Duine *an-chumhachtach* é.
- Santaíonn sé **Deirdre**.
- Tagann *olcas* air nuair a imíonn Deirdre le **Naoise**.
- Duine *éadmhar cruálach* ba ea é.
- Tá taobh *dorcha* aige, agus is *fimíneach* é.

Naoise
- Tá sé *dathúil*, le *gruaig dhubh* agus *leicne dearga*.
- *Laoch* is ea é, agus tá sé *cróga* agus *dílis*.
- Troideann se go *fíochmhar*, agus tá *meas* ag daoine air.

Deirdre
- Tá sí *álainn* agus *tragóideach*.
- D'fhéadfaí a rá gur saghas *'femme fatale'* í, ar nós Héilin na Traí.
- Bean chiallmhar í atá go mór *i ngrá* le **Naoise**.
- Tá *tuairimí láidre* aici, agus is duine *géar* í.
- Tá sí *fadbhreathnaitheach* agus *tuiscint* fhíormhaith aici ar dhaoine, go mór mór ar *fhir*.

Ceisteanna

1 'Ach bhí an t-olc ina chroí do Naoise …' Scríobh tuairisc *ghairid* ar a éifeachtaí, dar leat, is a léirítear an ghné dhorcha seo de phearsa Chonchúir sa scéal 'Clann Uisnigh'.   (25 marc)
   (Páipéar samplach, 1997.)
2 'Duine fealltach éadmhar is ea Conchúr, agus níl meas an léitheora tuillte aige ar chor ar bith.' Scríobh tuairisc *ghairid* ar a éifeachtaí, dar leat, is a léirítear na tréithe sin sa scéal seo.
3 Cé chomh héifeachtach, dar leat, is a léirítear pearsa Dheirdre sa scéal 'Clann Uisnigh'?
4 Cé chomh héifeachtach, dar leat, is a léirítear pearsa Naoise sa scéal 'Clann Uisnigh'?

AN PHIAST
Téama
Is é téama an scéil seo ná go *'gcasann an phiast'* ar deireadh thiar thall agus nach bhfuil fiú amháin duine fíorchiúin ar nós Frainc sásta *glacadh le cos ar bolg* i gcónaí.

Pearsana
Frainc Mac Aindriais: fear beag béasach.
bean Fhrainc: bean mhór chórach le héirim ghéar.
an t-údar: fear ina chónaí in aice le Frainc agus a bhean chéile.

Príomhphointí an scéil
*   *Gearrscéal* fíorghreannmhar é seo.
*   Bhí **an t-údar** agus **Frainc** ag obair san oifig chéanna.
*   Bhí Frainc go mór faoi shlat ag a bhean chéile.
*   Bhí sé sásta obair an tí a dhéanamh, agus bhí na mná in éad lena bhean.
*   Bhí Frainc ag tabhairt aire don teach agus do na páistí lá nuair a thug an t-údar cuairt air.
*   Bhí imní ar **bhean Fhrainc** an oíche sin, mar cheap sí go raibh sé tar éis í a fhágáil.
*   Bhí sí ar buile nuair a thuig sí go raibh sé tar éis imeacht.
*   Ach cá raibh Frainc ach ag stad an bhus!
*   Thug bean Fhrainc íde béil dó, ach ní dúirt sé dada léi.
*   An mhaidin dar gcionn bhí sé imithe i ndáiríre agus nóta fágtha aige di.

Tréithe na bpríomhphearsan
Frainc
*   Duine *ciúin dea-mhúinte* ba ea é.
*   Fear le *deaslámhaí* shármhaith é.
*   Bhí sé go hiontach ag *obair an tí* agus ag tabhairt aire do na páistí.
*   Ach *bhris ar a fhoighne* i ndeireadh na dála.
*   Cinnte ba é Frainc 'an phiast', ach chas sé nuair a *d'fhág sé* a theach is a bhean.

Bean Fhrainc
*   Bean *mhór chórach* í agus í *éirimiúil* agus *anamúil*.
*   Bhí neart le rá aici, agus bhí sí *croíúil*.
*   Bean *álainn* ba ea í nár thaitin *obair an tí* léi.
*   Bean *theasaí* ba ea í, gan aon *mhuinín* aici as a fear céile.
*   Bheadh sé deacair d'aon duine *meas* a bheith aige uirthi.
*   Ní raibh aon *trua* ag aon duine di nuair a *thréig Frainc* í ag deireadh an scéil.

Ceisteanna
1   'Bhí an phiast tar éis casadh …' Cad tá i gceist san abairt sin as an scéal 'An Phiast'? Scríobh tuairisc *ghairid* ar a bhfuil de léiriú sa scéal féin ar cad ba bhun leis an 'gcasadh' úd.   (25 marc)
    (Ardteistiméireacht, 1997.)

2 'Cuireann an chodarsnacht idir Frainc agus a bhean go mór le greann an scéil.' Déan plé *gairid* air sin.

3 Scríobh cuntas *gairid* ar an ngaol a bhí idir Frainc agus a bhean chéile.

4 'Tá sé soiléir sa scéal "An Phiast" go gcasfaidh an phiast ar deireadh thiar.' Déan plé *gairid* air sin.

INÍON RÍ NA CATHRACH DEIRGE

Téama

Is é téama an scéil seo ná go bhfuil *na mná in ann a rogha féin* a dhéanamh agus go bhfuil siad sásta bheith *'i measc na ndeirfiúracha'*.

Pearsana

Áine: an duine atá ag insint an scéil, an ndeirfiúr is óige agus peata na ndeirfiúracha eile.

Siobhán: an deirfiúr is sine, atá fíorálainn.

Sinéad: an deirfiúr a bhíonn ag stiúradh na deirfiúracha nuair a bhíonn siad uile ag eitilt. Is í Sinéad an dara deirfiúr is sine.

Muireann: an deirfiúr a iarrann ar Áine dul i gcomhairle le Sinéad chun an scéal faoina ceannchochall dearg a insint.

an Rí: fear atá *an-nósmhar* ach freisin *cúirtéiseach*.

an Buachaill Dubh: mac Rí na hÉireann, a bhfuil cion aige d'Áine.

Éamonn: buachaill aimsire a bhí i ngrá le Sinéad.

Seán Bán: buachaill ba ghráin le hÁine é mar go raibh boladh bréan uaidh agus bolg ramhar aige.

Cailleach na gCearc: máthair **Sheáin Bháin**, a bhíodh ag magadh faoi Áine.

Síle, Seóna, Deirdre, Doireann, Dáire, Damhnait, Máire, Mairéad, Mór: na deirfiúracha eile.

Príomhphointí an scéil

• Tá *draíocht* agus *áibhéil* ag baint leis an scéal seo.

• Bíonn na mná sásta nuair a bhíonn siad le chéile.

• Cé go gceapann **Áine** gur cailín aimsire í, is *banphrionsa* atá inti.

• Níl na fir ródheas. Tá **Éamonn** dúr, agus tá boladh bréan ó **Sheán Bán.**

• Is maith le hÁine an **Buachaill Dubh**, ach tógann sé a ceannchochall tar éis bhreith uirthi. Tá sí idir dhá chomhairle faoi.

Ceisteanna

1 Scríobh tuairisc *ghairid* ar an scéal 'Iníon Rí na Cathrach Deirge' faoi do rogha *dhá cheann* de na ceannlínte seo a leanas:
(*a*) an léiriú a dhéantar ann ar an bpríomhphearsa; (*b*) an pháirt atá sa scéal ag *gach duine de bheirt ar bith* de na mionphearsana; (*c*) an úsáid a bhaintear ann as roinnt de theicníochtaí na scéalta béaloidis; (*d*) an cur síos a dhéantar ar na suímh éagsúla ina dtarlaíonn imeachtaí an scéil; (*e*) do mheas ar chríoch an scéil. (25 marc)
(Ardteistiméireacht, 1997.)

2   'Is fáthscéal é seo ar stádas na mban sa saol nua-aimseartha, agus chomh
     maith leis sin tá rian an bhéaloidis air.' Pléigh an tuairim seo go *gairid*.

3   'Ní scéal béaloidis é "Iníon Rí na Cathrach Deirge", cé go bhfuil roinnt
     gnéithe den bhéaloideas ag baint leis.' Déan plé *gairid* air sin.

MISE MÉ FÉIN

Téama

Is é téama an scéil seo ná na *deacrachtaí* a bhíonn ag duine óg agus chomh
maith leis sin an *mhíthuiscint* a bhíonn ann idir daoine óga agus a dtuismitheoirí.

Pearsana

Aodh: duine óg *díograiseach* agus a *thuairimí féin* aige.

Beití: bean óg atá ag freastal ar an ollscoil, cé go bhfuil Aodh agus í féin ar comh-
aois.

athair Aodha: a bhíonn ag gearán faoi agus leis i gcónaí.

máthair Aodha: a sheasann lena fear céile i gcónaí.

Máire: deirfiúr Aodha, atá níos sine ná é.

athair Bheití: atá tugtha go mór don ól.

Jeaic agus Muiris: deartháireacha Aodha a bhí ag déanamh go maith agus poist
acu.

Bill: cara Aodha

Jane: cailín a bhí ag dul chuig rince na 'debs' le Bill.

Príomhphointí an scéil

- Bhí **Aodh** ag ceapadh nach raibh *cothrom na Féinne* á fháil aige.
- Cé go raibh sé ocht mbliana déag d'aois cheana féin, cheap a **mháthair** gur
  leanbh a bhí ann.
- Níor thuig **athair** Aodha a mhac. Bhí sé *caolaigeanta*, agus ní raibh sé ag
  iarraidh go ndéanfadh Aodh rud ar bith ach innealtóireacht nó leigheas
  nuair a rachadh sé ar an ollscoil.
- Ach ní raibh suim ag Aodh in aon rud ach *ealaín*.
- Bhí **Beití** ag déanamh go maith san ollscoil agus *leigheas* ar siúl aici. Ní raibh
  a máthair beo (fuair sí bás nuair a bhí Beití deich mbliana d'aois), agus bhí
  a hathair tugtha go mór don ól.
- Bhí athair Aodha cinnte go mbeadh a mhac *ar an drabhlás* nuair a bheadh sé
  sa choláiste teicniúil réigiúnach. Níor theastaigh uaidh go ndéanfadh Aodh
  ealaín. Cheap sé go mbeadh *drugaí á dtógáil* aige agus go mbeadh fáinne ina
  chluais aige.

Tréithe na bpríomhphearsan

Aodh: duine óg *díograiseach diongbháilte*. Tá sé *bréan den staidéar*. Ní réitíonn sé go
maith lena thuismitheoirí, go mór mór lena athair. Tá *frustrachas* air agus tá
idéalachas aige, agus tá *gráin* aige don *fhimíneacht*.

Beití: ógbhean chliste nach dtaitníonn *obair an tí* léi in aon chor. Tá sí *foighneach*, agus ní dhéanann sí mórán *gearán.* Tá sí *neamhspleách,* agus *d'fhulaing* sí go leor mar gheall ar a hathair agus *de bharr na bochtaineachta.*

athair Aodha: duine a bhíonn go síor [*always*] ag gearán. Duine *caolaigeanta nós-mhar* é le post maith sa státseirbhís, agus is duine é atá *sprionlaithe* lena chuid airgead. *Ní thuigeann* sé a mhac ar chor ar bith.

máthair Aodha: *Seasann sí lena fear céile* i gcónaí. Duine í a bhíonn go síor ag lua *na seascaidí. Ní thuigeann sí* a mac ar chor ar bith, agus ceapann sí gur *páiste fós é.* Duine *an-chúramach* í, le *saol teoranta.*

Ceisteanna

1   'Is mór an dearcadh atá ag Aodh ar an saol agus an dearcadh atá ag Beití sa sliocht as "Mise Mé Féin".' Plé *gairid* a dhéanamh air sin.   (25 marc) (Páipéar samplach, 1997.)

2   'Aithreacha. Ná labhair liom ar aithreacha. Ní thuigim iad, sin uile.' Scríobh tuairisc *ghairid* ar fháthanna na coimhlinte idir Aodh agus a athair.

3   'Mí-ádh ceart a bheith ar an té is óige den chlann.' Déan plé *gairid* ar an 'mí-ádh' a bhain le hAodh sa sliocht as 'Mise Mé Féin'.

4   'Is beag tuiscint atá idir tuismitheoirí, go mór mór aithreacha, agus a bpáistí sa sliocht as "Mise Mé Féin".' Déan plé *gairid* air sin.

NA SRÁIDEANNA

Téama

Tá an t-údar ag cuimhneamh ar an am a bhíodh sé ag obair le Muintir Shíomóin i mBaile Átha Cliath agus an *chabhair* a thugadh sé do *dhaoine bochta.*

Pearsana

an t-údar: fear *lách trócaireach.*

Denise: bean *chiúin aisteach* a chodlaíodh i gclós stáisiún na nGardaí.

Úna: bean óg as Sasana.

Joan: duine *an-neirbhíseach.*

Dan: fear as Contae Chiarraí a chodlaíodh *in aice le Joan.*

Martin agus Lily: beirt a bhíodh ina gcónaí i ndoras theach *Frank Duff,* an fear a bhunaigh Léigiún Mhuire.

an chlann den lucht siúil: ina gcónaí i gcarbhán i *Lána Brabazon.*

Príomhphointí an scéil

*   Bhí an **t-údar** ag obair i bpríomhoifig *Mhuintir Shíomóin* i mBaile Átha Claith.
*   Rachadh an t-údar agus **na hoibrithe** eile amach ar *'chuairt an anraith'* ón áit sin. Thosaigh sé ar an obair seo sa bhliain 1978.
*   Ní fhanadh oibrithe rófhada le Muintir Shíomóin.
*   Chuir an t-údar spéis an-mhór i n**Denise**, bean a raibh *drochbhail* uirthi nuair a chonaic sé í i *Séipéal na mBráithre Bána.*
*   Déanann an t-údar trácht ar an *gclann den lucht siúil* agus an *trua* a bhí aige dóibh.

- Chas sé le bean óg as *Sasana* darb ainm **Úna**. Théadh Úna thart le *leabhar matamaitice* ina glac aici. Fuair siad áit i dteach an Salvation Army di.
- Bhí beirt darb ainm **Martin** agus **Lily** ina gcónaí i bpóirse. Tugadh Martin isteach san ospidéal mar gheall ar dhrochbhail a bheith air. Ligeadh amach é an lá dar gcionn, agus bhí an t-údar an-mhíshásta leis an ospidéal.
- Bhí **Dan** agus **Joan** ina gcónaí i ndoirse oifigí, eisean ag screadach go minic agus ise chomh neirbhíseach sin go bhfanadh sí ina seasamh an oíche go léir.

Tréithe na bpríomhphearsan

an t-údar: duine *lách trócaireach* a thug *cothrom na Féinne* do chách. Bhí sé *dáiríre*, agus bhí sé buartha faoi *chás na mbocht*.

Denise: ógbhean chiúin agus saghas aisteach; bhí sí *bródúil*, agus bhraith sí *slán sábháilte* i gcarr i gclos stáisiún na nGardaí san oíche.

Úna: ógbhean *tuairim is fiche bliain d'aois* a bhí chomh *ciúin* sin is nach labhródh sí focal le haon duine. Bhí sí saghas *mistéireach*, agus chuaigh sí thart le *leabhar matamaitice* ina mála aici. Ceaptar go ndeachaigh sí ar ais go *Sasana* faoi dheireadh.

Ceisteanna

1 'Tá an-léargas le fáil sa sliocht as *Seal le Síomón* ar shaol na mbocht gan dídean ar shráideanna Bhaile Átha Cliath.' É sin a phlé. (Is leor *dhá mhór-phointe* i do fhreagra.) (25 marc)
  (Ardteistiméireacht, 1997.)

2 'Is maith an léargas a thugtar dúinn sa sliocht as *Seal le Síomón* ar shaol na mbocht i mBaile Átha Cliath.' Déan plé *gairid* air sin.

3 'Bá é Muintir Shíomóin an t-aon sólás sa saol seo a bhí ag na daoine bochta i mBaile Átha Cliath.' É sin a phlé. (Is leor *trí mhórphonte* i do fhreagra.)

4 'Íoslach dorcha i dteach i Sráid Fhearchair a bhí mar cheanncheathrú ag "cuairt an anraith" nuair a thosaigh mise ag plé leis an obair sin ar dtús.' Déan cur síos *gairid* ar an sórt oibre a rinne an t-údar nuair a bhí sé ag obair le Muintir Shíomóin.

DEORAÍOCHT (SLIOCHT)
Téama

An t-údar ina chónaí i Londain gan pingin ina phóca aige is é is téama don leabhar seo, agus an bealach ina tháinig sé chuige féin tar éis timpiste a bhain dó, an *t-athrú meoin* a tháinig air, agus an *dóchas* agus an *mhuinín* a tháinig air ina dhiaidh sin.

Príomhphointí an scéil

- Bhí *díomá* agus *éadóchas* ar údar an leabhair ar dtús, mar ní raibh pingin ina phóca aige agus ní raibh post ar bith aige.

- Tar éis timpiste a tharla dó, fuair sé *maidí croise* agus bhí saghas *neamh-spleáchais* aige ar feadh tamaill.
- Ach tháinig *lagmhisneach* air arís agus d'éirigh sé *míréasúnta* le daoine.
- Tar éis an t-airgead a fháil 'cheannaigh sé cairde' ar feadh scaithimh, ach *scrúdaigh sé a choinsias* agus *d'athraigh sé a bhéasa*.
- D'fhág sé an teach ina raibh sé agus chuir sé faoi i dteach mór ina raibh ceithre chéad fear ina gcónaí ann.
- Ní raibh *muinín* ar bith aige as na fir eile a bhí sa teach, agus ní raibh aon bhaint aige leo. Cheap sé go raibh na fir ag *magadh faoi*, agus ní raibh *dóchas* ná *muinín* ar bith fágtha aige.
- Thug na fir eile sa teach *cathaoir rothaí* dó mar *bhronntanas*.
- Chomh maith leis sin chonaic sé *fear dall* lasmuigh, agus bhí a fhios aige ansin go raibh *an t-ádh leis* i ndáiríre.
- Níl olc ina chroí aige d'aon duine anois agus tá *dóchas* agus *muinín* aige arís.

Tréithe an údair

Duine *deas lách* is ea é. Níl mórán *dóchais* aige ag tús an scéil. Tar éis na timpiste tagann *lagmhisneach* air ar feadh scaithimh. Tá *éadóchas* air le fada. Ansin faigheann sé an t-airgead agus tosaíonn sé ag ól agus ag *ragairne*. Tá sé faoi *dhraíocht* ag an airgead agus *sólás an óir* ag cur an dallamullóg air.

Tá *comhluadar bréige* aige, agus ní chaitheann aon duine airgead ach é féin. Tá *dul amú* air le fada, ach ar deireadh thiar thall *tagann ciall* chuige. Cruthaíonn sé ag deireadh an scéil go bhfuil sé *cineálta lách* agus *tuisceanach*.

Ceisteanna

1   'Aistear spioradálta an údair a fheicimid sa sliocht as *Deoraíocht*.' É sin a phlé. (Is leor *trí mhórphointe* i do fhreagra.)   (25 marc)

2   'Ó, nach orm a bhí an tubaiste nár maraíodh mé an lá mí-ámharach úd a ndeachaigh an gluaisteán ar mo mhullach agus mé ag lorg oibre.' Scríobh tuairisc *ghairid* ar shaol an údair ina dhiaidh sin.

3   'Tá sé deacair, i ndáiríre, trua a bheith ag aon duine don phríomhphearsa sa sliocht as *Deoraíocht*.' Déan an ráiteas sin a phlé *go gairid*.

4   'Tá réadúlacht faoi leith sa sliocht as *Deoraíocht*. Taispeánann an t-údar an taobh is deise agus an taobh is measa den phríomhphearsa.' Déan plé *gairid* ar an ráiteas sin.

Prós roghnach (15 mharc)

As there is a certain amount of confusion about the requirements for this part of *páipéar 2*, an explanation of those requirements is warranted.

'*Prós roghnach*' means what it says: *your choice of prose.*

(*a*) 'Maidir le scéal ar bith *nó* gearrscéal *nó* úrscéal *nó* dráma Gaeilge (a ndearna tú staidéar air i rith do chúrsa) …' This means that you may use *any story, short story, novel or play* that you have studied for the purpose of answering this part. And remember: the words *ar bith* are important, because you can choose *any* written work, even something written by your own teacher. Most candidates choose the *scéal or gearrscéal* option.

(*b*) 'Maidir le saothar tuairisciúil Gaeilge ar bith (a ndearna tú staidéar air i rith do chúrsa) …' This means that you may use *any* descriptive writing that you have studied for the purpose of answering this part.

The great majority of candidates choose part (*a*) of the *prós roghnach,* for which there are 15 marks, divided as follows:

teideal an tsaothair: 1 mharc

ainm an údair: 1 mharc

do fhreagra: 13 mharc.

Molaim na scéalta agus gearrscéalta seo a leanas duit; ach ná déan dearmad gur féidir leat *do rogha féin a dhéanamh.*

- *Díoltas an Mhada Rua*
- *An Corp*
- *M'Asal Beag Dubh*
- *Samhradh Samhradh*

CLEACHTADH

| CEIST 1 | B—PRÓS ROGHNACH | (15 mharc) |

1   Freagair **(a)** **nó** **(b)** anseo.

    (a) Maidir le scéal ar bith **nó** gearrscéal **nó** úrscéal **nó** dráma Gaeilge (a ndearna tú staidéar air i rith do chúrsa), luaigh **mórthréith** a bhain le **príomhphearsa** (nó **príomhghníomhaí**) ann agus tabhair cuntas *gairid* ar an tionchar a bhí ag an tréith sin ar a dtarlaíonn sa saothar. [Ní mór teideal an tsaothair a bhreacadh síos go cruinn, mar aon le hainm an údair.]   (15 mharc)

NÓ

    (b) Maidir le saothar tuairisciúil Gaeilge ar bith (a ndearna tú staidéar air i rith do chúrsa), tabhair cuntas *gairid* ar an **ngné** den saothar is mó a chuaigh i bhfeidhm ort. Breac síos fáth *amháin* a mholfá do dhaoine eile an saothar céanna a léamh.

[Ní mór teideal an tsaothair sin a bhreacadh síos go cruinn, mar aon le hainm an údair.]   (15 mharc)

(Ardteistiméireacht, 1997.)

2   Freagair **(a)** <u>nó</u> **(b)** anseo.

   (a) Maidir le scéal ar bith <u>nó</u> gearrscéal <u>nó</u> úrscéal <u>nó</u> dráma Gaeilge (a ndearna tú staidéar air i rith do chúrsa), inis cén ghné de is mó a thaitin leat. Luaigh *dhá cheann* de na fáthanna atá agat.
   [Ní mór teideal an tsaothair a bhreacadh síos go cruinn, mar aon le hainm an údair.]   (15 mharc)

   (b) Maidir le saothar tuairisciúil Gaeilge ar bith (a ndearna tú staidéar air i rith do chúrsa), déan cur síos ar *dhá cheann* de mhórphointí an tsaothair sin. Breac síos fáth *amháin* ar thaitin an saothar úd leat.
   [Ní mór teideal an tsaothair sin a bhreacadh síos go cruinn, mar aon le hainm an údair.]   (15 mharc)

(Páipéar samplach, 1997.)

Prós breise   (40 marc)

Freagair do rogha *ceann amháin* de A, B, C, D anseo thíos.

> **A—Gearrscéalta—(40 marc)**
> **B—Úrscéalta—(40 marc)**
> **C—Dírbheathaisnéisí—(40 marc)**
> **D—Drámaí—(40 marc)**

The layout of this section of *páipéar 2* is regarded by many teachers and pupils as being very complicated, so a brief explanation of the choices and requirements is fully warranted.

You must attempt *one question* from **A, B, C, and D.**

A—GEARRSCÉALTA—(40 marc)

Freagair **(a)** <u>nó</u> **(b)** anseo.

(*a*) Scothscéalta

(*b*) Cnuasach gearrscéalta roghnach.—You will be asked to answer questions about *one* <u>or</u> *more* short stories that you have studied.

CLEACHTADH

(a) SCOTHSCÉALTA
(40 marc)

(i) 'Baintear leas an-éifeachtach as Éirí Amach 1916 i ngréasán roinnt de na scéalta seo.' É sin a phlé i gcás do rogha *dhá cheann* de na scéalta 'Beirt Bhan Misniúil', 'Anam an Easpaig', agus 'M'Fhile Caol Dubh'.

NÓ

(ii) 'Is minic críoch ghruama le scéalta Uí Chonaire.' É sin a phlé i gcás do rogha *dhá cheann* de na scéalta 'Ná Lig Sinn i gCathú', 'Nóra Mharcais Bhig', agus 'Páidín Mháire'.

(b) CNUASACH GEARRSCÉALTA ROGHNACH
(40 marc)

(i) Maidir le **gach ceann de <u>dhá</u> ghearrscéal ar bith** as do chnuasach roghnach, scríobh tuairisc ar *dhá cheann* ar bith de na gnéithe seo a leanas: forbairt an phríomhthéama ann; an caidreamh idir na pearsana ann; tús, buaicphointe agus críoch an scéil; an suíomh (**nó** na suímh) atá aige agus an t-atmaisféar ann.
[Ní mór teideal gach ceann den dá ghearrscéal sin a bhreacadh síos go cruinn, mar aon le hainm an údair.]

NÓ

(ii) Maidir le **gach duine de <u>bheirt</u>** de na cineálacha daoine anseo thíos, breac síos go cruinn **teideal an ghearrscéil (mar aon le hainm an údair)** as do chnuasach roghnach a bhfuil páirt ag an gcineál duine sin ann:
✦ duine le dea-thréith (**nó** bua) áirithe ann; duine le drochthréith éigin ann; duine le fadhb éigin aige; duine ar tháinig athrú éigin air. (**Nóta:** *Dhá* scéal atá le hainmniú agat.)

Scríobh tuairisc ar an bpáirt a ghlacann **gach duine den bheirt sin** sa scéal lena mbaineann sé nó sí. *I gcás gach ceann den dá scéal sin* luaigh fáth *amháin* ar thaitin (nó nár thaitin) sé leat.

B—ÚRSCÉALTA—(40 marc)

Freagair (a) <u>nó</u> (b) anseo.

(a) Máire Nic Artáin
(b) Úrscéal roghnach.—A novel chosen by yourself or your teacher.

CLEACHTADH

(a) MÁIRE NIC ARTÁIN   **(40 marc)**

   (i) 'Téama tábhachtach san úrscéal seo an cion mór a bhí ag Máire ar a deartháir óg, Eoin.' É sin a phlé.

<u>NÓ</u>

   (ii) 'Tá léargas maith le fáil san úrscéal seo ar an eascairdeas idir Caitlicigh agus Protastúnaigh i dTuaisceart na hÉireann.' É sin a phlé.

(b) ÚRSCÉAL ROGHNACH   **(40 marc)**

   (i) 'Is beag úrscéal nach mbíonn léargas le fáil ann ar shaol agus ar nádúr an duine.' An ráiteas sin a phlé maidir leis an úrscéal roghnach a ndearna tú staidéar air.
   [Ní mór teideal an úrscéil sin a bhreacadh síos go cruinn, mar aon le hainm an údair.]

<u>NÓ</u>

   (ii) 'Is gnách iompar na bpearsan in úrscéal a bheith de réir na dtréithe a dháileann an t-údar orthu.' É sin a phlé maidir le príomhphearsa *amháin* san úrscéal roghnach a ndearna tú staidéar air.
   [Ní mór teideal an úrscéil sin a bhreacadh síos go cruinn, mar aon le hainm an údair.]
   (Ardteistiméireacht, 1997.)

C—DÍRBHEATHAISNÉISÍ—(40 marc)

Freagair **(a)** <u>nó</u> **(b)** anseo.

(a) A Thig, Ná Tit Orm
(b) Dírbheathaisnéis roghnach.—An autobiography chosen by yourself or your teacher.

CLEACHTADH

(a) A THIG, NÁ TIT ORM   **(40 marc)**

   (i) 'Tá cur síos an-bhríomhar sa leabhar seo ar an gcineál saoil a bhíonn ag an deoraí Éireannach sna Stáit Aontaithe.' É sin a phlé.

<u>NÓ</u>

   (ii) 'Tugann Maidhc Dainín cuntas an-taitneamhach dúinn sa chuid tosaigh den leabhar seo ar shaol buachalla óig ag éirí aníos sa Ghaeltacht sna daichidí agus sna caogaidí.' É sin a phlé.
   (Ardteistiméireacht, 1997.)

153

(b) DÍRBHEATHAISNÉIS ROGHNACH

    (i) 'Is mór mar a chuireann dírbheathaisnéisí lenár n-eolas agus lenár dtuiscint ar an saol.' É sin a phlé maidir leis an dírbheathaisnéis roghnach a ndearna tú staidéar uirthi.

    [Ní mór teideal na dírbheathaisnéise a bhreacadh síos go cruinn, mar aon le hainm an údair.]

NÓ

    (ii) 'Bíonn de thoradh ar léamh dírbheathaisnéise go gcuireann tú aithne mhaith ar an údar mar dhuine.' É sin a phlé maidir leis an dírbheathaisnéis roghnach a ndearna tú staidéar uirthi.

    [Ní mór teideal na dírbheathaisnéise a bhreacadh síos go cruinn, mar aon le hainm an údair.]

    (Ardteistiméireacht, 1997.)

D—DRÁMAÍ—(40 marc)

Freagair **(a)** **nó** **(b)** anseo.

(a) An Triail.
(b) Dráma roghnach.—A play chosen by yourself or your teacher.

(a) AN TRIAIL   **(40 marc)**

    (i) Inis cad é príomhthéama an dráma seo, agus scríobh tuairisc ar an bhforbairt a dhéantar ar an bpríomhthéama sin i rith an dráma.

NÓ

    (ii) Scríobh tuairisc ar an bpáirt a ghlacann do rogha *beirt* díobh seo thíos sa dráma agus ar an mbaint atá acu leis an bpríomhphearsa: Pádraig; an mháthair; Mailí.

(b) DRÁMA ROGHNACH   **(40 marc)**

    (i) Maidir leis an bpearsa is mó a chuaigh i gcion ort féin sa dráma roghnach a ndearna tú staidéar air, scríobh tuairisc ar an bpáirt a bhí aige nó aici sa dráma agus ar na fáthanna a ndeachaigh sé nó sí i gcion ort.

    [Ní mór teideal an dráma, mar aon le hainm an údair, a bhreacadh síos go cruinn.]

NÓ

    (ii) Maidir leis an dráma roghnach a ndearna tú staidéar air, scríobh tuairisc ar *dhá* ghné den dráma sin a thaitin go mór leat, agus ar na fáthanna ar thaitin siad leat.

    [Ní mór teideal an dráma, mar aon le hainm an údair, a bhreacadh síos go cruinn.]

    (Ardteistiméireacht, 1997.)

154

Filíocht—Treoracha

A. NA DÁNTA DUALGAIS COMÓNTA   (20 MARC)
1   'A Ógánaigh an Chúil Cheangailte'
2   'Géibheann'
3   'Éiceolaí'
4   'Cártaí Poist'
5   'Fothrach Tí i Mín na Craoibhe'

Beidh rogha ar an bpáipéar scrúdaithe idir *dha dhán*, agus beidh téacs na ndánta ar an bpáipéar. *20 marc* atá ar an gceist seo.

B. DÁNTA ROGHNACHA   (15 MHARC)
You can make your own choice of poems for this part of the course. Note that you should prepare at least *two poems*. Many pupils prepared only one poem for the 1997 examination, but the questions required the preparation of *two poems*.

C. DÁNTA DUALGAIS BREISE   (35 MARC)
1   'Fuaras Mian'
2   'Saoirse'
3   'Gadscaoileadh'
4   'An Seanghalar'
5   'Máthair'
6   'Caoineadh Airt Uí Laoire'
7   'An Bonnán Buí'
8   'Mac an Cheannaí'

Beidh rogha ar an bpáipéar scrúdaithe idir *dhá dhán*, agus beidh téacs na ndánta ar an bpáipéar. Dá bhrí sin *ní iarrfar ar dhaltaí comparáid a dhéanamh idir dhánta ar an gcúrsa.*

AG ULLMHÚ DON FHILÍOCHT
Cé nach gcaithfidh tú na dánta a chur de ghlanmheabhair, ba chóir duit d'iarrachtaí a dhíriú ar na gnéithe seo a leanas.
Caithfidh tú—
• téama na ndánta a bheith ar eolas agat
• foclaíocht na ndánta a thuiscint i gceart
• a bheith ábalta a rá cén fáth a dtaitníonn nó nach dtaitníonn na dánta leat
• dianstaidéar a dhéanamh ar chúlra na ndánta, ionas go mbeidh tuiscint shár-mhaith agat orthu
• téarmaí léirmheastóireachta a bheith ar eolas agat, sa chaoi is go mbeidh tú ábalta úsáid a bhaint as na téarmaí agus tú ag freagairt ceisteanna

- a bheith ábalta ceisteanna a fhreagairt ar theidil na ndánta agus bheith ábalta a rá an bhfuil teideal faoi leith oiriúnach, agus cén fáth
- aird a thabhairt ar líon na marcanna do gach cuid de gach ceist; mar shampla, mura bhfuil ach 7 marc i gcuid amháin den cheist agus 25 marc sa chuid eile, ba chóir duit i bhfad níos mó a scríobh don chuid le 25 marc.

Mar fhocal scoir, molaim duit *síorchleachtadh* a dhéanamh ar cheisteanna éagsúla, go mór mór na ceisteanna atá agam sa leabhar seo. Tá cuid mhaith de na dánta ar an gcúrsa ar fheabhas, agus chabhródh sé go mór leat dá mbeifeá in ann *stór focal, tuiscint, meas* agus *máistreacht* a thaispeáint agus tú ag iarraidh ceisteanna a fhreagairt.

Dánta dualgais comónta

A ÓGÁNAIGH AN CHÚIL CHEANGAILTE
(Téacs: leathanach 4.)

Téama
Grá gan chúiteamh [*unrequited love*] atá mar théama ag an dán seo. Thréig a leannán an bhean óg, agus tá a croí briste.

Príomhphointí an dáin
- *Dán grá* de chuid na ngnáthdhaoine é seo, a chum file anaithnid [*unknown*] san ochtú haois déag.
- Tá an dán bunaithe ar chineál amhráin a bhí coitianta sa Fhrainc ar a dtugtar *chanson de jeune fille* (amhrán an chailín óig).
- Tá *tocht* an dáin soiléir, agus tá an *mothú ó chroí.*
- Tugann an file cuntas dúinn ar *áilleacht* an leannáin.
- Tá *brón* uirthi nár tháinig sé chun í a fheiceáil agus *nach bhfuil suim dá laghad aige inti.*
- Deir sí dá mbeadh sí saibhir go rachadh sí go dtí teach a leannáin.
- Ach *níl sí ábalta codladh* ag fanacht le *póg* uaidh.
- Cheap sí go raibh sé go hiontach, gur éirigh *an ghrian* óna chúl agus go raibh sé mar *réalta eolais.*
- Gheall sé go leor rudaí di, ach anois tá sí *fágtha i dteach a máthar* léi féin.

Teicníochtaí liteartha sa dán
Meafair agus íomhánna
Baintear úsáid as *meafair* agus *íomhánna* atá fíorálainn agus an-éifeachtach. Chomh maith leis sin is *friotal simplí* atá ann, mar shampla *an leannán mar ghealach agus grian:*

Agus shíl mé, a stóirín,
go mba gealach agus grian thú,

an leannán *mar shneachta ar an sliabh:*
> agus shíl mé ina dhiaidh sin
> go mba sneachta ar an sliabh thú,

agus an leannán *mar thóirse ó Dhia* nó mar *réalta eolais:*
> agus shíl mé ina dhiaidh sin
> go mba lóchrann ó Dhia thú
> nó go mba tú an réalt eolais …

Siombalachas

Baineann an file úsáid éifeachtach as *siombalachas* chun *úire agus glaine an tsneachta* a chur in iúl:
> agus shíl mé ina dhiaidh sin
> go mba sneachta ar an sliabh thú.

Chomh maith leis sin tá meafar an *'sceach i mbéal bearna'* fíorláidir agus an-éifeachtach ar fad:
> Ní mar sin atá mé
> ach 'mo sceach i mbéal bearna …

Uaim

Cuireann an file snas fíordheas ar an *bhfriotal* le *huaim ghleoite:*
> Shíl mé nach ndéanfaí dochar duit

agus
> Gheall tú síoda is saitin dom

sa véarsa deireanach.

Mothúcháin

Tá na mothúcháin an-láidir ar fad. Tá *mothú an ghrá* fite fuaite trí na véarsaí go léir, mar shampla sa dara véarsa, nuair a deir an file go rachadh sí go teach a grá dá mbeadh rachmas [*wealth*] aici:
> dhéanfainn bóithrín aicearrach
> go doras tí mo stóirín.

Taispeánann na línte sin cé chomh láidir is atá *mothú an ghrá* sa dán seo.

Ach tá *mothú an tréigin* níos láidre ná mothú ar bith eile sa dán. Tá an tréigean le feiceáil sa chéad véarsa, nuair a deir an file nár tháinig a grá chun í a fheiceáil an oíche roimhe sin:
> chuaigh tú aréir an bealach seo
> is ní tháinic tú dom' fhéachaint.

Tá *fearg* agus *éadóchas* ar an mbean sa véarsa deireanach mar go bhfuil sí *tréigthe* ag a leannán agus nár *chomhlíon sé na geallúintí* a thug sé di:
> Gheall tú síoda is saitin dom
> callaí 'gus bróga arda
> is gheall tú tar éis sin
> go leanfá tríd an tsnámh mé.

Ceisteanna

1 (*a*) Luaigh *dhá cheann* de na mothúcháin is treise atá le brath
ar an dán 'A Ógánaigh an Chúil Cheangailte', agus inis cad
a mhúscail i gcroí na mná iad. Cad é do mheas ar an gcaoi
a gcuirtear in iúl iad? (12 mharc)

(*b*) Déan trácht *gairid* ar an tionchar a bhaineann, dar leat,
leis na meafair atá sa tríú agus sa cheathrú véarsa. (8 marc)
(Ardteistiméireacht, 1997.)

2 I gcás an chéad véarsa *nó* an dara véarsa den dán 'A Óganaigh
an Chúil Cheangailte', mínigh an pictiúr a chuireann an file os
ár gcomhair ann, agus breac síos fáth *amháin* a dtaitníonn (*nó*
nach dtaitníonn) an véarsa sin leat.

3 (*a*) Cad iad na mothúcháin atá ag an bhfile sa dán 'A Ógánaigh
an Chúil Cheangailte'? (12 mharc)

(*b*) Cén chaoi a n-athraíonn na mothúcháin sa dán 'A Ógánaigh
an Chúil Cheangailte' ó thus go deireadh an dáin? (8 marc)

GÉIBHEANN
(Téacs: leathanach 5.)

Téama
Easpa saoirse an fhile atá mar théama ag an dán seo. Déanann sí comparáid idir
í féin agus ainmhí allta a mbíonn *i ngéibheann,* ar nós í féin ach go bhfuil an
t-ainmhí sa zú.

Príomhphointí an dáin
* Braitheann an file go bhfuil sí *i ngéibheann,* mar fhile agus mar dhuine.
* Cé go bhfuil *'clú agus cáil'* uirthi mar gheall ar a *háilleacht* mar dhuine agus
áilleacht a cuid oibre, níl sí sásta, mar níl *saoirse* ar bith aici ach í ar nós an
ainmhí atá *i ngéibheann* sa zú.
* Bhí sí *saor* agus *neamhspleách* tráth, ach anois luíonn sí síos agus *níl spéis* ar
bith aici in aon rud.
* Bíodh is go mbíonn daoine ag breathnú ar a cuid oibre, ar nós na ndaoine
ag féachaint ar na hainmhithe sa zú, ní féidir leo *a saoirse* a thabhairt di.

Teicníochtaí liteartha sa dán
Meafair agus íomhánna
Meafar leanúnach ó thús go deireadh an dáin atá ann: ciallaíonn easpa saoirse an
t-ainmhí easpa saoirse an fhile.

Fáthchiall
Tá an dán seo *fáthchiallach* [*allegorical*] ó thús go deireadh, ar dhá leibhéal: scéal
an ainmhí i ngéibheann agus *scéal an fhile i ngéibheann* chomh maith.

Codarsnacht

Baineann an file úsáid as *codarsnacht*: mar shampla, ag tús an dáin tá an t-ainmhí *láidir* agus *cumasach,* ach sa dara cuid den dán tá sé ina luí gan chumhacht:

ach anois
luím síos
agus breathnaím trí leathshúil
ar an gcrann aonraic sin thall.

Friotal lom

Baineann an file úsáid as *liricí gonta* agus *friotal lom,* agus chomh maith leis sin cuireann an *saorvéarsaíocht* go mór le héifeacht an dáin; mar shampla:

Ainmhí mé
ainmhí allta …

Nótaí breise

Bhí aithne agamsa ar **Chaitlín Maude**, a scríobh an dán seo. Bhuail mé léi i nGaillimh agus arís i Londain nuair a bhí mise ar cuairt ansin agus ise ag obair i mbanc sa chathair sin. Bhíodh filí agus amhránaithe na seascaidí, ar nós Joan Baez agus Bob Dylan, go síor ag scríobh is ag canadh faoi shaoirse agus faoi théamaí uilíocha eile.

Ní raibh Caitlín Maude ach bliain is dhá scór d'aois nuair a fuair sí bás tar éis bheith go dona tinn le hailse. B'fhéidir gur cheap sí go raibh sí 'i ngéibheann' chomh maith ag an ngalar a bhí uirthi.

Ceisteanna

1 (*a*) 'Is í an chodarsnacht idir an dá phictiúr a chuirtear romhainn de shaol an ainmhí áirithe seo is bun le cuid mhaith d'éifeacht an dáin seo.' Déan trácht *gairid* ar an ráiteas sin. (12 mharc)

   (*b*) Cad é an mothú is treise, dar leat, atá le brath ar an dán seo? Déan trácht *gairid* ar an gcaoi a gcuirtear an mothú sin romhainn sa dán. (8 marc)

2 (*a*) Cad é **príomhthéama** an dáin 'Géibheann'? Déan trácht ar cé chomh héifeachtach is atá na **teicníochtaí liteartha** agus an **leagan amach** a mbaineann an file úsáid astu sa dán chun téama an dáin a fhorbairt. (12 mharc)

   (*b*) Scríobh cuntas *gairid* ar an gcaoi a ndeachaigh an dán seo i bhfeidhm ort. (8 marc)

3 (*a*) Maidir leis an dán 'Géibheann', déan trácht ar an *dá* phictiúr den ainmhí a chuirtear os ár gcomhair.

   (*b*) Cén léargas atá le fáil ón dán seo, meas tú, ar mheon an fhile nuair a scríobh sí an dán? (8 marc)

ÉICEOLAÍ
(Téacs: leathanach 6.)

Téama
Fás nádúrtha a bheith níos fearr ná fás teoranta néata atá mar théama ag an dán seo. Chomh maith leis sin tá an file *ag magadh* a comharsan.

Príomhphointí an dáin
- Tá comharsa bhéal dorais ag an bhfile atá *rónéata* amach is amach.
- Coinníonn sí chuile rud in ord is in eagar: a teach, a fear céile, agus a mac. Ach déanann sí gaisce ar fad lena gairdín, ag gearradh chuile rud a fhásann, ionas go mbeidh sé go deas néata.
- Is *fuath* léi aon sórt salachair, féileacáin, agus péisteanna.
- Cuireann an file isteach go mór ar an mbean néata seo:
  —cuireann sí feochadáin chuici
  —téann a seilidí isteach chun a cuid leitíse a ithe
  —tosaíonn a driseacha ag fás isteach faoi chlaí a gairdín
  —téann cuileanna glasa óna crann isteach ina gairdín.
- Is dán é seo faoi bheirt chomharsan a bhfuil *dearcadh éagsúil* acu maidir le *garraíodóireacht* agus b'fhéidir le *hobair an tí* agus conas *clann a thógáil.*

Teicníochtaí liteartha sa dán
Meafair agus íomhánna
Baineann an file úsáid éifeachtach as *meafair* agus *íomhánna* sa dán seo, go mór mór *fear agus mac na mná* a bheith díreach chomh slachtmhar is atá a gairdín:

Tá bean beal dorais a choinníonn caoi ar a teach, a fear, a mac,
is a shíleann gairdín a choinneáil mar iad, go baileach.

Íoróin
Tá *íoróin* fite fuaite tríd an dán seo, go mór mór agus an file ag scríobh faoi ghairdín na mná béal dorais.

Codarsnacht
Baineann an file go leor úsáid as *codarsnacht* sa dán seo. Ar an gcéad dul síos tá codarsnacht le feiceáil sa *difríocht mhór* idir dearcadh na beirte: bean amháin ag iarraidh *smacht a choimeád ar an dúlra* agus an bhean eile—an file—*ag ligean don dúlra feidhmiú dó féin.*

Uaim
Baintear úsáid as *friotal éifeachtach* sa dán seo, agus tá na fuaimeanna go hálainn, mar shampla:

Tá *bean béal* dorais a *choinníonn caoi*
agus
ná *piast* ag *piastáil* …

160

Mothúcháin

Greann príomh-mhothúchán an dáin ó thús go deireadh, go mór mór sna línte deireanacha. Tá **míshástacht** ann freisin agus b'fhéidir **éad** an fhile.

Nótaí breise

Is ainm cleite [*pen name*] é **Biddy Jenkinson** a mbaineann an file úsáid as.

Ceisteanna

1 (*a*) Maidir leis an dán 'Éiceolaí', inis cad é an mothúchán is treise atá le brath ar an dán, dar leat, agus cad a mhúscail san fhile é. (13 mharc)

   (*b*) Nóta *gairid* uait faoi oiriúnacht an teidil, dar leat, dá bhfuil i gceist sa dán. (7 marc)
     (Páipéar samplach, 1997.)

2 (*a*) Scríobh tuairisc faoina bhfuil de **ghreann** sa dán 'Éiceolaí'. (12 mharc)

   (*b*) Déan trácht *gairid* ar an mothú is treise, dar leat, sa dán seo. (8 marc)

3 (*a*) I gcás an chéad véarsa *nó* an dara véarsa den dán 'Éiceolaí', mínigh an pictiúr a chuireann an file os ár gcomhair ann, agus breac síos fáth *amháin* a dtaitníonn (*nó* nach dtaitníonn) an véarsa leat. (12 mharc)

   (*b*) Déan trácht *gairid* ar an úsáid a bhaintear as codarsnacht sa dán. (8 marc)

CÁRTAÍ POIST

(Téacs: leathanach 5.)

Téama

An *choimhlint* agus an teannas *idir an saol nua agus an seansaol* sa Ghréig trí shúile an fhile, Louis de Paor, is téama don dán seo.

Príomhphointí an dáin

- Tá an file agus cairde leis ar laethanta saoire sa Ghréig.
- Sa chéad trí véarsa déanann an file cur síos ar *na radhairc agus na fuaimeanna*, agus sa chaoi sin cruthaíonn sé *atmaisféar na Gréige*.
- Tá seanfhear críonna agus daoine óga taobh le taobh sa tríú véarsa, agus feictear don fhile go bhfuil an seanchultúr agus an cultúr nua i *gcoimhlint* lena chéile ach ag an am céanna *ag maireachtáil lena chéile*.
- Sa véarsa deireanach tá an file agus a chairde ag scríobh cártaí poist le cur abhaile go hÉirinn lena *'mbeannachtaí gréine'*.

Teicníochtaí liteartha sa dán

Meafair agus íomhánna

Baineann an file sárúsáid as meafair agus íomhánna áille chun *atmaisféar na Gréige* a chur in iúl dúinn, mar shampla meafar réadúil na seanmhná agus í *cromtha faoi ualach paidreacha* agus í *cosúil le ciaróg:*

> Seanbhean i bhfeisteas caointe
> cromtha faoi ualach paidreacha
> ina ciaróg chráifeach

agus an meafar agus onamataipé *'bladar na farraige'*. Chomh maith leis sin tá na meafair seo:

> an clog ag casachtaigh [tá pearsantú i gceist anseo chomh maith]

agus

> an t-aer ina chriathar bán
> ag craos glórach na bhfaoileán.

Tá an t-uafás *íomhánna áille* fite fuaite trí na véarsaí go léir, mar shampla:

> os cionn an tráiléara
> ag teacht chun cuain

agus

> Leannáin órtha ag siúl na trá

agus an

> aibítir solais ar phár

sa véarsa deireanach.

Codarsnacht

Baineann an file úsáid éifeachtach as *codarsnacht,* go mór mór sa dara véarsa idir an tseanbhean in éadaí caointe dubha—

> Seanbhean i bhfeisteas caointe

—agus an séipéal a bhfuil dath bán air:

> ag casachtaigh sa séipéal aoldaite.

Chomh maith leis sin tá codarsnacht idir an dá chultúr:

> Leannáin órtha ag siúl na trá

agus an

> aoire cianaosta
> ag imirt fichille lena
> gharmhac ó Bhronx Nua-Eabhrac.

Mothúcháin

Áthas agus *íonadh* an fhile agus é ar a laethanta saoire sa Ghréig na príomh-mhothúcháin sa dán seo.

Ceisteanna

1   (*a*) I gcás an dara *nó* an tríú véarsa den dán 'Cártaí Poist',
          mínigh an pictiúr a chuireann an file os ár gcomhair

ann, agus breac síos fáth *amháin* a dtaitníonn (*nó* nach
dtaitníonn) an véarsa sin leat. (13 mharc)

(*b*) Mínigh go *gairid* an bhaint, dar leat, atá ag teideal an
dáin leis an véarsa deireanach ('ar ardán ...'). (7 marc)
(Páipéar samplach, 1997.)

2 (*a*) Déan trácht ar na difríochtaí is mó sa dán 'Cártaí Poist'
idir saol na tíre mar atá sé anois agus saol na tíre mar a
bhíodh sé. (12 mharc)

(*b*) 'Cruthaíonn an file an-atmaisféar sa dán seo.' É sin a
phlé go *gairid*. (8 marc)

3 (*a*) Cad é an mothúchán is láidre, dar leat, atá le brath sa
dán 'Cártaí Poist', agus cad a mhúscail san fhile é? (12 mharc)

(*b*) Scríobh nóta *gairid* faoi oiriúnacht an teidil, dar leat,
dá bhfuil i gceist sa dán. (8 marc)

FOTHRACH TÍ I MÍN NA CRAOIBHE
(Téacs: leathanach 6.)

Téama
Dán é seo faoin *áilleacht* atá i seanfhothrach agus ina ndéanann an file *comparáid*
idir an teach seanda agus teach nua-aimseartha.

Príomhphointí an dáin
* *Creatlach* atá sa seanteach anois, gan doras ná fuinneog ná díon ar bith air.
* Molann an file an seanteach, agus deir sé go bhfuil *'ceol'* an tseantí ar
fheabhas.
* Spreagann an ghaoth *siansaí ceoil* san fhothrach, agus ceapann an file nach
mbeadh ceol chomh maith leis sin ó theach téagartha le daoine ina gcónaí
ann.

Teicníochtaí liteartha sa dán
Meafair agus íomhánna
Baineann an file sárúsáid as *an gceol agus an seanteach* mar *mheafar leanúnach* ó
thús go deireadh an dáin. Chomh maith leis sin is meafar é an fothrach don
seantraidisiún nach maireann a thuilleadh. Agus úsáideann sé an focal *creatlach*
mar mheafar chun comparáid a dhéanamh idir saol an duine agus an seanteach.

Baineann an file úsáid as *friotal éifeachtach álainn* chun íomhánna iontacha a
chruthú, mar shampla:
Gach foscailt ina feadóg fhiáin.
Tá samhail álainn sa líne sin chomh maith, mar tagann go leor nótaí ón
bhfeadóg stáin, agus sa chaoi chéanna tagann fuaimeanna ceolmhara as *gach
oscailt* atá san fhothrach.

Codarsnacht

D'fhéadfaí comparáid a dhéanamh idir an dán seo agus an dán 'Cártaí Poist', go mór mór mar gheall ar an *gcodarsnacht idir an sean agus an nua* atá iontu araon. Baineann Ó Searcaigh úsáid as *codarsnacht ghéar,* mar shampla idir an seanfhothrach thréigthe agus teach cónaithe.

Uaim

Tá an uaim go hálainn agus oiriúnach don stíl fhileata atá ag Ó Searcaigh. Mar shampla:

gach foscailt ina feadóg fhiáin

agus

a leithéid de phortaíocht
ní *chluinfí choíche*
ó *theach téagartha teaglaigh.*

Rím

Tá an rím idir *choíche* agus *gaoithe* go hálainn, agus tá *samhlaíocht* an fhile fite fuaite trí na línte go léir.

Mothúcháin

Áthas agus íonadh an fhile.

Ceisteanna

1   (*a*)   'Is meafair leanúnacha iad an ceol agus an seanteach sa dán "Fothrach Tí i Mín na Craoibhe".' Léirigh fírinne an ráitis sin trí thagairtí a dhéanamh don dán.   (13 mharc)

     (*b*)   Déan cur síos *gairid* ar éifeacht na bhfuaimeanna éagsúla a léiríonn Cathal Ó Searcaigh sa dán seo.   (7 marc)

2   (*a*)   'Baineann an file úsáid éifeachtach as meafair agus as íomhánna chun a smaointe a chur in iúl sa dán "Fothrach Tí i Mín na Craoibhe".' Pléigh an tuairim sin trí thagairtí cúi a dhéanamh don dán.   (13 mharc)

     (*b*)   An gceapann tú go bhfuil an teideal 'Fothrach Tí i Mín na Craoibhe' oiriúnach don dán seo? Cuir fáth le do thuairim.   (7 marc)

3   (*a*)   Cad é an mothúchán is treise, meas tú, atá le brath ar an dán 'Fothrach Tí i Mín na Craoibhe', agus cad a mhúscail san fhile é?   (12 mharc)

     (*b*)   Scríobh nóta *gairid* ar an úsáid a bhaineann an file as codarsnacht sa dán seo.   (8 marc)

Dánta roghnacha

(15 mharc)

Mar a dúradh cheana, ba chóir duit níos mó ná dán amháin a ullmhú don chuid seo den scrúdú. Is cuma cé chomh simplí is atá na dánta, déanfaidh siad cúis— ach bí cinnte nach mbaineann tú úsáid as ceann ar bith de na *dánta dualgais comónta* ná na *dánta dualgais breise*.

Leideanna

Molaim duit staidéar faoi leith a dhéanamh ar na gnéithe seo a leanas:

* téamaí agus mothúcháin
* forbairt na bpríomhthéamaí
* íomhánna agus meafair
* samhlacha agus atmaisféar
* athrá agus uaim
* friotal
* suíomh nó eachtra éigin
* an mheadaracht

CLEACHTADH

B	—DÁNTA ROGHNACHA—	(15 mharc)

1 Freagair **(a)** <u>**agus**</u> **(b)** anseo.

   (a) Maidir le dán *amháin* as do chuid dánta roghnacha, déan trácht *gairid* ar an bhforbairt a dhéantar ar an bpríomhthéama ann.　　　　　　　　　　　　　　(7 marc)

   (b) Maidir le *dán eile* as do chuid dánta roghnacha, déan trácht *gairid* ar éifeacht na húsáide a bhaintear ann, dar leat, as do rogha *ceann amháin* díobh seo: samhlacha; meafair; íomhánna; an mheadaracht; atmaisféar; athrá; uaim; suíomh *nó* eachtra éigin.　　　　　(8 marc)

   [Ní mór teideal na ndánta i gcás (a) agus (b) thuas, mar aon le hainmneacha na bhfilí a chum iad, a bhreacadh síos go cruinn.]

   (Ardteistiméireacht, 1997.)

2 Freagair **(a)** <u>**agus**</u> **(b)** anseo.

   (a) Ainmnigh dán Gaeilge (a ndearna tú staidéar air i rith do chúrsa) a bhfuil do rogha *ceann amháin* de na téamaí seo thíos i gceist ann.

   [Ní mór teideal an dáin sin, mar aon le hainm an fhile a chum, a scríobh síos go soiléir.]

    (i)   meas (*nó* cion) ag an bhfile ar **dhuine** áirithe;

    (ii)   meas (*nó* cion) ag an bhfile ar **áit** áirithe;

    (iii) an file a bheith brónach (*nó* feargach) faoi rud éigin;

    (iv) áthas ar an bhfile faoi rud éigin;

    (v)   gné éigin den stair;

    (vi) radharc (*nó* eachtra) ar chuir an file spéis ar leith ann. (10 marc)

  (b) Tabhair cuntas *gairid* ar a bhfuil sa dán sin faoin téama
       atá roghnaithe agat, agus ar an gcaoi a gcuireann an file
       an téama sin os ár gcomhair.
       (Páipéar samplach, 1997.)

Dánta dualgais breise

FUARAS MIAN
Donncha Mór Ó Dálaigh

Fuaras mian,
   rí saidhbhir agus é fial;
file mise ag iarraidh grás
   mar dhleaghar gach dámh do riar.

Mo rí mór
   rí nach cuireann suim i stór;
ag so an rí dhíolas gach neach
   den uile, idir bheag is mór.

Mo rí féin,
   rí nach diúltann neach fán ngréin;
ós é is fearr dhíolfas mo dhán
   molfad tar cách mo rí féin.

Léigfead dóibh,
   dánta slóigh an bheatha bhuain;
molfad feasta rí na ríogh,
   ós é Críost is fhearr fá dhuais.

Téama
Dán cráifeach a bhfuil *grá, urraim* agus *ómós do Dhia* mar théama aige.

Príomhphointí an dáin
- Dúirt an file go bhfuair sé an rud a bhí ag teastáil uaidh, is é sin a rí féin, rí nach ndiúltaíonn aon duine.
- Dúirt an file go molfaidh sé a rí féin, Dia, thar gach aon duine eile.
- Dúirt sé nach molfaidh sé aon duine eile ina chuid dánta as seo amach ach Dia, mar is é Dia a éarlamh anois.

Teicníochtaí liteartha sa dán

Meafair agus íomhánna

Baineann an file úsáid éifeachtach as meafar leanúnach—*Dia mar éarlamh* (nó pátrún) chun an *teachtaireacht* atá aige a léiriú—agus tosaíonn sé, leanann sé agus críochnaíonn sé leis an meafar sin:

Fuaras mian,
rí saidhbhir agus é fial

…

Molfad feasta rí na ríogh,
Ós é Críost is fhearr fá dhuais.

Cé nach bhfuil na *híomhánna* go hiontach sa dán seo, tá íomhá an fhile ag lorg grásta sa chéad véarsa go maith:

file mise ag iarraidh grás
mar dhleaghar gach dámh do riar.

Friotal gonta

Baineann an file úsáid as *friotal oiriúnach* sa dán. Cé go mbreathnaíonn cuid den litriú ait go leor, caithfear cuimhneamh gur scríobh sé é sa tríú haois déag agus go bhfuil an *rannaíocht ghairid* mar mheadaracht sa dán, meadaracht atá teoranta go leor.

Rím

Tá *rím* deas sa dara véarsa:

Mo rí *mór*
rí nach cuireann suim i *stór*

agus sa tríú véarsa:

Mo rí *féin,*
rí nach ndiúltann neach fán *ngréin* …

Codarsnacht

Tá codarsnacht ann idir an *rí saolta* agus *Dia.*

Uaim

Baineann an file úsáid mhaith as *uaim éifeachtach,* mar shampla:

ós is fearr *dhíolfas mo dhán*

agus

dánta slóigh an *bheatha bhuain;*
molfad feasta *rí* na *ríogh.*

Ceisteanna

1 (*a*) I gcás an dáin 'Fuaras Mian', ainmnigh **téama** an dáin agus déan trácht ar an bhforbairt a dhéanann an file ar an téama sin. (25 marc)

 (*b*) Déan cur síos *gairid* ar an úsáid a bhaineann Donncha Mór Ó Dálaigh as **codarsnacht** sa dán seo. (5 mharc)

2   (*a*) 'Is dán cráifeach (diaga) é an dán "Fuaras Mian".'
An tuairim sin a phlé.   (15 mharc)

      (*b*) Déan cur síos *gairid*, i d'fhocail féin, ar an bpictiúr a
chuirtear romhainn sa ghiota seo a leanas:

> Fuaras mian,
>> rí saidhbhir agus é fial;
> file mise ag iarraidh grás
>> mar dhleaghar gach dámh do riar.

> Mo rí mór
>> rí nach cuireann suim i stór;
> ag so an rí dhíolas gach neach
>> den uile, idir bheag is mór.   (10 marc)

      (*c*) Scríobh nóta *gairid* ar éifeacht an **fhriotail** sa dán seo.   (10 marc)

SAOIRSE
Seán Ó Ríordáin

Raghaidh mé síos i measc na ndaoine
De shiúl mo chos,
Is raghaidh mé síos anocht.

Raghaidh mé síos ag lorg daoirse
Ón mbinibshaoirse
Tá ag liú anseo:

Is ceanglód an chonairt smaointe
Tá ag drannadh im' thimpeall
San uaigneas:

Is loirgeod an teampall rialta
Bhíonn lán de dhaoine
Ag am fé leith:

Is loirgeod comhluadar daoine
Nár chleacht riamh saoirse,
Ná uaigneas:

Is éistfead leis na scillingsmaointe,
A malartaítear
Mar airgead:

Is bhéarfad gean mo chroí do dhaoine
Nár samhlaíodh riamh leo
Ach macsmaointe.

Ó fanfad libh de ló is d'oíche,
Is beidh mé íseal,
Is beidh mé dílis
D'bhur snabsmaointe.

Mar do chuala iad ag fás im' intinn,
Ag fás gan chuimse,
Gan mheasarthacht.

Is do thugas gean mo chroí go fíochmhar
Don rud tá srianta,
Do gach macrud:

Don smacht, don reacht, don teampall daoineach
Don bhfocal bocht coitianta,
Don am fé leith:

Don ab, don chlog, don seirbhíseach,
Don chomparáid fhaitíosach,
Don bheaguchtach:

Don luch, don tomhas, don dreancaid bhídeach
Don chaibidil, don líne
Don aibítir:

Don mhórgacht imeachta is tíochta,
Don chearrbhachas istoíche,
Don bheannachtain:

Don bhfeirmeoir ag tomhas na gaoithe
Sa bhfómhar is é ag cuimhneamh
Ar pháirc eornan:

Don chomhthuiscint, don chomh-sheanchuimhne
Don chomhiompar comhdhaoine,
Don chomh-mhacrud

Is bheirim fuath anois is choíche
Do imeachtaí na saoirse
Don neamhspleáchas.

Is atuirseach an intinn
A thit in iomar doimhin na saoirse,
Ní mhaireann cnoc dár chruthaigh Dia ann,
Ach cnoic theibí, sainchnoic shamhlaíochta,
Is bíonn gach cnoc díobh lán de mhianta
Ag dreapadóireacht gan chomhlíonadh,
Níl teora leis an saoirse
Ná le cnoca na samhlaíochta,
Ná níl teora leis na mianta,
Ná faoiseamh
Le fáil.

Téama
- Tá an file *ag cur fáilte roimh an ngnáthshaol* agus *ag séanadh na saoirse teibí* a bhíodh aige de bharr go bhfuil an sórt saoirse seo gan treoir agus gan teorainn.

Príomhphointí an dáin
- Tá an file chun saol intleachtúil na samhlaíochta a fhágáil agus dul i dteagmháil le gnáthdhaoine arís.
- Beidh sé ag cuardach cuideachta gnáthdhaoine.
- Glacfaidh sé le rialacha na ndaoine seo, daoine nach mbíonn saoirse ná samhlaíocht acu.
- Beidh sé in ann sásamh a bhaint as rudaí simplí, agus foghlaimeoidh sé umhlaíocht.
- As seo amach beidh gráin aige do chuile rud a thagann ón tsaoirse, agus beidh meas aige do ghnáthdhaoine agus do ghnáthchúrsaí an tsaoil.

Teicníochtaí liteartha sa dán
Ar an gcéad dul síos, b'fhile den scoth é **Seán Ó Ríordáin**, agus tá a chuid dánta lán le *teicníochtaí liteartha* agus *friotal gonta. Fealsamh* ba ea é, agus tá an dán seo líonta d'fhealsúnacht an fhile. Measaim gur cheap an Ríordánach go raibh sé *níos fearr bheith íseal agus sásta ná uasal agus míshásta.*

Meafair, íomhánna, siombalachas, agus samhlacha:
Baineann an file sárúsáid as *meafair, íomhánna, siombalachas* agus *samhlacha* sa dán seo, agus méadaíonn sé éifeacht an dáin. Tá meafar an umair agus an chnoic ann:
> Is atuirseach an intinn
> A thit in iomar doimhin na saoirse,
> Ní mhaireann cnoc dar chruthaigh Dia ann,
> Ach cnoic theibí, sainchnoic shamhlaíochta …

Agus tá meafar éifeachtach ag tús an dáin:
> Is ceanglód an chonairt smaointe
> Tá ag drannadh im' thimpeall
> San uaigneas …

Codarsnacht

Tá an *chodarsnacht idir an ainmháistreacht* agus an *mháistreacht* fite fuaite tríd an dán. Chomh maith leis sin baintear úsáid as an gcodarsnacht chun an difríocht idir an *daoirse* agus an *tsaoirse* a thaispeáint.

Athrá

Baineann an file úsáid as *athrá,* go mor mór leis an bhfocal *don,* agus cuireann sé seo go mór le héifeacht an dáin.

Teicníochtaí eile

Chomh maith leis sin, *saorvéarsaíocht* atá mar mheadaracht an dáin, agus is dán *nua-aimseartha* é.

Ceisteanna

1   (*a*) Deir an file linn sa dán 'Saoirse' go bhfuil sé chun dul síos
        i measc na ndaoine ag lorg daoirse. Scríobh tuairisc *ghairid*
        ar a bhfuil aige sa dán faoi cháilíochtaí na 'daoirse' úd
        agus faoi na daoine a chleachtann í.   (13 mharc)
    (*b*) Deir sé in áit eile sa dán gur fuath leis anois imeachtaí na
        saoirse. Scríobh tuairisc *ghairid* ar a bhfuil de mhíniú aige
        air sin sa dán.   (12 mharc)
    (*c*) Cad é do mheas ar an úsáid a bhaintear as **meafair** sa dán
        seo? (Is leor trácht a dhéanamh ar *dhá* cheann díobh.)
        (Ardteistiméireacht, 1997.)   (10 marc)
2   (*a*) 'Diongbháilteacht an fhile bheith ina ghnáthdhuine is
        téama don dán "Saoirse".' An ráiteas sin a phlé trí thagairtí
        cuí a dhéanamh don dán.   (15 mharc)
    (*b*) Abair cad tá i gceist ag an bhfile, dar leat, le 'daoirse' agus
        'saoirse' sa dán seo. (Is leor *dhá* phointe i do fhreagra.)   (10 marc)
    (*c*) Déan trácht *gairid* ar na **meafair** sa dán seo agus ar an
        éifeacht atá leo, dar leat.   (10 marc)

GADSCAOILEADH

Máirtín Ó Direáin

Más beo do bheo dá n-éis
Na gaid go léir a scaoilis,
Is nach corpán ar do chosa thú
Iontach liom mar éacht é.

Gad do dhúchais dual ar dhual
Anuas má ghearrais díot é,
Ait liom i ndiaidh na sceanairte
Más tú atá ann ach iarlais.

Dá gcuirteá an scéal i mo chead
Déarfainn leat a theacht ceart,
Is féachaint go bhfáiscfeá leathghad
In aghaidh gach gaid a scaoilis.

Leathghad a chaitheas i do threo uair
Mar dhúil go bhfáiscfeá aniar é,
Leor eol dom ó shin i leith
I do láimh nár rugais riamh air.

Minic a tháinig de mo dhíomá
Tuairimí agam ort is smaointe,
Nár mhaise dom a dtagairt leat
Dá dtagainn féin ceart i do thaobhsa.

Gaid a scaoileadh ní ionann
Is ualach a ligean síos díot,
Ach i gcuimhne mo leathghaid
Is faoiseamh a ghuím duit.

Téama
Tréigean an dúchais is téama don dán seo, agus *an grá* mar fhothéama ann.

Príomhphointí an dáin
- Ní thuigeann an file cén chaoi a bhféadfadh aon duine cúl a thabhairt le dúchas.
- Baineann sé úsáid as an bhfocal 'gad' chun ceangal an dúchais a chur in iúl. Dá bhrí sin tá ionadh air go mbeadh aon duine sásta an ceangal sin a bhriseadh.
- Tá ionadh air gur imigh an bhean a luann sé sa dán thar lear agus gur thréig sí a dúchas.
- Cé nár ghlac an bhean seo lena chaidreamh roimh dhul thar lear di, níl sé ar buile léi a thuilleadh, agus guíonn sé suaimhneas uirthi.

Teicníochtaí liteartha sa dán
Meafair agus íomhánna
Tá *meafar leanúnach an ghaid* ag dul tríd an dán seo ón gcéad véarsa:
    Más beo do bheo dá n-éis
    Na gaid go léir a scaoilis …
go dtí an véarsa deireanach:
    Gaid a scaoileadh ní ionann
    Is ualach a ligean síos díot …
Chomh maith leis sin tá *meafar an chorpáin* sa chéad véarsa agus *meafar na hiarlaise* sa dara véarsa. Baineann an Direánach úsáid as *friotal gonta* agus *íomhánna áille* sa dán seo, go mór mór sa cheathrú véarsa agus é ag caint faoin

leathcheangal a chaith sé chuig an mbean agus íomhá ligean síos an ualaigh sa véarsa deireanach.

Tá rithim nádúrtha i bhfilíocht Mháirtín Uí Dhireáin, agus tá rím agus saor-véarsaíocht sa dán seo freisin. Chomh maith leis sin tá rian an *dáin dhírigh* air.

Ceisteanna

1   (*a*) Is é an 'gad' meafar bunaidh an dáin 'Gadscaoileadh'.
Do thuairim uait faoin úsáid a bhaineann an file as an
meafar sin tríd an dán agus faoi éifeacht na húsáide sin,
dar leat.   (25 marc)

     (*b*) Cad tá i gceist ag an bhfile sa dá líne
'Ait liom i ndiaidh na sceanairte
Más tú ann ach iarlais'?   (5 mharc)

     (*c*) Cén **mothú**, an dóigh leat, atá ag brath ar an dá líne
dheireanacha den dán,
'Ach i gcuimhne mo leathghaid
Is faoiseamh a ghuím duit?'
Tabhair fáth le do thuairim.   (5 mharc)
(Ardteistiméireacht, 1997.)

2   (*a*) 'Is é tréigean an dúchais príomhthéama an dáin
"Gadscaoileadh".' Do thuairim uait faoi sin.   (15 mharc)

     (*b*) Cad tá i gceist ag an bhfile sna línte
'Gad do dhúchais dual ar dhual
Anuas má ghearrais díot é'?   (10 marc)

     (*c*) Scríobh nóta *gairid* faoi oiriúnacht an teidil, dar leat,
dá bhfuil i gceist sa dán seo.   (10 marc)

CAOINEADH AIRT UÍ LAOIRE
Eibhlín Dhubh Ní Chonaill

Mo ghrá go daingean tú!
Lá dá bhfaca thú
Ag ceann tí an mhargaidh.
Thug mo shúil aire dhuit,
Thug mo chroí taitneamh duit,
D'éalaíos óm' charaid leat
I bhfad ó bhaile leat.

Is domhsa nárbh aithreach:
Chuiris parlús á ghealadh dhom
Rúmanna á mbreacadh dhom,
Bácús á dheargadh dhom,
Brící á gceapadh dhom,
Rósta ar bhearaibh dom,

173

Mairt á leagadh dhom;
Codladh i gclúmh lachan dom,
Go dtíodh an t-eadartha
Nó thairis dá dtaitneadh liom.

Mo chara go daingean tú!
Is cuimhin lem' aigne
An lá breá earraigh úd,
Gur bhreá thíodh hata dhuit
Faoi bhanda óir tarraingthe,
Claíomh cinn airgid—
Lámh dheas chalma—
Rompsáil bhagarthach—
Fír-chritheagla
Ar namhaid chealgach—
Tu i gcóir chun falaracht,
Is each caol ceannann fút.
D'umhlaídís Sasanaigh
Síos go talamh duit,
Is ní ar mhaithe leat
Ach le haonchorp eagla
Cé gur leo a cailleadh tú,
A mhuirnín mh'anama.

Mo chara thú go daingean!
Is nuair a thiocfaidh chugham abhaile
Conchúr beag an cheana
Is Fear Ó Laoire, an leanbh,
Fiafróidh díom go tapaidh
Cár fhágas féin a n-athair.
Neosad dóibh faoi mhairg
Gur fhágas i gCill na Martra.
Glaofaidh siad ar a n-athair,
Is ní bheidh sé acu le freagairt.

Mo chara thú go daingean!
Is níor chreideas riamh dod' mharbh
Gur tháinig chugham do chapall
Is a srianta léi go talamh,
Is fuil do chroí ar a leacain
Siar go d'iallait ghreanta
Mar a mbítheá id' shuí 's id' sheasamh.
Thugas léim go tairsigh,
An dara léim go geata,
An tríú léim ar do chapall.

Do bhuaileas go luath mo bhasa
Is do bhaineas as na reathaibh
Chomh maith is bhí sé agam,
Go bhfuaras romham tú marbh
Cois toirín ísil aitinn,
Gan Pápa gan easpag,
Gan cléireach gan sagart
Do léifeadh ort an tsailm,
Ach seanbhean chríonna chaite
Do leath ort binn dá fallaing—
Do chuid fola leat 'na sraithibh;
Is níor fhanas le hí ghlanadh
Ach í ól suas lem' bhasaibh.

Mo ghrá thú agus mo rún!
Tá do stácaí ar a mbonn,
Tá do bha buí á gcrú;
Is ar mo chroí atá do chumha
Ná leigheasfadh Cúige Mumhan
Ná gaibhne Oileán na bhFionn.
Go dtiocfaidh Art Ó Laoire chugham
Ní scaipfidh ar mo chumha
Atá i lár mo chroí á bhrú,
Dúnta suas go dlúth
Mar a bheadh glas a bheadh ar thrúnc
'S go raghadh an eochair amú …

Téama

Caoineadh is ea an dán seo, agus tá *brón agus briseadh croí* mná céile Airt Uí Laoire, **Eibhlín Dhubh Ní Chonaill**, mar théama aige. Maraíodh Art láimh le Carraig an Ime, Contae Chorcaí. Tá *fothéamaí an ghrá agus an mhórtais* sa dán chomh maith.

Príomhphointí an dáin

- Bhí Eibhlín go mór *i ngrá le hArt*, agus *d'fhág sí a cairde* agus d'imigh leis.
- Deir sí go raibh sé *flaithiúil agus cineálta léi*.
- Chaith Art scaitheamh i seirbhís mhíleata thar lear, agus *bhí faitíos ar na Sasanaigh roimhe*.
- Bhí sé dathúil agus cróga.
- Bhí a fhios ag Ebhlín go raibh Art marbh nuair a *tháinig a chapall abhaile* gan mharcach agus é fuilsmeartha. Chuaigh sí ar ais go dtí an áit ina raibh sé ina luí.
- Bhí a fhios aici nach dtiocfadh sé ar ais go deo, agus bhí a croí briste.

Teicníochtaí liteartha sa dán
Meafair agus íomhánna
Baineann an file úsáid éifeachtach as meafair agus íomhánna atá oiriúnach do théama an dáin. Cruthaíonn sí íomhánna áille agus í ag moladh Airt:

Is cuimhin lem' aigne
An lá breá earraigh úd,
Gur bhreá thíodh hata dhuit
Faoi bhanda óir tarraingthe …

Chomh maith leis sin tá íomhá éifeachtach ann agus í ag caoineadh Airt sa véarsa deireanach:

Tá do staicíní arbhair cruachta,
Tá do chuid bó á mbleán;
Agus tá do bhrón ar mo chroí.

Tá meafar sármhaith sa dá líne dheireanacha den dán agus Eibhlín ag rá go bhfuil an brón atá i lár a chroí dúnta suas ar nós glas ar thrúnc agus an eochair ar iarraidh:

Mar a bheadh glas a bheadh ar thrúnc
's go raghadh an eochair amú.

Tá go leor *mórtais* sa dán, go mór mór agus Eibhlín ag cur síos ar *chrógacht,* ar *dhathúlacht* agus ar *uaisleacht Airt.* Baineann sí úsáid as an *dara pearsa* go minic, agus dá bhrí sin tá blas pearsanta ar na mothúcháin agus na smaointe a nochtann sí.

Mothúcháin
Tá go leor mothúchán sa dán seo. Tá *brón, bród, grá* agus *fearg* ann, agus chomh maith leis sin *maoithneachas* [*sentiment*] agus *truamhéala* [*pathos*]. Baineann an file úsáid as *friotal gonta láidir* chun na mothúcháin sin a chur in iúl, ag tosú leis an gcéad líne:

Mo ghrá go buan tú …

Úsáideann sí *athrá* go minic chun an *grá as cuimse* atá aici d'Art a thaispeáint, mar shampla

Mo chara go daingean tú,

ag tús an tríú, an cheathrú agus an chúigiú véarsa.

Maoithneachas
Tá tús *maoithneach* [*sentimental*] leis an dán, agus tá maoithneachas sa dán nuair atá Eibhlín ag déanamh tagairt do na páistí, go mór mór na buachaillí Conchúr agus Fear.

Ceisteanna
1   (*a*) Breac síos roinnt pointí eolais faoi Art Ó Laoire agus faoi Eibhlín Dhubh Ní Chonaill agus faoin eachtra thubaisteach a thug ar Eibhlín 'Caoineadh Airt Uí Laoire' a chumadh.   (15 mharc)

(*b*) Déan cur síos *gairid,* i d'fhocail féin, ar an bpictiúr a chuirtear romhainn sa ghiota seo a leanas:

> Is cuimhin lem' aigne
> An lá breá earraigh úd,
> Gur bhreá thíodh hata dhuit
> Faoi bhanda óir tarraingthe,
> Claíomh cinn airgid—
> Lámh dheas chalma—
> Rompsáil bhagarthach—
> Fír-chritheagla
> Ar namhaid chealgach—
> Tú i gcóir chun falaracht,
> Is each caol ceannann fút. (10 marc)

(*c*) 'Tá léiriú éifeachtach sa véarsa deireanach (thíos) den Chaoineadh ar dhólás Eibhlín agus ar a domhainghrá d'Art.' Do thuairim uait faoi sin.

> Mo ghrá thú agus mo rún!
> Tá do stácaí ar a mbonn,
> Tá do bha buí á gcrú;
> Is ar mo chroí atá do chumha
> Ná leigheasfadh Cúige Mumhan
> Ná gaibhne Oileán na bhFionn.
> Go dtiocfaidh Art Ó Laoire chugham
> Ní scaipfidh ar mo chumha
> Atá i lár mo chroí á bhrú,
> Dúnta suas go dlúth
> Mar a bheadh glas a bheadh ar thrúnc
> 'S go raghadh an eochair amú. (10 marc)

(Ardteistiméireacht, 1997.)

2 (*a*) Scríobh cuntas *gairid* ar na fáthanna ar chum Eibhlín Dhubh Ní Chonaill an dán 'Caoineadh Airt Uí Laoire'. (15 mharc)

(*b*) Déan tagairt do thréithe Airt Uí Laoire mar a léirítear iad sa dán seo. (10 marc)

(*c*) Scríobh cuntas *gairid* ar úsáid teicníochtaí liteartha sa dán seo. (10 marc)

AN SEANGHALAR
Máire Mhac an tSaoi

Cad a bhí it' éadan go ngéillfinnse dod' bhréithre?
Níor dheineas ort ach féachaint is do thréig mo chiall;
Claondearc na súl nglas, do choiscéim ab éadrom,
Do chéasadar mo chroíse, is go réidh ní chuirfead díom.

Is, a chaológánaigh, ba chráite an mhaise dhuit
Teacht aniar aduaidh orm go cúthail i ngan fhios dom—
Caidreamh go dtí seo riamh níor braitheadh eadrainn
Ach malartú beannacht leat ag gabháil dúinn chun an Aifrinn.

Ógmhná na dúthaí seo, má ritheadar id' dhiaidh,
Má thiteadar le baois duit, nár chuma liom a gcás?
Beag dá bharr anois agam suite cois an chlaí
Ag feitheamh féach an bhfeicfinn thú tharam chun na trá.

Is, a chaológánaigh, is fada liom an tseachtain seo,
Is gach greim bídh dá n-ithimse is láidir ná go dtachtann mé—
A Dhia mhóir na glóire, ní fiu bheith beo mar mhairimse!
Is nach crosta é an grá so don té a raghadh gafa ann?

Mar leoithne úr ón bhfarraige i meirfean an lae
Airím do theacht in aice liom, is is gile liom ná bláth
Na bhflaige mbuí san abhainn uaim á leathadh féin le gréin
Aon amharc ort—is nárbh fhearra dhom dá bhfanfá uaim go brách!

Is, a chaológánaigh, do réifeadh dom fáil scartha leat—
Cleamhnas dom do dhéanfadh mo mhuintir i bhfad as so;
Salmaireacht na cléire, sácraimint na heaglaise,
Do thabharfaidís chun céille mé—dá mb'fhéidir liom tú dhearmad.

Téama
Grá gan chúiteamh atá mar théama ag an dán seo agus *an choimhlint idir croí agus aigne* an chailín.

Príomhphointí an dáin
- Chonaic an cailín fear óg agus *thit sí i ngrá leis.*
- Cé nach raibh mórán baint acu lena chéile, mheall sé go ciúin í, agus anois níl sí in ann a cuid bia a ithe, agus braitheann sí an t-am an-fhada.
- Nuair a thagann sé chuici bíonn áthas uirthi, ach tá faitíos uirthi go mbeadh sí i bhfad níos fearr as dá bhfanfadh sé amach uathi go deo.
- D'imeodh sí ón áit agus phósfadh sí duine eile dá bhféadfadh léi dearmad a dhéanamh air.

Teicníochtaí liteartha sa dán

Baineann an file úsáid as gnéithe *d'amhráin ghrá na ndaoine* agus den *ghrá cúirte*. Ar nós an *amour courtois,* tá an grá seo pléisiúrtha, pianmhar, agus trioblóideach. Tá *friotal, rithim* agus *meadaracht* ann cosúil leis na hamhráin ghrá. Tá *gnéithe nósmhara an ghrá nua-aimseartha* agus *gnéithe nósmhara na seandánta grá* measctha le chéile sa dán seo, agus cuireann sé seo go mór le héifeacht an dáin.

Meafair, íomhánna, agus samhlacha

Baineann an file úsáid as meafar sa chéad véarsa agus í ag caint faoi shúla glasa an fhir óig:

Claondearc na súl nglas, do choiscéim ab éadrom.

Chomh maith leis sin tá úire sna híomhánna agus sna samhlacha sa chúigiú véarsa agus í ag déanamh *comparáid idir teacht na gaoithe agus teacht an fhir.*

Mar leoithne úr ón bhfarraige i meirfean an lae
Airím do theacht in aice liom, is is gile liom ná bláth
Na bhflaige mbuí san abhainn uaim á leathadh féin le gréin …

Athrá

Baineann an file úsáid as *athrá* agus í ag déanamh trácht ar an té a bhfuil sí i ngrá leis. Tá an t-athrá
    a chaológánaigh
sa dara véarsa, sa cheathrú véarsa, agus sa véarsa deireanach.

Ceisteanna

1   (*a*)   Is dán grá é 'An Seanghalar'. Déan trácht ar thréithe an dáin ghrá mar a fheictear sa dán seo iad.   (15 mharc)

        (*b*)   Déan trácht ar thréithe an leannáin mar a léirítear sa dán seo iad.   (10 marc)

        (*c*)   'Tá cur síos éifeachtach ar an dúlra sa chúigiú véarsa den dán ("Mar leoithne úr ón bhfarraige …").' Do thuairim uait faoi sin.   (10 marc)

2   (*a*)   'Tá coimhlint idir croí agus aigne an chailín sa dán 'An Seanghalar'. Déan an tuairim sin a phlé agus tagairtí cuí á ndéanamh don dán.   (15 mharc)

        (*b*)   Déan cur síos *gairid,* i d'fhocail féin, ar an bpictiúr a chuireann an file romhainn sa cheathrú agus sa chúigiú véarsa.   (10 marc)

        (*c*)   Scríobh nóta *gairid* ar éifeacht na dteicníochtaí liteartha sa dán seo.   (10 marc)

MÁTHAIR
Nuala Ní Dhomhnaill

Do thugais dom gúna
is thógais arís é;
do thugais dom capall
a dhíolais i m'éagmais;
do thugais dom cláirseach
is d'iarrais thar n-ais é;
do thugais dom beatha.

Féile Uí Bhriain
is a dhá shúil ina dhiaidh.

Cad déarfá
dá stracfainn an gúna?
dá mbáfainn an capall?
dá scriosfainn an chláirseach
ag tachtadh sreanga an aoibhnis
is sreanga na beatha?
dá shiúlfainn le haill
thar imeall Chuas Cromtha?
Ach tá's agam do fhreagra—
le d'aigne mheánaoiseach
d'fhógrófá marbh mé,
is ar cháipéisí leighis
do scríobhfaí na focail
míbhuíoch, scitsifréineach.

Téama
An *choimhlint idir an file agus a máthair* mar gheall ar *shaoirse phearsanta* atá mar théama ag an dán seo.

Príomhphointí an dáin
- Deir an file gur thug a máthair *gúna, capall agus cláirseach* di, chomh maith lena beatha, ach gur *thóg sí an gúna ar ais, dhíol sí an capall, agus d'iarr sí an chláirseach ar ais uaithi.*
- Deir sí go bhfuil a máthair cosúil le *sprionlóir* mar gur thug sí bronntanas *go doicheallach.*
- Cuireann an file an cheist cad a bheadh le rá ag a máthair *dá stróicfeadh sí an gúna, dá mbáfadh sí an capall, dá scriosfadh sí an chláirseach, nó dá siúlfadh sí thar imeall Chuas Cromtha* agus í féin a mharú.

Teicníochtaí liteartha sa dán
Baineann an file úsáid as *friotal gonta* chun an *choimlint idir í féin agus a máthair* a thaispeáint go soiléir.

Meafair, íomhánna, agus siombalachas
Tá meafair agus siombalachas na bhfocal 'an gúna', 'an capall' agus 'an chláirseach' an-éifeachtach. Luaigh an síceolaí Carl Jung tréithe na máthar grámhaire chomh maith le tréithe na máthar gránna, agus ceaptar go ndeachaigh fealsúnacht Jung i bhfeidhm go mór ar Nuala Ní Dhomhnaill. Tá an fhealsúnacht sin le feiceáil go soiléir sa dán seo sa *chodarsnacht* idir an 'mháthair ghrámhar' a thug rudaí di ag tús an dáin agus an 'mháthair ghránna' a bhainfeadh na rudaí sin di arís.

Tá *íomhá* an fhile ag caitheamh í féin thar fhiacail Chuas Cromtha an-láidir:
dá shiúlfainn le haill
thar imeall Chuas Cromtha?

Úsáideann an file *friotal gonta láidir* chun a smaointe a chur in iúl, mar shampla na briathra:
dá stracfainn an gúna?
dá mbáfainn an capall?
dá scriosfainn an chláirseach
ag tachtadh sreanga an aoibhnis …

Ceisteanna
1   (*a*)   Cén léargas atá le fáil ón dán 'Máthair' ar an ngaol atá idir an iníon agus a máthair?   (15 mharc)

     (*b*)   Déan cur síos *gairid* ar na siombail a úsáideann an file sa dán seo.   (10 marc)

     (*c*)   Déan cur síos *gairid*, i d'fhocail féin, ar an bpictiúr a chuirtear romhainn sa ghiota seo a leanas:
> d'fhógrófá marbh mé,
> is ar chaipéisí leighis
> do scríobhfaí na focail
> míbhuíoch, scitsifréineach.   (10 marc)

2   (*a*)   'Tá tábhacht faoi leith ag baint leis na meafair agus na siombail a úsáidtear sa dán "Máthair".' Déan an tuairim sin a phlé agus tagairtí cuí á ndéanamh agat don dán.   (15 mharc)

     (*b*)   Déan cur síos *gairid* ar an mothú is láidre, dar leat, atá sa dán seo.   (10 marc)

     (*c*)   Déan cur síos *gairid*, i d'fhocail féin, ar an bpictiúr a chuirtear romhainn sa ghiota seo a leanas:
> Cad déarfá
> dá stracfainn an gúna?
> dá mbáfainn an capall?
> dá scriosfainn an chláirseach
> ag tachtadh sreanga an aoibhnis
> is sreanga na beatha.   (10 marc)

AN BONNÁN BUÍ

Cathal Buí Mac Giolla Ghunna

A bhonnáin bhuí, is é mo chrá do luí
    is do chnámha críon tar éis a gcreim,
is chan díobháil bídh ach easpa dí
    d'fhág tú 'do luí ar chúl do chinn;
is measa liom féin ná scrios na Traí
    thú bheith sínte ar leacaibh lom,
is nach ndearna tú díth ná dolaidh sa tír
    is nárbh fhearr leat fíon ná uisce poill.

Is a bhonnáin álainn, mo mhíle crá
    do chúl ar lár amuigh insa tslí,
is gur moch gach lá a chluininn do ghráig
    ar an láib agus tú ag ól na dí;
is é an ní adeir cách le do dheartháir Cathal
    go bhfaighidh mé bás mar súd, más fíor,
ní hamhlaidh atá—siúd an préachán breá
    chuaigh a dh'éag ar ball, gan aon bhraon dí.

A bhonnáin óig, is é mo mhíle brón
    thú bheith romham i measc na dtom,
is na lucha móra ag triall chun do thórraimh
    ag déanamh spóirt is pléisiúir ann;
dá gcuirfeá scéala in am fá mo dhéinse
    go raibh tú i ngéibheann nó i mbroid fá dheoch,
do bhrisfinn béim ar an loch sin Vesey
    a fhliuchfadh do bhéal is do chorp isteach.

Ní hé bhur n-éanlaith atá mise ag éagnach,
    an lon, an smaolach, ná an chorr ghlas—
ach mo bhonnán buí a bhí lán den chroí,
    is gur cosúil liom féin é ina ghné is a dhath;
bhíodh sé choíche ag síoról na dí,
    agus deir na daoine go mbím mar sin seal,
is níl deor dá bhfaighead nach ligfead síos
    ar eagla go bhfaighinnse bás den tart.

Dúirt mo stór liom ligean den ól
    nó nach mbeinnse beo ach seal beag gearr,
ach dúirt mé léi go dtug sí bréag
    is gurbh fhaide mo shaolsa an deoch úd a fháil;
nach bhfaca sibh éan an phíobáin réidh
    a chuaigh a dh'éag den tart ar ball?—

a chomharsain chléibh, fliuchaidh bhur mbéal,
  óir chan fhaigheann sibh braon i ndiaidh bhur mbáis.

Téama
Dán é seo ina chaoineann an file bás an éin, agus is é téama an dáin ná gur maith an rud an t-ól do dhaoine agus gur chóir dóibh leanúint leis.

Príomhphointí an dáin
- Bhí *bonnán* sínte marbh ar an gcosán, agus tháinig an file air.
- Deir an file go bhfuair an t-éan bás de bharr easpa uisce.
- Deir sé go ndúirt daoine leis féin go bhfaigheadh sé bás sa tslí chéanna.
- Cheap sé go raibh an t-éan cosúil leis féin, ar dhá bhealach. Bhí an dath céanna orthu—an bonnán buí agus Cathal Buí—agus bhí siad beirt tugtha don ól.
- Bhí an t-éan sínte amach i measc na dtor, agus na francaigh ag déanamh spraoi agus ag ithe a choirp.
- Dúirt an file go bhfuair an t-éan bás den tart agus dá bhrí sin gur chóir do gach aon duine neart a ól.

Teicníochtaí liteartha sa dán
Greann agus áibhéil
Baineann an file go leor úsáide as *greann agus áibhéil*. Go deimhin tá an dán seo an-ghreannmhar, go mór mór sa chaoi a ndéanann an file comparáid idir é féin agus an t-éan, ionas go mbeidh sé ábalta bás an éin a úsáid mar leithscéal chun leanúint leis an ragairne agus an ól, cé go gcuireann sé seo isteach go mór ar a bhean. Déanann sé comparáid ghreannmhar eile idir bás an éin agus scrios na Traí. Agus feictear an greann agus an báúlacht nuair a ghlaonn sé 'do dhearthair Cathal' air féin agus é ag labhairt leis an éan marbh.

Uaim
Tá an t-uafás uama fite fuaite trí na véarsaí go léir, mar shampla sa chéad véarsa:
  d'fhág tú 'do luí ar *chúl do chinn*;
agus tá uaim álainn sa cheathrú véarsa:
  ach mo *bhonnán buí* a *bhí* lán den chroí.

Friotal
Baineann an file úsáid as *friotal* agus *rím* álainn sa dán, mar shampla sa dara véarsa:
  Ní hamhlaidh *atá*—súd an préachán *breá* …
Chomh maith leis sin tosaíonn sé an chéad véarsa leis an líne
  A *bhonnáin bhuí*, is é mo *chrá* do *luí*.
Tosaíonn an dara véarsa:
  Is a bhonnáin *álainn, mo mhíle crá*
agus tosaíonn an tríú véarsa leis an líne
  A bhonnáin *óig*, is é *mo mhíle brón*.

183

Tá athrá 'mo mhíle' an-éifeachtach, agus taispeánann an file a ghrá don éan leis na focail 'buí', 'álainn', agus 'óg'.

Ceisteanna

1 (*a*) Do thuairim uait faoina bhfuil de **ghreann** le fáil sa dán
'An Bonnán Buí'. (25 marc)

   (*b*) Cén líne sa dán seo a thabharfadh le tuiscint go raibh
eolas áirithe ag an bhfile ar stair na sean-Ghréige?
Mínigh an líne. (5 mharc)

   (*c*) Cén líne sa dán a léiríonn gur shíl an file gurbh ionann
a chás féin agus cás an bhonnáin? Mínigh an líne. (5 mharc)
(Páipéar samplach, 1997.)

2 (*a*) 'Tugadh go leor comhairle don fhile, ach is beag aird
a thug sé uirthi.' Do thuairim uait faoi sin. (15 mharc)

   (*b*) Déan cur síos *gairid,* i d'fhocail féin, ar an bpictiúr
a chuireann an file romhainn sa tríú véarsa. (10 marc)

   (*c*) Cad iad tréithe an éin, mar a léirítear iad sa dán seo? (10 marc)

MAC AN CHEANNAÍ

Aogán Ó Raithile

Aisling ghéar do dhearcas féin
    ar leaba 's mé go lagbhríoch,
an ainnir shéimh darbh ainm Éire
    ag teacht im' ghaor ar marcaíocht,
a súile glas, a cúl tiubh casta,
    a com ba gheal 's a malaí,
dá mhaíomh go raibh ag tíocht 'na gar
    a díogras, Mac an Cheannaí.

A beol ba bhinn, a glór ba chaoin,
    is ró-shearc linn na cailín,
céile Bhriain dár ghéill an Fhiann,
    mo léirchreach dhian a haicíd:
fá shúistibh Gall dá brú go teann,
    mo chúileann tseang is mo bhean ghaoil;
beidh sí 'na spreas, an rí-bhean deas,
    go bhfillfidh Mac an Cheannaí.

Na céadta tá i bpéin dá grá
    le géarshearc shámh dá cneas mhín
clanna ríthe, maca Míle,
    dragain fhíochta is gaiscígh;
gnúis ná gnaoi ní mhúsclann sí

184

cé dubhach fá scíos an cailín—
níl faoiseamh seal le tíocht 'na gar
   go bhfillfidh Mac an Cheannaí.

A ráite féin, is cráite an scéal,
   mo lánchreach chlé do lag sinn.
go bhfuil sí gan cheol ag caoi na ndeor
   's a buíon gan treoir gan maithghníomh,
gan fiach gan feoil, i bpian go mór
   'na hiarsma fó gach madaí,
cnaoite lag ag caoi na ndearc
   go bhfillfidh Mac an Cheannaí.

Adúirt arís an bhúidhbhean mhíonla
   ó turnadh ríthe 'chleacht sí,
Conn is Art ba lonnmhar reacht,
   ba foghlach glac i ngleacaíocht,
Criomhthainn tréan tar toinn tug géill
   is Luighdheach mac Céin an fear groí,
go mbeadh sí 'na spreas gan luí le fear
   go bhfillfidh Mac an Cheannaí.

Do-bheir súil ó dheas gach lá fá seach
   ar thráigh na mbarc an cailín
is súil deas-soir go dlúth tar muir,
   mo chumha anois a haicíd,
a súile siar ag súil le Dia,
   tar tonntaibh mara gainmhe;
cloíte lag beidh sí gan phreab
   go bhfillfidh Mac an Cheannaí.

A bhráithre breaca táid tar lear,
   na táinte shearc an cailín;
níl fleá le fáil, níl gean ná grá
   ag neach dá cairdibh, admhaím;
a gruanna fliuch, gan suan gan sult,
   fá ghruaim is dubh a n-aibíd,
's go mbeidh sí 'na spreas gan luí le fear
   go bhfillfidh Mac an Cheannaí.

Adúrtsa léi ar chlos na scéal,
   i rún gur éag do chleacht sí,
thuas sa Spáinn go bhfuair an bás—
   's nár thrua le cách a ceasnaí?
ar chlos mo ghotha i bhfogras di

185

chorraigh a cruth 's do scread sí
is d'éalaigh an t-anam d'aonphreib aisti—
   mo léansa an bhean go neamhbhríoch.

Téama

Aisling pholaitiúil atá sa dán seo. *Cruachás na hÉireann,* chomh maith le héadóchas an fhile mar gheall air sin, atá mar théama. Tá éadóchas air mar tá deireadh leis an bpátrúnacht agus dá bhrí sin deireadh le ré órga na bhfilí gairmiúla in Éirinn.

Príomhphointí an dáin

- Chonaic an file *aisling* nó *fís* nuair a bhí sé lag ina leaba.
- Éire atá ann, agus tá sí i ngrá le 'Mac an Cheannaí' (rí na Spáinne).
- Insíonn an spéirbhean a *scéal brónach* dó. Tá sí ag gol agus i bpian go mór.
- Tá sí *gan chéile* agus gan treoir *ó briseadh ar na taoisigh Ghaelacha.*
- Tugadh sí *súil ó dheas* gach uile lá ag súil go dtiocfadh a grá—*an Stíobhardach nó rí na Spáinne*—go hÉirinn agus go mbrisfí ar na Sasanaigh go deo.
- Tá sí *i gcruachás,* gan féasta gan cion, agus tá cuma an bhróin uirthi.
- Ansin deir an file léi go raibh a grá tar éis bás a fháil. Nuair a chloiseann sí an drochscéala tagann crith ar a corp, ligeann sí scread aisti, agus faigheann sí bás ar an toirt.

Teicníochtaí liteartha sa dán

Meafair agus íomhánna

Baineann an file úsáid as meafair agus íomhánna atá fíorálainn agus an-tíriúil ar fad. Baineann an chuid is mó de na híomhánna le *háilleacht na spéirmhná,* ag cur síos ar chomh huaigneach is atá sí agus ar a cruachás, mar shampla sa chéad véarsa:

a súile glas, a cúl tiubh casta
a com ba gheal 's a malaí,

agus sa dara véarsa:

A beol ba bhinn, a glór ba chaoin …

Tá *meafair na spéirmhná agus Mhac an Cheannaí* sa dán ó thús go deireadh. Is meafar d'Éirinn an ainnir shéimh sa chéad véarsa:

an ainnir shéimh darbh ainm Éire.

Agus is meafar do rí na Spáinne 'Mac an Cheannaí' sa chéad véarsa chomh maith:

dá mhaíomh go raibh ag tíocht 'na gar
a díogras, Mac an Cheannaí.

Fáthchiall

Aisling fháthchiallach é seo. Ar leibhéal amháin samhlaítear Éire mar ainnir atá pósta le rí nó taoiseach a mhair in Éirinn fadó; ach ar leibhéal eile tá sí i ngrá le duine éigin eile, 'Mac an Cheannaí' (rí na Spáinne nó an Stíobhardach).

Athrá

Baineann an file úsáid éifeachtach as athrá sa dán, agus tá an t-athrá seo—

go bhfillfidh Mac an Cheannaí

—i ngach véarsa ach amháin an chéad véarsa agus an véarsa deireanach. Taispeánann athrá na líne sin chomh mór is atá sí ag tnúth le teacht 'Mhac an Cheannaí' (cabhair ón Spáinn).

Friotal

Tá friotal an dáin seo simplí go leor. Úsáideann an file friotal simplí chun éadóchas na spéirmhná a chur in iúl; ach tá an friotal agus an uaim go hálainn in áiteanna, mar shampla sa dara véarsa:

A beol ba bhinn, a glór ba chaoin,

agus sa tríú véarsa:

gnúis ná gnaoi ní mhúsclann sí.

Chomh maith leis sin tá an *rím inmheánach* fíordheas sa líne sin.

Ceisteanna

1   (*a*)   'Éadóchas agus droch-chás na hÉireann ag tús na hochtú haoise déag is téama don dán "Mac an Cheannaí".' Plé *gairid* a dhéanamh ar an ráiteas sin. (15 mharc)

     (*b*)   Déan trácht *gairid* ar na mothúcháin is treise sa dán seo. (10 marc)

     (*c*)   Déan cur síos *gairid*, i d'fhocail féin, ar an bpictiúr a chuirtear romhainn sa dara véarsa. (10 marc)

2   (*a*)   Aisling pholaitiúil is é an dán 'Mac an Cheannaí'. Cad iad na tréithe den aisling pholaitiúil a ghabhann leis? (15 mharc)

     (*b*)   Déan cur síos *gairid* ar na gnéithe fáthchiallacha atá sa dán seo. (10 marc)

     (*c*)   Déan cur síos *gairid*, i d'fhocail féin, ar an bpictiúr a chuirtear romhainn sa chéad véarsa.

Stair na Gaeilge

As this is a revision book I will not attempt comprehensive coverage of this part of the course. The new syllabus in Irish, which was examined for the first time in 1997, was to have seen the marks for this part of the course increase from 30 to 45. This increase has not taken place, and in this revision book I have consequently chosen to cover just a few of the more important parts of this subject. I would recommend Donncha Ó Riain's book *Stair na Gaeilge* (Gill & Macmillan) for more detailed information.

HOW TO ANSWER THIS QUESTION
As this is the last question in a three-hour exam, candidates usually
—are physically and mentally exhausted and
—have little or no time left.
I would therefore recommend that you answer the questions briefly using *numbered points*. (See the exam questions on pages 228 and 246.)

MEATH NA GAEILGE
Thosaigh meath na Gaeilge *cúig chéad bliain ó shin*. Seo roinnt de na cúiseanna:
* Thosaigh sé leis *na ríthe Túdaracha,* a chuir an Béarla chun cinn.
* Lean sé le *fás na gcathracha*. Bhí Béarla ag teastáil ansin i *gcúrsaí tráchtála* agus i *gcúrsaí dlí*.
* Buille tubaisteach ba ea *theip Éirí Amach 1798.*
* Tugadh tús áite don Bhéarla *i gColáiste Phádraig, Maigh Nuad.* Rinne an *Eaglais Chaitliceach* a gnó trí mheán an Bhéarla.
* Nuair a bunaíodh na scoileanna náisiúnta (1831 ar aghaidh) bhain siad úsáid as *córas oideachais Shasana.*
* Thug *Daniel O'Connell* agus a ghluaiseacht tús áite don Bhéarla.
* Chuidigh an Drochshaol (1845–47) le meath na Gaeilge. Fuair milliún duine bás agus chuaigh milliún eile ar imirce go Meiriceá agus an Astráil, Gaeilgeoirí a bhformhór mór.
* San fhichiú haois tá *tionchar as cuimse ag scannáin, an raidió agus an teilifís* i leathnú an Bhéarla ar fud an domhain.

CANÚINTÍ
Tá difríochtaí áirithe idir chanúintí éagsúla na Gaeilge. Tugtar na difríochtaí seo faoi deara go mór mór sna gnéithe seo a leanas:
(1) fuaimniú [*pronunciation*]
(2) stór focal [*vocabulary*]
(3) nathanna cainte
(4) gramadach.

Foghraíocht

Canúint Uladh	Canúint Chonnacht	Canúint na Mumhan
croc	croc	cnoc
mrá	mrá	mná

(Níl ansin ach roinnt samplaí.)

I gcanúint na Mumhan cuirtear an *bhéim* [*stress*] ar an siolla deireanach más guta fada atá ann. I gcanúint Chonnacht agus canúint Uladh cuirtear an bhéim ar an gcéad siolla i gcónaí (taobh amuigh d'eisceacht nó dhó):

Canúint Uladh	Canúint Chonnacht	Canúint na Mumhan
gluaisteán	gluaisteán	gluaisteán
múinteoir	múinteoir	múinteoir
siopadóir	siopadóir	siopadóir

Stór focal

Canúint Uladh	Canúint Chonnacht	Canúint na Mumhan
cuidiú	cabhair	cabhair
doiligh	deacair	deacair
gasúr	gasúr	garsún
iontach	an-	an-
mada	gadhar	madra
measartha	réasúnta/cuibheasach	cuibheasach
préataí	fataí	prátaí
tobann	tobann	obann
úr	nua	nua

(Níl ansin ach roinnt samplaí.)

Nathanna cainte

Canúint Uladh	Canúint Chonnacht	Canúint na Mumhan
cad é mar atá tú?	cén chaoi a bhfuil tú?	conas tá tú?
gabh anseo/goitse	gabh i leith	tar anseo

(Níl ansin ach roinnt samplaí.)

Gramadach

I gcanúint Uladh agus canúint Chonnacht úsáidtear an *fhoirm scartha* den bhriathar; i gcanúint na Mumhan úsáidtear an *fhoirm tháite*:

Canúint Uladh	Canúint Chonnacht	Canúint na Mumhan
cheap mé	cheap mé	cheapas
bhí mé	bhí mé	bhíos
an raibh tú?	an raibh tú?	an rabhais?

I gcanúint Uladh úsáidtear séimhiú seachas urú sa tuiseal tabharthach:

Canúint Uladh
ar an bhóthar

Canúint Chonnacht
ar an mbóthar

Canúint na Mumhan
ar an mbóthar

OGHAM

- Seanchóras scríbhneoireachta ba ea é.
- D'úsáidtí *poncanna* i gcomhair na ngutaí agus *scríoba* i gcomhair na gconsan.
- Baineadh úsáid as idir na blianta *400 agus 750* nó mar sin.
- Tá samplaí le feiceáil ar na galláin agus ar chlocha eile.
- Ainmneacha *na dtaoiseach agus na ríthe* a bhíodh scríofa orthu.
- Baineadh úsáid as ogham *in Albain* chomh maith.

TIONCHAR TEANGACHA IASACHTA AR AN NGAEILGE
Tionchar na Lochlannach

Tar éis scrios na mainistreacha ón *naoú haois* ar aghaidh, tháinig an Ghaeilge faoi thionchar theanga na Lochlannach. Baineann formhór na bhfocal a tháinig ón Lochlainnis le *cúrsaí tráchtála agus loingseoireachta*.

Samplaí ón Lochlainnis
oileán
fuinneog
scilling
margadh
bád
bord
cnaipe

Tionchar na Normannach

Thosaigh sé seo ón mbliain *1169* ar aghaidh. Thug na Normannaigh *an Fhraincis agus an Béarla* isteach in Éirinn. Tá baint ag go leor de na focail seo le *cúrsaí eaglaise, dlí, agus polaitíochta*.

Samplaí ó Fhraincis na Normannach
buidéal
dainséar
garsún
pardún
péinteáil
séipéal
seomra

Tionchar na Laidine

Bhí tionchar ag an Laidin ar an nGaeilge mar gheall ar *theacht na Críostaíochta* agus an bhaint a bhí ag Éirinn leis *an mBreatain* (áit a raibh *na Rómhánaigh* i réim).

190

Samplaí ón Laidin
arm
athair
cat
leabhar
máistir
máthair
míle
sagart

AN RÚRAÍOCHT

Cnuasach *laochscéalta* atá inti, a bhfuil baint acu le Cúige Uladh. Tá siad suite in aimsir *Chonchúir mhic Neasa*. Glacann *Cú Chulainn* páirt mhór sa choimhlint a bhíonn ar siúl idir *Cúige Chonnacht* agus *Cúige Uladh*.

- *Daoine uaisle* a bhíonn sna scéalta.
- Bíonn *draíocht, crógacht agus niachas* forleathan iontu.
- Tá neart *logainmneacha* ann, agus béim ar an *dúlra*.
- Is iomaí uair a bhíonn an *lámh in uachtar ag an mbean*.
- Is *sna caisleáin agus sna dúnta* a tharlaíonn na heachtraí.
- Feictear *áibhéil agus barbarthacht* iontu.
- Tá na heachtraí suite idir an séú haois agus an dóú haois déag.

AN FHIANNAÍOCHT

- Cuid den *bhéaloideas* iad na scéalta seo.
- Baineann na scéalta leis *an bhFiann agus le Fionn mac Cumhail*, in *aimsir Chormaic mhic Airt*.
- 'Agallamh na Seanórach', 'Tóraíocht Dhiarmada agus Ghráinne' agus 'Bruíon Chaorthainn' na saothair is tábhachtaí.
- *Gnáthdhaoine* is mó atá sna scéalta.
- Tarlaíonn na heachtraí *amuigh faoin aer.*
- Bíonn *draíocht, crógacht agus niachas* sna scéalta.
- Feictear *áibhéil agus barbarthacht* iontu.
- Tá béim ar *dhinnseachas* (seanchas na logainmneacha) agus ar *an dúlra* iontu.
- Is minic a bhíonn *rothaig* sna scéalta.
- Scríobhadh na dánta sa stíl ar a dtugtar an *'dán díreach'*.
- Feictear *coimhlint idir an phágántacht agus an Chríostaíocht* iontu.

AN DÁN DÍREACH

- Tá baint ag an dán díreach leis *an tréimhse 1300–1600.*
- *Filíocht shiollach* le *méid áirithe siolla i ngach líne* a bhíodh sa dán díreach.
- Bhíodh ceird na filíochta á cleachtadh *i dteaghlaigh ar leith.*
- Bhí ar na filí *seacht mbliana* a chaitheamh ag foghlaim dlí, ginealais, filíochta agus staire *sna bardscoileanna agus sna dámhscoileanna.*

191

- Bhíodh ar an mbard na dánta a léamh nó a rá *i láthair an taoisigh*.
- Is beag *mothú* a bhí iontu.
- Is sampla den dán díreach 'Fuaras Mian'.

NA hANNÁLA

- Tugtar 'annála' ar na nótaí a scríobhadh na manaigh faoi shaol na mainistreacha fadó.
- Tá tuairiscí iontu faoi *chúrsaí oideachais, chúrsaí ginealais, agus chúrsaí stáit*.

Na hannála is tábhachtaí

- Annála Uladh—faoi na Lochlannaigh agus Naomh Pádraig.
- Annála Ríochta Éireann (nó Annála na gCeithre Máistrí)—faoi stair na hÉireann, scríofa ag Micheál Ó Cléirigh, Fearfeasa Ó Maolchonaire, agus beirt Phroinsiasach eile.
- Annála Loch Cé—faoi Chath Chluain Tarbh agus eachtraí eile staire. Scríobhadh idir 1632 agus 1636 iad i gContae Ros Comáin.
- Chomh maith leo siúd tá Annála Chluain Mhic Nóis, Annála Inis Faithleann agus Annála Thiarnaigh againn.

NA CÚIRTEANNA FILÍOCHTA

Thagadh filí le chéile san ochtú haois déag chun *ceird na filíochta a phlé* agus a gcuid *dánta a léamh agus a mheas*. Thaigidís le chéile ar ócáidí ar nós *tórramh agus bainisí*. Thugtaí 'cúirt' ar an áit agus ar an ócáid, agus d'úsáidtí téarmaí dlí ar nós 'sirriam' [*sheriff*] (don chathaoirleach) agus 'barántas' [*warrant*]. Tugadh *'dámh-scoileanna'* ar na cúirteanna seo chomh maith.

Na cúirteanna

- Filí na Máighe (i gCromadh, Contae Luimnigh): Aindrias Mac Craith ('an Mangaire Súgach') agus Seán Ó Tuama ('Seán an Ghrinn') na filí ba mhó clú ann.
- Sliabh Luachra (Contae Chiarraí)—Eoghan Rua Ó Súilleabháin agus Aogán Ó Raithile na filí ba mhó clú ann.
- An Ráth (Contae Chorcaí)—Seán Clárach Ó Dónaill.
- An Bhlarna (Contae Chorcaí)—Seán Ó Murchú na Ráithíneach agus Liam Mac Cairteáin ('Liam an Dúna').

SCOIL LOVÁIN

- Tháinig *meath ar litríocht na Gaeilge* sa seachtú haois déag.
- Bhunaigh an Bhanríon Elizabeth *Coláiste na Tríonóide*, Baile Átha Cliath (1594).
- Dá bharr seo agus de bharr an Reifirméisin, bhunaigh na Proinsiasaigh *coláiste Éireannach* i Leuven na Beilge, ar a dtugtar *Coláiste Lováin* de ghnáth.
- Rinneadar staidéar ar *stair, litríocht agus creideamh* ann.
- Chuir siad amach *leabhair Ghaeilge* don lucht léinn agus do na gnáthdhaoine.

- Chuir siad amach freisin *leabhair chreidimh agus leabhair theagasc Críostaí* i nGaeilge.

AN DÁN GRÁ

- Baineann an saghas seo filíochta leis *an tréimhse 1300–1600.*
- *Grá samhailteach, grá mar ghalar* agus *grá gan chúiteamh* a bhíonn i gceist. *Amour courtois* a thugtar air seo chomh maith.
- Fir, de ghnáth, a bhíonn ag caint.
- Seathrún Céitinn, Mánas Ó Dónaill, Gearóid Mac Gearailt agus Piaras Feirtéir na filí is mó cáil.

GRAMADACH

Na briathra rialta
AN CHÉAD RÉIMNIÚ

Modh ordaitheach	Aimsir chaite	Aimsir láithreach	Aimsir fháistineach	Aimsir ghnáthchaite	Modh coinníollach
fág [leave]	d'fhág	fágann	fágfaidh	d'fhágadh	d'fhágfadh
bris [break]	bhris	briseann	brisfidh	bhriseadh	bhrisfeadh
ól [drink]	d'ól	ólann	ólfaidh	d'óladh	d'ólfadh
dóigh [burn]	dhóigh	dónn	dófaidh	dhódh	dhófadh
caith [throw/wear/spend]	chaith	caitheann	caithfidh	chaitheadh	chaithfeadh
siúil [walk]	shiúil	siúlann	siúlfaidh	shiúladh	shiúlfadh
léigh [read]	léigh	léann	léifidh	léadh	léifeadh
sábháil [save]	shábháil	sábhálann	sábhálfaidh	shábháladh	shábhálfadh
buaigh [win]	bhuaigh	buann	buafaidh	bhuadh	bhuafadh
iarr [request]	d'iarr	iarrann	iarrfaidh	d'iarradh	d'iarrfadh
mol [praise]	mhol	molann	molfaidh	mholadh	mholfadh
fan [wait]	d'fhan	fanann	fanfaidh	d'fhanadh	d'fhanfadh

An briathar saor

Modh ordaitheach	Aimsir chaite	Aimsir láithreach	Aimsir fháistineach	Aimsir ghnáthchaite	Modh coinníollach
fág	fágadh	fágtar	fágfar	d'fhágtaí	d'fhágfaí
bris	briseadh	bristear	brisfear	bhristí	bhrisfí
ól	óladh	óltar	ólfar	d'óltaí	d'ólfaí
iarr	iarradh	iarrtar	iarrfar	d'iarrtaí	d'iarrfaí

AN DARA RÉIMNIÚ

Modh ordaitheach	Aimsir chaite	Aimsir láithreach	Aimsir fháistineach	Aimsir ghnáthchaite	Modh coinníollach
ceannaigh [*buy*]	cheannaigh	ceannaíonn	ceannóidh	cheannaíodh	cheannódh
dúisigh [*wake*]	dhúisigh	dúisíonn	dúiseoidh	dhúisíodh	dhúiseodh
beannaigh [*bless/greet*]	bheannaigh	beannaíonn	beannóidh	bheannaíodh	bheannódh
éirigh [*rise*]	d'éirigh	éiríonn	éireoidh	d'éiríodh	d'éireodh
ceangail [*tie*]	cheangail	ceanglaíonn	ceanglóidh	cheanglaíodh	cheanglódh
socraigh [*settle*]	shocraigh	socraíonn	socróidh	shocraíodh	shocródh
foghlaim [learn]	d'fhoghlaim	foghlaimíonn	foghlaimeoidh	d'fhoghlaimíodh	d'fhoghlaimeodh
aithin [recognise]	d'aithin	aithníonn	aithneoidh	d'aithníodh	d'aithneodh
imir [play]	d'imir	imríonn	imreoidh	d'imríodh	d'imreodh
inis [tell]	d'inis	insíonn	inseoidh	d'insíodh	d'inseodh

An briathar saor

ceannaigh	ceannaíodh	ceannaítear	ceannófar	cheannaítí	cheannófaí
dúisigh	dúisíodh	dúisítear	dúiseofar	dhúisítí	dhúiseofaí
éirigh	éiríodh	éirítear	éireofar	d'éirítí	d'éireofaí
imir	imríodh	imrítear	imreofar	d'imrítí	d'imreofaí
inis	insíodh	insítear	inseofar	d'insítí	d'inseofaí

CLEACHTADH

Athscríobh na habairtí seo a leanas agus cuir isteach an fhoirm cheart den bhriathar atá idir lúibíní i ngach cás.

1 An (fan) Liam sa bhaile oíche Aoine seo chugainn?

2 Ní (ól) Méabh usice beatha go deo arís.

3 (Siúil) Áine abhaile ón scoil lena chara amárach.

4 An (ceannaigh) Lorcán leabhar nua i mBaile Átha Cliath arú amárach?

195

5   (Léigh mé) nuachtán na maidine dá mbeadh an deis agam.

6   Dúirt Áine go (éirigh) sí go moch maidin amárach.

7   (Imir) Trevor Giles sárchluiche don Mhí i gcoinne Chill Dara, ach (buaigh) Niall Buckley an duais.

8   Dúirt an múinteoir go (caith muid) an obair bhaile sin a dhéanamh anocht.

9   (Rith) Sonia O'Sullivan sa rás dá (inis) bainisteoir na foirne di é a dhéanamh.

10   Dá (creid tú) an raiméis sin (creid tú) rud ar bith.

11   (Éist) mé leat inné ach ní (éist) mé leat riamh arís.

12   Má (fan) tú ag oifig an phoist (buail) mé leat leathuair tar éis a hocht, le cúnamh Dé.

Na briathra neamhrialta

Modh ord-aitheach	Aimsir chaite	Aimsir láithreach	Aimsir fháistineach	Aimsir ghnáthchaite	Modh coinníollach
bí	bhí	tá	beidh	bhíodh	bheadh
[*be*]	ní raibh	níl	ní bheidh	ní bhíodh	ní bheadh
abair	dúirt	deir	déarfaidh	deireadh	déarfadh
[*say*]	ní dúirt	ní deir	ní déarfaidh	ní deireadh	ní déarfadh
beir	rug	beireann	béarfaidh	bheireadh	bhéarfadh
[*catch*]	níor rug	ní bheireann	ní bhéarfaidh	ní bheireadh	ní bhéarfadh
clois	chuala	cloiseann	cloisfidh	chloiseadh	chloisfeadh
[*hear*]	níor chuala	ní chloiseann	ní chloisfidh	ní chloiseadh	ní chloisfeadh
déan	rinne	déanann	déanfaidh	dhéanadh	dhéanfadh
[*do/ make*]	ní dhearna	ní dhéanann	ní dhéanfaidh	ní dhéanadh	ní dhéanfadh

Modh ordaitheach	Aimsir chaite	Aimsir láithreach	Aimsir fháistineach	Aimsir ghnáthchaite	Modh coinníollach
feic [*see*]	chonaic ní fhaca	feiceann ní fheiceann	feicfidh ní fheicfidh	d'fheiceadh ní fheiceadh	d'fheicfeadh ní fheicfeadh
ith [*eat*]	d'ith níor ith	itheann ní itheann	íosfaidh ní íosfaidh	d'itheadh ní itheadh	d'íosfadh ní íosfadh
faigh [*get*]	fuair ní bhfuair	faigheann ní fhaigheann	gheobhaidh ní bhfaighidh	d'fhaigheadh ní fhaigheadh	gheobhadh ní bhfaigheadh
tabhair [*give*]	thug níor thug	tugann ní thugann	tabharfaidh ní thabharfaidh	thugadh ní thugadh	thabharfadh ní thabharfadh
tar [*come*]	tháinig níor tháinig	tagann ní thagann	tiocfaidh ní thiocfaidh	thagadh ní thagadh	thiocfadh ní thiocfadh
téigh [*go*]	chuaigh ní dheachaigh	téann ní théann	rachaidh ní rachaidh	théadh ní théadh	rachadh ní rachadh

An briathar saor

Modh ordaitheach	Aimsir chaite	Aimsir láithreach	Aimsir fháistineach	Aimsir ghnáthchaite	Modh coinníollach
bí	bhíothas ní rabhthas	táthar níltear	beifear	bhítí	bheifí
abair	dúradh ní dúradh	deirtear ní deirtear	déarfar ní déarfar	deirtí	déarfaí
beir	rugadh	beirtear	béarfar	bheirtí	bhéarfaí
clois	chualathas	cloistear	cloisfear	chloistí	chloisfí
déan	rinneadh ní dhearnadh	déantar	déanfar	dhéantaí	dhéanfaí
feic	chonacthas ní fhacthas	feictear	feicfear	d'fheictí	d'fheicfí
ith	itheadh	itear	íosfar	d'ití	d'íosfaí
faigh	fuarthas ní bhfuarthas	faightear	gheobhfar ní bhfaighfear	d'fhaightí	gheofaí
tabhair	tugadh	tugtar	tabharfar	thugtaí	thabharfaí
tar	thángthas	tagtar	tiocfar	thagtaí	thiocfaí
téigh	chuathas ní dheachthas	téitear	rachfar	théití	rachfaí

CLEACHTADH

Athscríobh na habairtí seo a leanas agus cuir isteach an fhoirm cheart de na focail atá idir lúibíní.

1 Níor (tar) Seán abhaile go dtí leathuair tar éis a deich aréir, agus ní (bí) a mháthair sásta leis.

2 (Téigh) mé go dtí Baile Átha Cliath le mo chairde ar maidin agus níor (tar) mé abhaile go dtí meán oíche.

3 Dá (bí) seans agam (téigh mé) chuig Prodigy san RDS.

4 Níor (clois) mé amhrán nua na Spice Girls go fóill, ach (clois) mé ar an raidió anocht é.

5 Dá (faigh) Donncha seans ar bith (bí) an bua aige sa rás, ach táim ag ceapadh nach (bí) sé ann.

6 (Tabhair mé) póg do Mháirín dá (tabhair) sí seans dom.

7 Ní (feic) mé Pól ar scoil inniu. Meas tú an (bí) sé ar scoil amárach?

8 An (déan tú) an aiste dá (tabhair mé) cabhair duit?

9 An (abair tú) le hÓrlaith go (feic) mé amárach í ach nach (bí) mé ábalta bualadh léi arú amárach?

10 Ar (beir) na Gardaí ar na gadaithe a (dean) an robáil?

An forainm réamhfhoclach

(The prepositional pronoun)

ag [at]	de [from]	le [with/belonging to]	roimh [before]
agam	díom	liom	romham
agat	díot	leat	romhat
aige, aici	de, di	leis, léi	roimhe, roimpi

againn	dínn	linn	romhainn
agaibh	díbh	libh	romhaibh
acu	díobh	leo	rompu

ar [*on*]	**do** [*to*]	**ó** [*from*]	**thar** [*over*]
orm	dom	uaim	tharam
ort	duit	uait	tharat
air, uirthi	dó, di	uaidh, uaithi	thairis, thairsti
orainn	dúinn	uainn	tharainn
oraibh	daoibh	uaibh	tharaibh
orthu	dóibh	uathu	tharstu

as [*out of*]	**faoi** [*under/ about*]	**trí** [*through*]	**idir** [*between*]
asam	fúm	tríom	—
asat	fút	tríot	—
as, aisti	faoi, fúithi	tríd, tríthi	—
asainn	fúinn	trínn	eadrainn
asaibh	fúibh	tríbh	eadraibh
astu	fúthu	tríothu	eatarthu

chuig [*towards*]	**i** [*in*]	**um** [*around*]
chugam	ionam	umam
chugat	ionat	umat
chuige, chuici	ann, inti	uime, uimpi
chugainn	ionainn	umainn
chugaibh	ionaibh	umaibh
chucu	iontu	umpu

Leanann *séimhiú* na réamhfhocail seo a leanas:

ar	**idir**
de	**ó**
do	**roimh**
faoi	**thar**

Leanann *urú* an réamhfhocal seo:

i

CLEACHTADH

Athscríobh na habairtí seo a leanas agus líon na bearnaí iontu.

1   Bhí Dónall ag féachaint … an rás inné.

2   Scríobh Éadaoin litir … a hathair, ach ní bhfuair sí litir ar ais …

___

3   Ar íoc tú … na deochanna go fóill?

___

4   Bhí … dul abhaile agus aire a thabhairt do mo mhadra.

___

5   Bhuail mé … mo chara Áine aréir, ach níor thug mé an bronntanas … go fóill.

___

6   Tá pas ag teastáil … sa scrúdú, ach ní éireoidh … má bhíonn mé leisciúil.

___

7   Chuir D. J. Carey an sliotar … an trasnán agus bhí an bua … Cill Chainnigh.

___

8   Nuair a chonaic mé Eoghan bheannaigh mé …

___

9   Chuir Úna a cóta … agus chuaigh sí amach an doras.

___

10 Dúirt Antaine go raibh Pádraig ag caint … ach níl mé chun aon rud a dhéanamh …

___

11 Thit mé … chrann nuair a bhí mé ag iarraidh na húlla a ghoid.

___

12 Bhain siad … a gcasóga.

___

Céimeanna comparáide na haidiachta

Bunchéim	*Breischéim*	*Sárchéim*
	níos—	is—
bán	báine	báine
bog	boige	boige
ciallmhar	ciallmhaire	ciallmhaire
dall	daille	daille
dearg	deirge	deirge
dian	déine	déine
donn	doinne	doinne
dubh	duibhe	duibhe
fliuch	fliche	fliche

gar	gaire	gaire
glas	glaise	glaise
gorm	goirme	goirme
mall	maille	maille
óg	óige	óige
aoibhinn	aoibhne	aoibhne
ciúin	ciúine	ciúine
dílis	dílse	dílse
láidir	láidre	láidre
milis	milse	milse
brónach	brónaí	brónaí
cumhachtach	cumhachtaí	cumhachtaí
díreach	dírí	dírí
iontach	iontaí	iontaí
oiriúnach	oiriúnaí	oiriúnaí
salach	salaí	salaí
tuirseach	tuirsí	tuirsí
cáiliúil	cáiliúla	cáiliúla
misniúil	misniúla	misniúla
dána	dána	dána
tapa	tapa	tapa

AIDIACHTA NEAMHRIALTA

Bunchéim	Breischéim	Sárchéim
	níos—	is—
álainn	áille	áille
beag	lú	lú
breá	breátha	breátha
dócha	dóichí	dóichí
fada	faide	faide
fogas	foisce	foisce
furasta	fusa	fusa
gearr	giorra	giorra
maith	fearr	fearr
mór	mó	mó
nua	nuaí	nuaí
olc	measa	measa
te	teo	teo
tréan	tréine/treise	tréine/treise
—	ansa	ansa
—	lia	lia
—	túisce	túisce

CLEACHTADH

Athscríobh na habairtí seo a leanas agus cuir isteach an fhoirm cheart de na focail atá idir lúibíní.

1   Tá an seomra níos (salach) inniu.

_____

2   Bíonn madra níos (beag) ná capall ach bíonn cat níos (mór) ná luch.

_____

3   Tá an Spáinn níos (te) ná Éire, ach tá Éire níos (glas) ná an Spáinn.

_____

4   Deirtear go bhfuil sé níos (furasta) pas a fháil sa Bhéarla ná mar atá sé sa Ghaeilge.

_____

5   Tá Donovan Bailey níos (tapa) ná Michael Johnson.

_____

6   Dúirt mo chara go bhfuil Maigh Eo níos (maith) ná an Mhí, ach tá mise ag ceapadh nach bhfuil an ceart aige.

_____

7   Is (gar) cabhair Dé ná an doras.

_____

8   Feicfidh mé thú níos (minic) as seo amach.

_____

9   Tá an aimsir tirim go leor inniu, ach meastar go mbeidh sí níos (tirim) amárach, le cúnamh Dé.

_____

10 Tá na daltaí dána inniu, ach bhí siad i bhfad níos (olc) inné.

_____

Briathra éagsúla

Anseo thíos tugaim liosta de na briathra is coitianta sa Ghaeilge. Molaim duit cleachtadh a dhéanamh orthu ionas go mbeidh tú in ann úsáid a bhaint astu agus tú ag labhairt agus ag scríobh na Gaeilge.

Modh ordaitheach		Ainm briathartha	Aidiacht bhriathartha
abair	[say]	rá	ráite
adhlaic	[bury]	adhlacadh	adhlactha
admhaigh	[admit]	admháil	admhaithe
aimsigh	[aim]	aimsiú	aimsithe

Modh ordaitheach		*Ainm briathartha*	*Aidiacht bhriathartha*
airigh	[*perceive*]	aireachtáil	—
aiséirigh	[*rise again*]	aiséirí	aiséirithe
aithin	[*recognise*]	aithint	aithinte
aithris	[*repeat*]	aithris	aithriste
áitigh	[*persuade*]	áiteamh	áitithe
aontaigh	[*agree*]	aontú	aontaithe
ardaigh	[*raise*]	ardú	ardaithe
bac	[*hinder*]	bacadh	bactha
bácáil	[*bake*]	bácáil	bácáilte
bagair	[*threaten*]	bagairt	bagartha
báigh	[*drown*]	bá	báite
bailigh	[*gather*]	bailiú	bailithe
bain	[*take*]	baint	bainte
baist	[*baptise*]	baisteadh	baiste
bánaigh	[*lay waste*]	bánú	bánaithe
beannaigh	[*bless*]	beannú	beannaithe
bear	[*trim*]	bearradh	bearrtha
béic	[*roar*]	béiceadh	béicthe
beir	[*bear; catch*]	breith	beirthe
bí	[*be*]	bheith	—
blais	[*taste*]	blaiseadh	blasta
bligh	[*milk*]	bleán	blíthe
bodhraigh	[*deafen*]	bodhrú	bodhraithe
bog	[*soften*]	bogadh	bogtha
braith	[*feel*]	brath	braite
breac	[*dot*]	breacadh	breactha
bréag	[*lie*]	bréagadh	bréagtha
breoigh	[*glow*]	breo	breoite
bris	[*break*]	briseadh	briste
bronn	[*bestow*]	bronnadh	bronnta
brúigh	[*press*]	brú	brúite
buaigh	[*win*]	buachan	buaite
buail	[*beat*]	bualadh	buailte
caill	[*lose*]	cailleadh	caillte
cáin	[*fine*]	cáineadh	cáinte
caith	[*throw*]	caitheamh	caite
cam	[*bend*]	camadh	camtha
can	[*sing*]	canadh	canta
caoch	[*blind*]	caochadh	caochta
caoin	[*lament*]	caoineadh	caointe
cas	[*turn; sing*]	casadh	casta
cealg	[*deceive*]	cealgadh	cealgtha

Modh ordaitheach		*Ainm briathartha*	*Aidiacht bhriathartha*
ceangail	[*tie*]	ceangal	ceangailte
ceannaigh	[*buy*]	ceannach	ceannaithe
ceap	[*compose*]	ceapadh	ceaptha
céas	[*crucify*]	céasadh	céasta
ceil	[*conceal*]	ceilt	ceilte
cinn	[*fix*]	cinneadh	cinnte
cíor	[*comb*]	cíoradh	cíortha
claon	[*incline*]	claonadh	claonta
cleacht	[*practise*]	cleachtadh	cleachta
clis	[*startle; fail*]	cliseadh	cliste
cloigh	[*adhere; conquer*]	cloí	cloíte
clois	[*hear*]	cloisteáil	cloiste
cnag	[*knock*]	cnagadh	cnagtha
cniog	[*rap*]	cniogadh	cniogtha
cniotáil	[*knit*]	cniotáil	cniotáilte
cnuasaigh	[*gather*]	cnuasach	cnuasaithe
codail	[*sleep*]	codladh	codlata
cogain	[*chew*]	cogaint	coganta
coimeád	[*keep*]	coimeád	coimeádta
coinnigh	[*keep*]	coinneáil	coinneáilte
cóirigh	[*arrange*]	cóiriú	cóirithe
coisc	[*prevent*]	cosc	coiscthe
comhair	[*count*]	comhaireamh	comhairthe
comóir	[*celebrate*]	comóradh	comórtha
cónaigh	[*live*]	cónaí	cónaithe
corraigh	[*move*]	corraí	corraithe
cosain	[*defend*]	cosaint	cosanta
cothaigh	[*feed*]	cothú	cothaithe
cráigh	[*torment*]	crá	cráite
creach	[*ruin*]	creachadh	creachta
creid	[*believe*]	creidiúint	creidte
criathraigh	[*sift*]	criathrú	criathraithe
croch	[*hang*]	crochadh	crochta
crom	[*bend*]	cromadh	cromtha
cros	[*cross*]	crosadh	crosta
crúigh	[*milk*]	crú	crúite
cuidigh	[*help*]	cuidiú	cuidithe
cuimhnigh	[*remember*]	cuimhneamh	cuimhnithe
cuimil	[*rub*]	cuimilt	cuimilte
cuir	[*put*]	cur	curtha
cum	[*compose*]	cumadh	cumtha
dáil	[*distribute*]	dáileadh	dáilte
dall	[*blind*]	dalladh	dallta

Modh ordaitheach		*Ainm briathartha*	*Aidiacht bhriathartha*
daor	[*condemn*]	daoradh	daortha
déan	[*do*]	déanamh	déanta
dearc	[*look*]	dearcadh	dearctha
dearmad	[*forget*]	dearmad	dearmadta
deisigh	[*repair*]	deisiú	deisithe
díbir	[*banish*]	díbirt	díbeartha
díol	[*sell*]	díol	díolta
dóigh	[*burn*]	dó	dóite
druid	[*shut*]	druidim	druidte
dúisigh	[*wake*]	dúiseacht	dúisithe
dún	[*close*]	dúnadh	dúnta
éag	[*die*]	éagadh	éagtha
éalaigh	[*escape*]	éalú	éalaithe
éiligh	[*demand*]	éileamh	éilithe
éirigh	[*rise*]	éirí	éirithe
éist	[*listen*]	éisteacht	éiste
eitigh	[*refuse*]	eiteach	eitithe
eitil	[*fly*]	eitilt	eitilte
fág	[*leave*]	fágáil	fágtha
faigh	[*get*]	fáil	faighte
fair	[*watch*]	faire	fairthe
fan	[*wait*]	fanacht	fanta
fás	[*grow*]	fás	fásta
feabhsaigh	[*improve*]	feabhsú	feabhsaithe
feac	[*bend*]	feacadh	feactha
féach	[*look*]	féachaint	—
féad	[*be able*]	féadachtáil	—
feann	[*skin*]	feannadh	feannta
fear	[*grant*]	fearadh	feartha
feic	[*see*]	feiceáil	feicthe
feil	[*suit*]	feiliúint	—
fiafraigh	[*ask*]	fiafraí	fiafraithe
figh	[*weave*]	fí	fite
fill	[*return*]	filleadh	fillte
fiosraigh	[*enquire*]	fiosrú	fiosraithe
fiuch	[*boil*]	fiuchadh	fiuchta
fliuch	[*wet*]	fliuchadh	fliuchta
foghlaim	[*learn*]	foghlaim	foghlamtha
freagair	[*answer*]	freagairt	freagartha
freastail	[*attend*]	freastal	freastalta
frioch	[*fry*]	friochadh	friochta
fuadaigh	[*kidnap*]	fuadach	fuadaithe

Modh ordaitheach		Ainm briathartha	Aidiacht bhriathartha
fuaigh	[sew]	fuáil	fuaite
fuaraigh	[cool]	fuarú	fuartha
fuascail	[release]	fuascailt	fuascailte
gabh	[catch]	gabháil	gafa
gair	[call]	gairm	gairthe
gáir	[shout]	gáire	gáirthe
geal	[whiten]	gealadh	gealta
geall	[promise]	gealladh	geallta
gearán	[complain]	gearán	gearánta
gearr	[cut]	gearradh	gearrtha
géill	[yield]	géilleadh	géillte
glac	[accept]	glacadh	glactha
glan	[clean]	glanadh	glanta
glaoigh	[call]	glaoch	glaoite
gléas	[dress]	gléasadh	gléasta
gluais	[move]	gluaiseacht	gluaiste
goid	[steal]	goid	goidte
goil	[cry]	gol	—
goill	[hurt]	goilleadh	goillte
gortaigh	[injure]	gortú	gortaithe
gread	[strike]	greadadh	greadta
gríosagih	[urge]	gríosú	gríosaithe
guigh	[pray]	guí	—
iarr	[ask]	iarraidh	iarrtha
imigh	[leave]	imeacht	imithe
imir	[play]	imirt	imeartha
impigh	[implore]	impí	impithe
inis	[tell]	insint	inste
íobair	[sacrifice]	íobairt	íobartha
íoc	[pay]	íoc	íoctha
iomar	[row]	iomramh	iomartha
iompaigh	[turn]	iompú	iompaithe
iompair	[transport]	iompar	iompartha
ionsaigh	[attack]	ionsaí	ionsaithe
ith	[eat]	ithe	ite
labhair	[speak]	labhairt	labhartha
láimhsigh	[handle]	láimhsiú	láimhsithe
lámhach	[shoot]	lámhach	lámhaithe
las	[light]	lasadh	lasta
leag	[place]	leagadh	leagtha
leáigh	[melt]	leá	leáite

Modh ordaitheach		Ainm briathartha	Aidiacht bhriathartha
lean	[follow]	leanúint	leanta
léas	[flog]	léasadh	léasta
leath	[spread]	leathadh	leata
leigheas	[cure]	leigheas	leigheasta
leon	[sprain]	leonadh	leonta
ligh	[lick]	lí	lite
líon	[fill]	líonadh	líonta
lobh	[rot]	lobhadh	lofa
loit	[damage]	lot	loite
lom	[strip]	lomadh	lomtha
lonnaigh	[settle]	lonnú	lonnaithe
lorg	[trace]	lorg	lorgtha
luaigh	[mention]	lua	luaite
lúb	[bend]	lúbadh	lúbtha
luigh	[lie]	luí	luite
machnaigh	[contemplate]	machnamh	—
maígh	[boast]	maíomh	maíte
mair	[live]	maireachtáil	martha
maisigh	[decorate]	maisiú	maisithe
maith	[forgive]	maitheamh	maite
marcáil	[mark]	marcáil	marcáilte
méadaigh	[multiply]	méadú	méadaithe
meáigh	[weigh]	meá	meáite
meall	[entice]	mealladh	meallta
measc	[mix]	meascadh	measctha
meath	[decay]	meath	meata
mill	[spoil]	milleadh	millte
mínigh	[explain]	míniú	mínithe
mol	[praise]	moladh	molta
múch	[quench]	múchadh	múchta
múin	[teach]	múineadh	múinte
múscail	[wake]	múscailt	múscailte
nasc	[tie]	nascadh	nasctha
neartaigh	[strengthen]	neartú	neartaithe
nigh	[wash]	ní	nite
nocht	[bare]	nochtadh	nochta
oibrigh	[work]	oibriú	oibrithe
oir	[suit]	oiriúint	—
oirnigh	[ordain]	oirniú	oirnithe
ól	[drink]	ól	ólta
ordaigh	[order]	ordú	ordaithe

Modh ordaitheach		Ainm briathartha	Aidiacht bhriathartha
oscail	[open]	oscailt	oscailte
pioc	[pick]	piocadh	pioctha
pléasc	[explode]	pléascadh	pléasctha
pléigh	[discuss]	plé	pléite
plúch	[smother]	plúchadh	plúchta
póg	[kiss]	pógadh	pógtha
poll	[hole]	polladh	pollta
pós	[marry]	pósadh	pósta
preab	[leap]	preabadh	preabtha
ramhraigh	[fatten]	ramhrú	ramhraithe
réab	[tear]	réabadh	réabtha
reic	[trade]	reic	reicthe
réitigh	[smooth]	réiteach	réitithe
reoigh	[freeze]	reo	reoite
rialaigh	[rule]	rialú	rialaithe
riar	[administer]	riaradh	riartha
rinc	[dance]	rince	rincthe
ríomh	[count]	ríomhadh	ríofa
rith	[run]	rith	rite
roinn	[divide]	roinnt	roinnte
rómhar	[dig]	rómhar	rómhartha
rop	[thrust]	ropadh	roptha
róst	[roast]	róstadh	rósta
rothaigh	[cycle]	rothaíocht	rothaithe
sábháil	[save]	sábháil	sábháilte
samhlaigh	[imagine]	samhlú	samhlaithe
saor	[free]	saoradh	saortha
scag	[filter]	scagadh	scagtha
scaip	[scatter]	scaipeadh	scaipthe
scairt	[shout]	scairteadh	scairte
scanraigh	[frighten]	scanrú	scanraithe
scaoil	[loosen]	scaoileadh	scaoilte
scar	[separate]	scaradh	scartha
sciob	[snatch]	sciobadh	sciobtha
sciorr	[slip]	sciorradh	sciortha
scoilt	[split]	scoilteadh	scoilte
scríob	[scratch]	scríobadh	scríobtha
scríobh	[write]	scríobh	scríofa
scrios	[delete]	scriosadh	scriosta
scuab	[sweep]	scuabadh	scuabtha
séan	[deny]	séanadh	séanta

Modh ordaitheach		Ainm briathartha	Aidiacht bhriathartha
seas	[stand]	seasamh	seasta
seol	[sail]	seoladh	seolta
sil	[drip]	sileadh	silte
siúil	[walk]	siúl	siúlta
slog	[swallow]	slogadh	slogtha
smaoinigh	[reflect]	smaoineamh	smaointe
snámh	[swim]	snámh	snáfa
socraigh	[settle]	socrú	socraithe
spreag	[urge]	spreagadh	spreagtha
sroich	[reach]	sroicheadh	sroichte
steall	[pour]	stealladh	steallta
stop	[stop]	stopadh	stoptha
strac	[tear]	stracadh	stractha
suigh	[sit]	suí	suite
súigh	[suck]	sú	súite
tabhair	[give]	tabhairt	tugtha
tacaigh	[support]	tacú	tacaithe
tacht	[choke]	tachtadh	tachta
taispeáin	[show]	taispeáint	taispeánta
taistil	[travel]	taisteal	taistealta
taitin	[like]	taitneamh	—
tar	[come]	teacht	tagtha
tarlaigh	[happen]	tarlú	tarlaithe
tarraing	[pull]	tarraingt	tarraingthe
teann	[tighten]	teannadh	teannta
teastaigh	[want]	teastáil	—
téigh	[go]	dul	dulta
teilg	[throw]	teilgean	teilgthe
teip	[fail]	teip	teipthe
teith	[flee]	teitheadh	teite
tiomáin	[drive]	tiomáint	toimáinte
tionlaic	[accompany]	tionlacan	tionlactha
tionóil	[gather]	tionól	tionólta
tiontaigh	[turn]	tiontú	tiontaithe
tit	[fall]	titim	tite
tochail	[scratch, dig]	tochailt	tochailte
tóg	[take]	tógáil	tógtha
tomhais	[measure]	tomhas	tomhaiste
tosaigh	[start]	tosú	tosaithe
treabh	[plough]	treabhadh	treafa
treascair	[overthrow]	treascairt	treascartha
tréig	[abandon]	tréigean	tréigthe
triomaigh	[dry]	triomú	triomaithe

Modh ordaitheach		*Ainm briathartha*	*Aidiacht bhriathartha*
troid	[*fight*]	troid	troidte
tuairimigh	[*opine*]	tuairimiú	tuairimithe
tuig	[*understand*]	tuiscint	tuigthe
tuill	[*earn*]	tuilleamh	tuillte
ullmhaigh	[*prepare*]	ullmhú	ullmhaithe
umhlaigh	[*humble*]	umhlú	umhlaithe
úraigh	[*freshen*]	úrú	úraithe
úsáid	[*use*]	úsáid	úsáidte
vótáil	[*vote*]	vótáil	vótáilte

Díochlaonadh an ainmfhocail

- **díoclaonadh** [*declension*]
- **tuiseal ginideach** [*genitive case*—denoting possession]
- **uimhir uatha** [*singular*]
- **uimhir iolra** [*plural*]

AN CHÉAD DÍOCHLAONADH

- Tá na hainmfhocail go léir *firinscneach* [*masculine*].
- Críochnaíonn na focail ar *chonsan leathan* [*a broad consonant*].
- Caolaítear an t-ainmneach uatha chun an ginideach uatha a fháil, agus séimhítear an focal más féidir; mar shampla:
  an bád—seolta an bháid

Uimhir uatha	*Tuiseal ginideach*	*Uimhir iolra*	*Tuiseal ginideach*
an capall	cosa an chapaill	na capaill	cosa na gcapall
an fear	obair an fhir	na fir	obair na bhfear
an marcach	caipín an mharcaigh	na marcaigh	caipíní na marcach
an t-úll	praghas an úill	na húlla	praghas na n-úll
an t-éan	dath an éin	na héin	dath na n-éan
an séipéal	altór an tséipéil	na séipéil	altóir na séipéal

CLEACHTADH

1 Scríobh tuiseal ginideach (uimhir uatha) na bhfocal seo a leanas.
  Sampla: An post—oifig an phoist.

(*a*) An leabhar—clúdach an _____

(*b*) An peann—barr an _____

(*c*) An bord—cosa an _____

(*d*) An scéal—tús an _____

(*e*) An clúdach—dath an _____

(*f*) An pictiúr—dath an _____

2   Scríobh tuiseal ginideach, *uimhir iolra,* na bhfocal seo a leanas.
Sampla: Na héin—guth na <u>n</u>-éan.

(*a*) Na hoileáin—muintir na _____

(*b*) Na fir—obair na _____

(*c*) Na huain—praghas na _____

(*d*) Na Gaeil—cluichí na _____

(*e*) Na gluaisteáin—rothaí na _____

(*f*) Na sionnaigh—gliceas na _____

3   Scríobh tuiseal ginideach (uimhir uatha) na n-ainmneacha seo a leanas.
Sampla: Seán—leabhar <u>Sh</u>eáin.

(*a*) Cathal—gruaig _____

(*b*) Ciarán—peann _____

(*c*) Éamann—leabhar _____

(*d*) Pól—bróga _____

AN DARA DÍOCHLAONADH

- Tá na hainmfhocail go léir *baininscneach,* ach amháin **sliabh** agus **im**.
- Críochnaíonn na hainmfhocail ar chonsan.
- Athraítear an t-alt **an** go **na** sa tuiseal ginideach, uimhir uatha.
  Sampla: An scoil—doras na scoile.

Uimhir uatha	*Tuiseal ginideach*	*Uimhir iolra*	*Tuiseal ginideach*
an lámh	méar na láimhe	na lámha	lár na lámh
an bhróg	praghas na bróige	na bróga	praghas na <u>m</u>bróg
an <u>t</u>sráid	lár na sráide	na sráideanna	ainmneacha na sráideanna
an sliabh	barr an <u>t</u>sléibhe	na sléibhte	barr na sléibhte

CLEACHTADH

1 Scríobh tuiseal ginideach (uimhir uatha) na bhfocal seo a leanas.
   Sampla: An chos—bonn na coise.

   (*a*) An oifig—doras _____

   (*b*) an t-im—blas _____

   (*c*) an abairt—tús _____

   (*d*) an stailc—deireadh _____

   (*e*) an eaglais—tuairim _____

   (*f*) an tuairim—fáth _____

2 Scríobh tuiseal ginideach, *uimhir iolra*, na bhfocal seo a leanas:

   (*a*) Na foirmeacha—líonadh _____

   (*b*) Na dallóga—dath _____

   (*c*) Na ceisteanna—freagairt _____

   (*d*) Na cnámha—briseadh _____

   (*e*) Na tuairimí—nochtadh _____

   (*f*) Na fáinleoga—eitilt _____

AN TRÍÚ DÍOCHLAONADH

- Tá na hainmfhocail firinscneach nó baininscneach.
- Críochnaíonn na hainmfhocail go léir ar chonsan.

Uimhir uatha	Tuiseal ginideach	Uimhir iolra	Tuiseal ginideach
an bhliain	tús na bliana	na blianta	ar feadh na <u>mb</u>lianta
an buachaill	bróga an bhuachalla	na buachaillí	bróga na <u>mb</u>uachaillí
an dochtúir	mála an dochtúra	na dochtúirí	málaí na <u>nd</u>ochtúirí
an rang	barr an ranga	na ranganna	seomraí na ranganna

CLEACHTADH

1 Scríobh tuiseal ginideach (uimhir uatha) na bhfocal seo a leanas.
   Sampla: An fheoil—blas na feola.

   (*a*) An báicéir—arán _____

   (*b*) An bláth—dath _____

   (*c*) An feirmeoir—talamh _____

   (*d*) An mhóin—gearradh _____

(*e*) An trácht—brú _____

(*f*) An poitigéir—siopa _____

2   Scríobh tuiseal ginideach, *uimhir iolra*, na bhfocal seo a leanas:

(*a*) Na heagarthóirí—tuairimí na _____

(*b*) Na heagraíochtaí—baill na _____

(*c*) Na paisinéirí—málaí na _____

(*d*) Na moltóirí—machnamh na _____

(*e*) Na buarthaí—fáth na _____

(*f*) Na gleannta—lár na _____

AN CEATHRÚ DÍOCHLAONADH

- Tá na hainmfhocail baininscneach nó firinscneach.
- Ní athraíonn siad in aon chor sa tuiseal ginideach.
- Na hainmfhocail a chríochnaíonn ar **–ín** agus an chuid is mó de na hainmfhocail a chríochnaíonn ar **–a**, **–e** nó **–aire** cuirtear **í** leo san uimhir iolra.
  Sampla: An bosca—na boscaí.

Uimhir uatha	*Tuiseal ginideach*	*Uimhir iolra*	*Tuiseal ginideach*
an oíche	tús na h<u>o</u>íche	na h<u>o</u>ícheanta	lár na <u>n</u>-oícheanta
an gúna	dath an gh<u>ú</u>na	na gúnaí	dath na <u>ng</u>únaí
an <u>bh</u>analtra	pá na banaltra	na banaltraí	pá na <u>mb</u>analtraí
an cailín	gruaig an chailín	na cailíní	gruaig na <u>gc</u>ailíní

CLEACHTADH

1   Scríobh tuiseal gineadach (uimhir uatha) na bhfocal seo a leanas:

(*a*) An siopa—suíomh _____

(*b*) An cócaire—béile _____

(*c*) An t-ainmhí—fearg _____

(*d*) An trá—gaineamh _____

(*e*) An giorria—luas _____

(*f*) An contae—lár _____

(*g*) An cóta—dath _____

2 Scríobh tuiseal ginideach, *uimhir iolra*, na bhfocal seo a leanas:

(*a*) Na fógraí—teachtaireacht na _____

(*b*) Na báidíní—seolta na _____

(*c*) Na cúnna—bia na _____

(*d*) Na téacsanna—praghas na _____

(*e*) Na busanna—teacht na _____

(*f*) Na béilí—blas na _____

AN CÚIGIÚ DÍOCHLAONADH

* Tá formhór na n-ainmfhocal seo baininscneach.
* Críochnaíonn siad ar **–il**, **–in**, **–ir**, nó guta.

Uimhir uatha	Tuiseal ginideach	Uimhir iolra	Tuiseal ginideach
an abhainn	bruach na habhann	na haibhneacha	uisce na n-aibhneacha
an eochair	poll na heochrach	na heochracha	fáinne na n-eochracha
an traein	rothaí na traenach	na traenacha	rothaí na dtraenacha
an t-athair	leanbh an athar	na haithreacha	linbh na n-aithreacha

CLEACHTADH

1 Scríobh tuiseal ginideach (uimhir uatha) na bhfocal seo a leanas:

(*a*) An chomharsa—teach _____

(*b*) An mháthair—grá _____

(*c*) An chaora—cosa _____

(*d*) An bráthair—paidir _____

(*e*) An riail—fáth _____

(*f*) An mhonarcha—obair _____

2 Scríobh tuiseal ginideach, *uimhir iolra*, na bhfocal seo a leanas:

(*a*) Na cathaoireacha—cosa na _____

(*b*) Na litreacha—stampaí na _____

(*c*) Na huimhreacha—comhaireamh na _____

(*d*) Na lachain—dath na _____

(*e*) Na deirfiúracha—ainmneacha na _____

(*f*) Na trialacha—toradh na _____

PÁIPÉIR SCRÚDUITHE

AN ROINN OIDEACHAIS

SCRÚDÚ NA hARDTEISTIMÉIREACHTA, 1997

GAEILGE—ARDLEIBHÉAL—PÁIPÉAR I
(170 marc)

PÁIPÉAR SAMPLACH. AM: DHÁ UAIR GO LEITH.

(Ní mór do na hiarrthóirí cúram a dhéanamh de chruinneas na teanga. Caillfear marcanna trí bheith faillíoch ann.)
Ceist 1 agus **Ceist 2** a fhreagairt

CEIST 1	—CEAPADÓIREACHT—	[100 marc]

Freagair do rogha **ceann amháin** de A, B, C, D anseo thíos.
[N.B. Ní gá dul thar 500–600 focal nó mar sin i gcás ar bith.]

A	—AISTE—	(100 marc)

Aiste a scríobh ar **cheann amháin** de na hábhair seo.
(*a*) An foréigean—ní réiteach é ar fhadhb ar bith.
(*b*) Ceol agus ceoltóirí ár linne.
(*c*) Fógraí teilifíse—is mór an crá iad!

B	—SCÉAL—	(100 marc)

Scéal a cheapadh a mbeadh do rogha **ceann amháin** díobh seo oiriúnach mar theideal air.
(*a*) Bíonn blas ar an mbeagán.
(*b*) Ar mhuin na muice!

C—ALT NUACHTÁIN/IRISE—(100 marc)

Freagair do rogha **ceann amháin** díobh seo.

(*a*) Táthar chun foirgneamh tábhachtach i do cheantar féin a leagan. Scríobh an **tuairisc** a chuirfeá chuig an nuachtán *Anois* faoin scéal.

(*b*) Chuir tú agallamh ar thriúr iardhaltaí ó do scoil féin. Scríobh **alt,** a bheas bunaithe ar an agallamh sin, d'iris na scoile.

D—DÍOSPÓIREACHT/ÓRÁID—(100 marc)

Freagair do rogha **ceann amháin** díobh seo.

(*a*) Scríobh an **chaint** a dhéanfá—i ndíospóireacht scoile—ar son **nó** in aghaidh an rúin seo a leanas:

'Is maith an rud é gur ball í Éire den Aontas Eorpach.'

(*b*) Is tusa Uachtarán na hÉireann agus tá ort óráid a thabhairt ar an teilifís don náisiún uile ar fhadhb na dífhostaíochta. Scríobh an **óráid** a thabharfá ar an ócáid sin.

CEIST 2	—LÉAMHTHUISCINT—	[70 marc]

Freagair **A** *agus* **B** anseo.

A—(35 mharc)

Léigh an sliocht seo a leanas agus freagair na ceisteanna a ghabhann leis. [Bíodh na freagraí i d'fhocail féin, oiread agus is féidir leat.]

PICASSO AGUS LEABHAR CHEANANNAIS

An lá úd sa bhliain 1937 ba bhaile ciúin é Gernika, baile beag i dTír na mBascach. Is beag a shíl na daoine ann go rabhthas ar tí iad a shéideadh isteach i gCogadh Cathartha na Spáinne, agus go mbainfí áit lárnach amach dóibh dá thoradh sin i stair an domhain agus i stair na healaíne. Ní raibh a fhios acu go raibh Gernika roghnaithe mar áit tástála d'armlón na Gearmáine chun cabhrú le Franco an cogadh cathartha a bhuachan.

Lá breá brothallach a bhí ann: na daoine ag dul thart ag tabhairt aire dá ngnóthaí féin, páistí ag súgradh, mná ag siopadóireacht, daoine ag léamh na nuachtán faoi imeachtaí an chogaidh. Go tobann bhí na heitleáin le cloisteáil sa spéir os a gcionn. D'fhéach na daoine suas le teann fiosrachta. Níor bhaol dóibh, dar leo.

Díreach ansin is ea a thit na buamaí, áfach—arís agus arís eile, ag lot, ag dó, ag marú. Fágadh na mílte marbh nó loiscthe, agus bhí foirgnimh an bhaile go léir scriosta. Bhi Crann Gernika dóite chomh maith; ba é seo an crann dara a bhí ag fás

'Guernica' le Picasso

i lár an bhaile, agus ba shamhail-chomhartha é de shaoirse agus d'fhéiniúlacht na mBascach.

B'shin mar a thástáil Hitler na hairm mharfacha a bhí sé a ullmhú dá fheachtas mór go gairid ina dhiaidh sin. Chabhraigh an scrios sin le Franco chun an cogadh a bhuachan, ach níor chloígh sé spiorad na saoirse sna daoine ann. I ndiaidh an chogaidh tógadh Gernika amhail mar a bhí sé roimh an scrios, lena chrann loiscthe i lár an bhaile. Ón uafás sin shíolraigh ceann de na saothair ealaíne is cáiliúla ar domhan, *Guernica* de chuid Picasso.

Rugadh Pablo Ruíz Picasso, duine de mhórealaíontóirí na haoise seo, i Málaga na Spáinne ar 25 Deireadh Fómhair 1881. Chaith sé mórán dá shaol i bPáras, agus tá cáil dhomhanda air mar athair na healaíne nua-aoisí. Cailleadh é i Mougins na Fraince ar 8 Aibreán 1973. Fiú daoine nach bhfuil aon chur amach acu ar Phicasso chuala siad trácht ar *Guernica,* múrmhaisiú in oladhath ar chanbhás a péinteáladh i 1937 don Taispeántas Idirnáisiúnta i bPáras. Is é an pictiúr is cáiliúla é de chuid Picasso. As bheith ag féachaint air is féidir le duine mórán den bhrón, den bhascadh, den bharbarthacht a bhí i gceist sa scrios úd a mhothú.

Giota as Leabhar Cheanannais

Go dtí le fíordhéanaí is istigh i seomra speisialta i nDánlann an Reina Sofía i Madrid a bhí *Guernica* le feiceáil, agus cás mór de ghloine philéar-dhíonach thart air lena chosaint ó dhaoine buile. Ach anois tá an ghloine bainte de agus is féidir é a fheiceáil gan aon loinnir air. Tá an cogadh cathartha úd thart le fada, agus níor chóir gurbh aon bhagairt é íomhá seo na barbarthachta a thuilleadh.

Tá domhainscrúdú déanta ag na saineolaithe ar na tionchair uile a chuaigh i bhfeidhm ar an bpéintéir agus *Guernica* á dhearadh aige, agus tá an saghas líníochta atá le fáil i Leabhar Cheanannais á áireamh acu i measc na dtionchar sin. B'fhiú, mar sin, cuairt a thabhairt ar Mhadrid agus seal a chaitheamh os comhair *Guernica* ann, teacht ar ais ansin agus bualadh isteach i gColáiste na Tríonóide, áit a bhfuil taispeántas nua díreach tar éis tosú ag ceiliúradh Leabhar Cheanannais, ceann de sheoda móra ealaíne na hÉireann.

[As alt in *Anois* le Pádraig Ó Domhnalláin.]

(i) (a) Cén fáth ar theastaigh ó Franco an baile beag úd a scrios? (3 mharc)

    (b) Cen fáth a raibh Hitler sásta cuidiú leis? (4 mharc)

(ii) Breac síos **trí** mhórphointe eolais faoin gcrann úd i nGernika. (6 mharc)

(iii) Breac síos, as an gceathrú halt, **dhá** mhórphointe eolais faoi Phicasso féin agus **dhá** mhórphointe eolais faoin bpictiúr *Guernica*. (8 Marc)

(iv) (a) Cá bhfuil an pictiúr *Guernica* anois? (2 mharc)

    (b) Cén fáth a raibh cás gloine thart air ar feadh tamaill agus gur baineadh an cás sin de le déanaí? (4 mharc)

(v) (a) Luaitear seoid áirithe d'ealaín na hÉireann san alt deireanach. Cén tseoid í, agus cá bhfuil sí le feiceáil? (4 mharc)

    (b) Cén chomparáid a dhéantar san alt céanna idir an tseoid sin agus an pictiúr *Guernica*? (4 mharc)

B—(35 mharc)

Léigh an sliocht seo a leanas agus freagair na ceisteanna a ghabhann leis. [Bíodh na freagraí i d'fhocail féin, oiread agus is féidir leat].

TITIM NA FRAINCE

Tá sé os cionn fiche bliain ó bhí mé sa Fhrainc cheana. Chaith mé roinnt míonna ag obair ansin i 1973. Bhí mé beo bocht agus ag iarraidh bheith i mo scríbhneoir. Caithfidh mé a rá gur thit mé i ngrá le Páras agus le muintir na Fraince, lena dteanga, a gcuid litríochta agus ealaíon. D'fhill mé i mí Iúil seo caite. Bhí mé ag dúil le tír tharraingteach m'óige arís, ach díomá a chuir gach a bhfaca mé orm. Ní raibh mé sa chathair ach dhá lá nuair a bhí fonn orm teitheadh abhaile.

An dúil chráite agus an tsaint san airgead is mó a ghoill orm. Mura raibh tú sásta béile daor a chaitheamh i mbialann níor léir dom go raibh aon fháilte romhat ag na freastalaithe. D'fhág formhór na bhfreastalaithe sin—i siopaí, i gcaiféanna agus i dtithe tábhairne—samhnas orm, agus bhí doicheall le léamh ar a ngoití. Níor chuala a bhformhór trácht riamh ar chúirtéis, gan trácht ar fháilte Uí Cheallaigh!

Ba mhó ná sin an t-athrú a bhí tagtha ar an aos óg. Le trí mhilliún duine dí-fhostaithe agus easnamh buiséid de 322 billiún franc (£43 billiún), ní hiontas iad a bheith imníoch faoin todhchaí.

Bhí a gcuid radacachais caite i dtraipisí ag a bhformhór mór. Níor theastaigh uathu ach post a fháil ar ais nó ar éigean. Níor ghoill na teisteanna eithneacha san Aigéan Ciúin Theas orthu a dhath. 'Je m'en fous' ('Ní haon chuid de me ghnósa é') an nath ba thúisce chucu.

Bhí seo le haithint freisin ar an dóigh ar caitheadh le bochtáin agus trampanna. Níor casadh liom riamh trampanna chomh hainnis leis na trampanna a casadh liom i bPáras. Tá fíor-dhrochbhail orthu seo. Uair dá raibh d'fhéadfaidís síneadh siar ar na suíocháin sa Métro san oíche; ach chinn duine drochaigeanta éigin ar chathaoireacha crua stáin a chur isteach sa Métro sa chaoi nach bhféadfaidís síneadh ná codladh orthu. Codlaíonn na trampanna seo anois ar ghreillí sna sráideanna, áit a mbíonn aer te ag teacht aníos ó shiopaí báicéara agus a leithéid. Is minic gan bróg ná stoca orthu agus cuma ainnis ghalrach ar a n-aghaidh. Trasna na sráide uathu d'fhéadfadh craosaire éigin a bheith ag alpadh béile a chosnódh suas le £100 in airgead na hÉireann. Níl aon dul as ag na bochtáin gan dídean ach codladh sna tuamaí agus sna luscaí i Reilig Montparnasse in iar-dheisceart na cathrach. Bhíodh cistin anraith sa tsráid ina raibh mé ag lonnú, Rue Jean-Baptiste de la Salle, chun fóirithint ar an lucht fáin seo, ach dúnadh é: meas fhear na cruaiche ar fhear na luaithe atá ar bhochtáin Pháras anois!

Leis an dúil chráite seo sa mhaoin, an bogadh ar dheis i gcúrsaí polaitíochta, agus an aeráid neamh-chinnte eacnamaíochta, tá filistíneacht uafásach ag borradh i measc mhuintir na Fraince. Seo tír a thug Villon, Rousseau, Baudelaire, Hugo, Zola, Sartre, Camus agus a leithéidí dúinn ach nár chuir scríbhneoir, file, dearthóir ná péintéir den scoth ar fáil le os cionn fiche bliain. Eachtrannaigh príomhscríbhneoirí agus príomhfhilí na Fraince inniu. Is Seiceach é Milan Kundera, a bhfuil cáil dhomhanda ar a úrscéalta Fraincise, agus is ón Eilvéis an file is bisiúla acu, Jaccotte, a chónaíonn faoi scáth Mont Bernard.

Túr Eiffel, Páras

[As alt san Irish Times le Diarmuid Ó Gráinne.]

(i)   Luaigh **trí** mhórphointe as an gcéad alt faoin tréimhse a chaith an scríbhneoir sa Fhrainc i 1973.   (7 marc)

(ii)   Luaigh **dhá** mhórphointe atá aige sa dara halt faoi iompar an lucht freastail.   (7 marc)

(iii)   Luaigh **dhá** mhórphointe atá aige sa tríú halt faoin aos óg sa Fhrainc.   (7 marc)

(iv)   (*a*)   Cén fáth nach féidir leis na bochtáin luí ar na suíocháin sa Métro a thuilleadh?   (3 mharc)

        (*b*)   Luaigh an **dá** áit i bPáras a dtéann na bochtáin a chodladh iontu anois.   (4 mharc)

(v)   San alt deireanach tá cur síos ar an athrú atá tagtha ar ghné áirithe de shaol na Fraince. Inis, i mbeagán focal, cén t-athrú é sin.   (7 marc)

AN ROINN OIDEACHAIS

SCRÚDÚ NA hARDTEISTIMÉIREACHTA, 1997

GAEILGE—ARDLEIBHÉAL—PÁIPÉAR II
(180 marc)

PÁIPÉAR SAMPLACH. AM: TRÍ UAIR AN CHLOIG.

(Ní mór do na hiarrthóirí cúram a dhéanamh de chruinneas na teanga. Caillfear marcanna trí bheith faillíoch ann.)
Gach ceist (**1, 2, 3** *agus* **4**) a fhreagairt.

CEIST 1	—PRÓS—	[40 marc]

Freagair **A** *agus* **B** anseo.

A—PRÓS DUALGAIS COMÓNTA—(25 mharc)

Freagair (*a*) **nó** (*b*) anseo.
(*a*)   'Ach bhí an t-olc ina chroí do Naoise …'

Scríobh tuairisc ghairid ar a éifeachtaí, dar leat, is a léirítear an ghné dhorcha seo de phearsa Chonchúir sa scéal 'Clann Uisnigh'. (25 mharc)

NÓ

(*b*)   'Is mór idir an dearcadh atá ag Aodh ar an saol agus an dearcadh atá ag Beití sa sliocht as *Mise Mé Féin*.' Plé gairid a dhéanamh air sin. (25 mharc)

B—PRÓS ROGHNACH—(15 mharc)

Freagair (*a*) **nó** (*b*) anseo.
(*a*)   Maidir le scéal ar bith **nó** gearrscéal **nó** úrscéal **nó** dráma Gaeilge (a ndearna tú staidéar air i rith do chúrsa) inis cén ghné de is mó a thaitin leat. Luagih **dhá cheann** de na fáthanna atá agat.

[Ní mór teideal an tsaothair a bhreacadh síos go cruinn, mar aon le hainm an údair.] (15 mharc)

NÓ

220

(*b*)   Maidir le saothar tuairisciúil Gaeilge ar bith (a ndearna tú
staidéar air i rith do chúrsa), déan cur síos ar **dhá cheann**
de mhórphointí an tsaothair sin. Breac síos fáth **amháin** ar
thaitin an saothar úd leat.

[Ní mór teideal an tsaothair sin a bhreacadh síos go cruinn,
mar aon le hainm an údair.]   (15 mharc)

CEIST 2	**—PRÓSTÉACS BREISE—**	**[40 marc]**

Freagair do rogha **ceann amháin** de A, B, C, D anseo thíos.

A—GEARRSCÉALTA—(40 marc)

Freagair (*a*) **nó** (*b*) anseo.

(*a*)   **SCOTHSCÉALTA**   (**40 marc**)

   (i)   'Is iad na gnéithe dorcha gruama den ghrá daonna atá in
         uachtar i roinnt de na scéalta seo.'
         É sin a phlé i gcás **ceann amháin** de na scéalta úd.

NÓ

   (ii) 'An mhaith is an t-olc i ngleic lena chéile i gcroí an duine—
         is téama láidir é sin i roinnt de na scéalta seo.'
         É sin a phlé i gcás **ceann amháin** de na scéalta úd.

(*b*)   **CNUASACH GEARRSCÉALTA ROGHNACH**   (**40 marc**)

   (i)   Scríobh tuairisc ar an bpearsa is **inchreidte** (**nó dochreidte**)
         a casadh ort i ngearrscéal ar bith as do chnuasach roghnach.
         [Ní mór teideal an ghearrscéil sin a bhreacadh síos go cruinn,
         mar aon le hainm an údair.]

NÓ

   (ii) Maidir le gearrscéal ar bith as do chnuasach roghnach,
         déan cur síos ar **thús** an ghearrscéil sin agus ar an gcaoi
         ar chuidigh sé (nó nár chuidigh sé), dar leat, le struchtúr
         an scéil i gcoitinne. [Ní mór teideal an ghearrscéil sin
         a bhreacadh síos go cruinn, mar aon le hainm an údair.]

B—ÚRSCÉALTA—[40 marc)

Freagair (*a*) **nó** (*b*) anseo.

(*a*) **MÁIRE NIC ARTÁIN** (40 marc)

    (i) 'Ceann de na gnéithe is spéisiúla den leabhar seo ná
an léiriú atá ann ar óige Mháire.'
É sin a phlé.

NÓ

    (ii) 'Tá pictiúr iontach suimiúil sa leabhar seo den chineál
saoil a bhí i gContae an Dúin agus i mBéal Feirste le
linn an chogaidh.'
É sin a phlé.

(*b*) **ÚRSCÉAL ROGHNACH** (40 marc)

    (i) Maidir leis an úrscéal roghnach a ndearna tú staidéar air,
scríobh tuairisc ar **dheireadh** an úrscéil sin agus ar an gcaoi
a ndeachaigh sé i bhfeidhm ort. [Ní mór teideal an úrscéil
sin a bhreacadh síos go cruinn, mar aon le hainm an údair.]

NÓ

    (ii) Maidir leis an úrscéal roghnach a ndearna tú staidéar air,
scríobh tuairisc ar an *bpríomhphearsa* (nó ar an bpríomhghníomhaí)
ann agus ar an léiriú a dhéantar air nó uirthi. [Ní mór teideal
an úrscéil sin a bhreacadh síos go cruinn, mar aon le hainm
an údair.]

C—DÍRBHEATHAISNÉISÍ—(40 marc)

Freagair (*a*) **nó** (*b*) anseo. (40 marc)

(*a*) **A THIG, NÁ TIT ORM**

    (i) 'Tá léiriú éifeachtach sa leabhar seo ar shaol lucht imirce
i Sasana.'
É sin a phlé.

NÓ

    (ii) 'Is é bua an leabhair seo a éadroime.'
Do thuairim uait faoi sin.

(*b*) **DÍRBHEATHAISNÉIS ROGHNACH**   (40 marc)

(i) Maidir leis an dírbheathaisnéis roghnach a ndearna tú
staidéar uirthi, cén *tréimhse,* dar leat, i saol an údair is
fearr a bhfuil cur síos air sa leabhar? Luaigh roinnt fáthanna
le do thuairim. [Ní mór teideal na dírbheathaisnéise a
bhreacadh síos go cruinn, mar aon le hainm an údair.]

NÓ

(ii) Maidir leis an dírbheathaisnéis roghnach a ndearna tú staidéar
uirthi, cén *tréith* de chuid an údair is mó a chuaigh i gcion
ort? Scríobh tuairisc ar an gcaoi a léirítear an *tréith* sin sa
leabhar. [Ní mor teideal na dírbheathaisnéise a bhreacadh
síos go cruinn, mar aon le hainm an údair.]

> ### D—DRÁMAÍ—(40 marc)

Freagair (*a*) **nó** (*b*) anseo.

(*a*) **AN TRIAIL**   (40 marc)

(i) 'Ní éiríonn leis an dráma seo toisc nach bhfuil aon
inchreidteacht ag baint leis an bplota ann.'
É sin a phlé.

NÓ

(ii) Luaigh agus léirigh príomhbhua **amháin** agus príomhlaige
amháin a bhaineann leis an dráma seo, dar leat.

(*b*) **DRÁMA ROGHNACH**   (40 marc)

(i) Maidir leis an dráma roghnach a ndearna tú staidéar
air, scríobh tuairisc ar an *bpríomhthéama* ann, agus ar an
gcaoi a ndéantar forbairt air ó thosach go deireadh an
dráma. [Ní mór teideal an dráma a bhreacadh síos go
soiléir, mar aon le hainm an údair.]

NÓ

(ii) Maidir leis an dráma roghnach a ndearna tú staidéar
air, scríobh tuairisc ar **bheirt** de na *mionphearsana* ann,
a dtréithe agus a n-iompar, agus cibé baint a bhí acu leis
an bpríomhphearsa ann. [Ní mór teideal an dráma a
bhreacadh síos go cruinn, mar aon le hainm an údair.]

CEIST 3	—FILÍOCHT—	[70 marc]

Freagair **A, B agus C** anseo.

A—DÁNTA DUALGAIS COMÓNTA—(20 marc)

Freagair (*a*) **nó** (*b*) anseo.

(*a*)   (i)   I gcás an dara **nó** an tríú véarsa den dán 'Cártaí Poist' (thíos), mínigh an pictiúr a chuireann an file os ár gcomhair ann, agus breac síos fáth **amháin** a dtaitníonn (**nó** nach dtaitníonn) an véarsa sin leat féin.   (13 mharc)

      (ii)   Mínigh go **gairid** an bhaint, dar leat, atá ag teideal an dáin leis an véarsa deireanach ('Ar ardán ...')   (7 marc)

CÁRTAÍ POIST

An t-aer ina chriathar bán
ag craos glórach na bhfaoileán
os cionn an tráiléara
ag teacht chun cuain
is clogáin na ngabhar
ag bualadh go toll
i measc na gcrann líomóin.

Seanbhean i bhfeisteas caointe
cromtha faoi ualach paidreacha
ina ciaróg chráifeach
ag triall ar an aragal
cois cladaigh
is clog práis slóchta le meirg
ag casachtaigh sa séipéal aoldaite.

Leannáin órtha ag siúl na trá
ag éisteacht le bladar na farraige
is aoire cianaosta
i dtábhairne ar bharr cnoic
ag imirt fichille le hiarlais
i mbrístín snámha,
a gharmhac bán ó Bhronx Nua-
     Eabhrac.

Ar ardán os cionn na trá
breacaimid aibítir solais ar phár
is seolaimid ár mbeannachtaí gréine
ar chártaí poist go hÉirinn.

NÓ

(*b*)   (i)   Maidir leis an dán 'Éiceolaí' (thíos), inis cad é an mothúchán is treise atá le brath ar an dán, dar leat, agus cad a mhúscail san fhile é.   (13 mharc)

      (ii)   Nóta **gairid** uait faoi oiriúnacht an teidil, dar leat, dá bhfuil i gceist sa dán.   (7 marc)

ÉICEOLAÍ

Tá bean béal dorais a choinníonn caoi ar a teach, a fear, a mac,
is a shíleann gairdín a choinneáil mar iad, go baileach.
Beireann sí deimheas ag an uile rud a fhásann.
Ní maith léi fiántas.
Ní fhoighníonn le galar ná smál ná féileacán bán
ná piast ag piastáil
is ní maith léi an bláth a ligfeadh a phiotail ar lar.

Cuirim feochadáin chuici ar an ngaoth.
Téann mo sheilidí de sciuird oíche ag ithe a cuid leitíse.
Síneann na driseacha agamsa a gcosa faoin bhfál.
Is ar an bhféar aici siúd a dhéanann mo chaorthainnse
culeanna glasa a thál.

Tá bean béal dorais a choinneodh a gairdín faoi smacht
ach ní fada go mbainfimid deireadh dúile dá misneach.

B—DÁNTA ROGHNACHA—(15 mharc)

Freagair (*a*) **agus** (*b*) anseo.

(*a*) Ainmnigh dán Gaeilge (a ndearna tú staidéar air i rith do chúrsa)
a bhfuil do rogha **ceann amháin** de na téamaí seo thíos i gceist ann.
[Ní mór teideal an dáin sin, mar aon le hainm an fhile a chum, a
scríobh síos go soiléir.]

   (i) Meas (*nó* cion) ag an bhfile ar <u>dhuine</u> áirithe; (ii) meas (*nó*
cion) ag an bhfile ar áit áirithe; (iii) an file bheith brónach
(nó feargach) faoi rud éigin; (iv) áthas ar an bhfile faoi rud
éigin; (v) gné éigin den stair; (vi) radharc (*nó* eachtra) ar
chuir an file spéis ar leith ann.

   (*b*) Tabhair cuntas **gairid** ar a bhfuil sa dán sin faoin *téama* atá
roghnaithe agat agus ar an gcaoi a gcuireann an file an
téama sin os ár gcomhair.

C—DÁNTA DUALGAIS BREISE—(35 mharc)

Freagair (*a*) **nó** (*b*) anseo.
(*a*) Freagair **(i), (ii) agus (iii)** thíos.
   (i) Do thuairim uait faoina bhfuil de **ghreann** le fáil sa dán
'An Bonnán Buí' (<u>thíos</u>).   (25 mharc)

(ii) Cén líne sa dán seo a thabharfadh le tusicint go raibh
       eolas áirithe ag an bhfile ar stair na sean-Ghréige?
       Mínigh an líne.   (5 mharc)

(iii) Cén líne sa dán a léiríonn gur shíl an file gurbh ionann
       a chás féin agus cás an bhonnáin? Mínigh an line.   (5 mharc)

AN BONNÁN BUÍ

A bhonnáin bhuí, is é mo chrá do luí
    is do chnámha críon tar éis a gcreim,
is chan díobháil bídh ach easpa dí
    d'fhág tú 'do luí ar chúl do chinn;
is measa liom féin ná scrios na Traí
    thú bheith sínte ar leacaibh lom,
is nach ndearna tú díth ná dolaidh sa tír
    is nárbh fhearr leat fíon nó uisce poill.

Is a bhonnáin álainn, mo mhíle crá
    do chúl ar lár amuigh insa tslí,
is gur moch gach lá a chluininn do ghráig
    ar an láib agus tú ag ól na dí;
is é an ní a deir cách le do dheartháir Cathal
    go bhfaighidh mé bás mar súd, más fíor;
ní hamhlaidh atá—sud an préachán breá
    chuaigh a dh'éag ar ball, gan aon bhraon dí.

A bhonnáin óig, is é mo mhíle brón
    thú bheith romham i measc na dtonn,
is na lucha móra ag triall chun do thórraimh
    ag déanamh spóirt is pléisiúir ann;
dá gcuirfeá scéala in am fá mo dhéinse
    go raibh tú i ngéibheann nó i mbroid fá dheoch,
do bhrisfinn béim ar an Loch sin Vesey
    a fhliuchfadh do bhéal is do chorp isteach.

Dúirt mo stór liom ligean den ól
    nó nach mbeinnse beo ach seal beag gearr,
ach dúirt mé léi go dtug sí bréag
    is gurbh fhaide mo shaolsa an deoch úd a fháil;
nach bhfaca sibh éan an phíobáin réidh
    a chuaigh a dh'éag den tart ar ball?
a chomharsain chléibh, fliuchaidh bhur mbéal,
    óir chan fhaigheann sibh braon i ndiaidh bhur mbáis.

Ní hé bhur n-éanlaith atá mise ag éagnach,
  an lon, an smaolach, ná an chorr ghlas;
ach mo bhonnán buí a bhí lán den gcroí,
  is gur cosúil liom féin é 'na ghné is 'na dhath;
bhíodh sé choíche ag síoról na dí,
  agus deir na daoine go mbím mar sin seal,
is níl deor dá bhfaighead nach ligfead síos
  ar eagla go bhfaighinnse bás den tart.

NÓ

(*b*) Freagair **(i), (ii) <u>agus</u> (iii)** thíos.

(i) 'Is é an "gad" meafar bunaidh an dáin "Gadscaoileadh"
  (<u>thíos</u>).'
  Do thuairim uait faoin úsáid a bhaineann an file as an
  meafar sin tríd an dán, agus faoi éifeacht na húsáide sin,
  dar leat.   (25 mharc)

(ii) Cad tá i gceist ag an bhfile sa dá líne—
  'Ait liom i ndiaidh na sceanairte
  Más tú atá ann ach iarlais'?   (5 mharc)

(iii) Cén **mothú**, an dóigh leat, atá le brath ar an dá líne
  dheireanacha den dán—'Ach i gcuimhne …'?
  Fáth a lua le do thuairim.   (5 mharc)

GADSCAOILEADH

Más beo do bheo dá n-éis
Na gaid go léir a scaoilis,
Is nach corpán ar do chosa thú
Iontach liom mar éacht é.

Gad do dhúchais dual ar dhual
Anuas má ghearrais díot é,
Ait liom i ndiaidh na sceanairte
Más tú atá ann ach iarlais.

Dá gcuirteá an scéal im' chead
Déarfainn leat a theacht ceart
Is féachaint go bhfáiscfeá leath-ghad
In aghaidh gach gaid a scaoilis.

Leath-ghad a chaitheas id' threo uair
Mar dhúil go bhfáiscfeá aniar é,
Leor-eol dom ó shin i leith
Id' láimh nár rugais riamh air.

Minic a tháinig dem' dhíomá
Tuairimí agam ort is smaointe,
Nár mhaise dom a dtagairt leat
Dá dtagainn féin ceart id' thaobh-sa.

Gaid a scaoileadh ní ionann
Is ualach a ligean síos díot,
Ach i gcuimhne mo leath-ghaid
Is faoiseamh a ghuím duit.

CEIST 4	**—STAIR NA GAEILGE—**	**[30 marc]**

Scríobh gearrchuntas ar **dhá cheann** acu seo a leanas:

(*a*)   Do rogha **beirt** díobh seo:

Seathrún Céitinn; Tomás Ó Criomthainn; Eibhlín Dhubh Ní Chonaill; Séamas Ó Grianna ('Máire'); Máirtín Ó Direáin; Máire Mhac an tSaoi.

(*b*)   An scéalaíocht i mbéaloideas na Gaeilge. (Is leor **trí** phointe.)

(*c*)   An Rúraíocht (an laochscéalaíocht Ultach). (Is leor **trí** phointe.)

(*d*)   Do rogha **trí cinn** de phríomhannála na hÉireann.

(*e*)   Roinnt difríochtaí idir do rogha **dhá** chanúint de Ghaeilge an lae inniu. (Is leor **trí** phointe.)

(*f*)   Do rogha **dhá cheann** díobh seo:

Ogham; na gluaiseanna Sean-Ghaeilge; focail iasachta ón Laidin sa Ghaeilge; logainmneacha na hÉireann.

AN ROINN OIDEACHAIS

SCRÚDÚ NA hARDTEISTIMÉIREACHTA, 1997

GAEILGE—ARDLEIBHÉAL—PÁIPÉAR I
(170 marc)

DÉ hAOINE, 13 MEITHEAMH—TRÁTHNÓNA, 1.30 go dtí 4.00

(Ní mór do na hiarrthóirí cúram a dhéanamh de chruinneas na teanga. Caillfear marcanna trí bheith faillíoch ann.)
Ceist 1 agus **Ceist 2** a fhreagairt.

| CEIST 1 | —CEAPADÓIREACHT— | [100 marc] |

Freagair do rogha **ceann amháin** de **A, B, C, D** anseo thíos.
[N.B. Ní gá dul thar 500–600 focal nó mar sin i gcás ar bith.]

A—AISTE—(100 marc)

Aiste a scríobh ar **cheann amháin** de na hábhair seo.
(*a*)   An choirpeacht—is fadhb mhór í in Éirinn faoi láthair.
(*b*)   *'Níl tír ar domhan gan a trioblóidí féin aici.'* É sin a phlé i gcás do rogha **dhá** thír iasachta.
(*c*)   Scríbhneoirí a ndeachaigh a saothar i bhfeidhm orm. [Is leor trácht a dhéanamh ar **bheirt**.]

B—SCÉAL—(100 marc)

Scéal a cheapadh a mbeadh do rogha **ceann amháin** díobh seo oiriúnach mar theideal air:
(*a*)   Ní bhíonn in aon rud ach seal
(*b*)   Díomá

C—ALT NUACHTÁIN/IRISE—(100 marc)

Freagair do rogha **ceann amháin** díobh seo.
(*a*)   Bhí fógra san iris *An Dréimire* ag iarraidh ar dhaltaí Ardteistiméireachta ailt a scríobh ar an ábhar 'Teilifís na Gaeilge—áis iontach'. Scríobh an **t-alt** a chuirfeá féin chuig an eagarthóir ar an ábhar sin.

229

(*b*)   Abair gur duine tú a rinne éacht áirithe nó a ghlac páirt in eachtra neamhghnách éigin. Ba mhaith leis an nuachtán *Foinse* alt a fháil uait faoin scéal. Scríobh **an t-alt** a chuirfeá chuig an eagarthóir.

D—DÍOSPÓIREACHT/ÓRÁID—(100 marc)

Freagair do rogha **ceann amháin** díobh seo.

(*a*)   Scríobh an **chaint** a dhéanfá—i ndíospóireacht scoile—ar son **nó** in aghaidh an rúin seo a leanas: *'Tá córas oideachais an-mhaith againn sa tír seo.'*

(*b*)   Is ball tú den chraobh áitiúil de Greenpeace, an ghluaiseacht imshaoil. Tá ort píosa cainte a thabhairt ag an gcruinniú bliantúil den chraobh ar an téama 'Tábhacht ár dtimpeallachta'. Scríobh an **píosa cainte** a thabharfá ar an ócáid sin.

CEIST 2   —LÉAMHTHUSICINT—   [70 marc]

Freagair **A agus B** anseo.

A—(35 mharc)

Léigh an sliocht seo a leanas agus freagair na ceisteanna a ghabhann leis. [Bíodh na freagraí i d'fhocail féin, oiread agus is féidir leat].

- -

BRONNTANAS RÍFHEILIÚNACH

Tá a fhios ag an saol Fódlach anois mar a ghnóthaigh ár laoch snámha féin, Michelle Smith as Contae Bhaile Átha Cliath, trí bhonn óir agus bonn cré-umha ag na Cluichí Oilimpeacha in Atlanta sna Stáit Aontaithe an samhradh seo caite. Ach, creid é nó ná creid, bhí Éireannach iomráiteach eile ann tráth a ghnóthaigh bonn Oilimpeach, agus, go bhfios dúinn, níor lúthchleasaí in aon chor é!

Ba é duine é sin ná an t-ealaíontóir clúiteach Jack B. Yeats, ar bronnadh bonn airgid air ag na Cluichí Oilimpeacha i bPáras i 1924. Ní i ngeall ar a chumas mar phearsa spóirt, ar ndóigh, a bronnadh an bonn sin air ach i ngeall ar a fhoirfeacht mar ealaíontóir. Bhronntaí boinn Oilimpeacha an tráth úd ní hamháin ar na buaiteoirí spóirt ach ar ealaíontóirí agus ar scríbhneoirí ardchumais chomh maith. Is é an trua go deo é, dar lena lán, go ndeachaigh an dea-ghnás úd i léig i ndiaidh 1948. Cibé faoi sin de, bronnadh bonn airgid Oilimpeach ar Jack B. i 1924, rud a léirigh an meas a bhí air ar fud na cruinne mar ealaíontóir.

Rugadh Jack B. Yeats i Londain i 1871. Ba phéintéir an-oilte portráidí a athair agus, ar ndóigh, is eol dúinn uile an cháil dhomhanda a bhí, agus atá fós, ar a dhearthair, an file W. B.

'Liffey Swim'

Michelle an Óir!

Yeats. Tríocha bliain nó mar sin dá shaol a chaith Jack i Sasana, ach dealraíonn sé nach raibh sé riamh ar a shuaimhneas ann. Ba rún dó i gcónaí filleadh ar Éirinn. Lena seanathair is lena seanmháthair i Sligeach a chaitheadh sé féin agus WB laethanta saoire uile a n-óige, agus níl amhras orm ná go ndeachaigh an saol ansin i bhfeidhm go mór ar an mbeirt acu.

Sa bhliain 1910 d'fhill Jack ar Éirinn. Bhí a rún i gcrích aige! Ba i mBaile Átha Cliath, sa chathair álainn sin cois Life, a chaith sé an chuid eile dá shaol. Ba phort an-mhinic aige é gurbh é Baile Átha Cliath an áit ab ansa leis ar domhan.

Mar mhaisitheoir ba mhó a thuill sé cáil ar dtús, agus bhíodh a chuid pictiúr le feiceáil i leabhair agus in irisí. Níor thug sé faoin bpéintéireacht ola go dtí 1912. Níorbh fhada in aon chor, áfach, a bhí sé i mbun na gné sin den ealaín go raibh sé le háireamh i measc na máistrí móra. Breis is míle saothar ola ar fad a chuir sé de i rith a shaoil, agus cé a déarfadh nárbh éacht 'Oilimpeach' é sin! Thug duine amháin £730,000 le déanaí ar cheann de na saothair sin, agus deir na saineolaithe nach fada go mbeidh milliún punt á thairiscint ag ceannaitheoir éigin eile ar cheann eile acu.

Ba dheacair gan teacht leis an tuairim, go deimhin, gurbh é an péintéir Éireannach ab fhearr riamh é. An stíl shuaithinseach úd a chleacht sé—í lán de dhathanna agus d'íomhánna dlúthfhite ina chéile go draíochtach—is é a mheall na sluaite san am atá thart, agus a mheallfaidh iad i gcónaí, ó gach cearn den domhan. Cúig bliana agus ceithre scór a bhí slán ag draoi seo an phailéid nuair a d'éag sé ar 28 Márta 1957.

Ba an-fheiliúnach go deo, mar sin, an chóip ghleoite de cheann dá shárshaothair, Liffey Swim, a tugadh mar bhronntanas do Mhichelle Smith ag searmanas ina honóir i mBaile Átha Cliath tamall roimh an Nollaig. Sa Dánlann Náisiúnta atá an bunphictiúr, pictiúr a bhfuil léiriú thar a bheith beoga ann de shlua mór ag faire ar shnámhóirí ag iomaíocht le chéile sa chéad rás riamh dá leithéid ar abhainn na Life i lár Bhaile Átha Cliath. B'shin rás amháin, go deimhin, nár bhuaigh ár laoch Oilimpeach!

(i) (a) Luaitear 'dea-ghnás' áirithe sa dara halt. Cén dea-ghnás atá i gceist? (4 mharc)

(b) Cén chaoi a ndeachaigh an 'dea-ghnás' úd chun sochair d'ealaíontóir clúiteach an tsleachta seo? (4 mharc)

(ii) (a) Luaigh pointe eolais ar bith atá sa tríú halt faoi dhearthair an ealaíontóra seo. (3 mharc)

(b) Cad tá sa cheathrú halt faoi áit Bhaile Átha Cliath ina shaol? (3 mharc)

(iii) (a) 'Cé a déarfadh nárbh éacht "Oilimpeach" é sin?' Cén t-éacht atá i gceist san abairt sin sa chúigiú halt? (3 mharc)

(b) Luaitear suimeanna móra airgid san alt céanna.
Cad tá i gceist leo?   (3 mharc)

(iv) (a) Inis, i mbeagán focal, a bhfuil faoi stíl an ealaíontóra
seo sa séú halt.   (5 mharc)

(b) 'Draoi seo an phailéid'—cérbh é féin? Cathain a
cailleadh é?   (2 mharc)

(c) Tá trácht san alt deireanach ar bhronntanas áirithe a
bheith an-fheiliúnach. Luaigh **dhá cheann** de na fáthanna
a bhí, dar leat, leis an mbronntanas úd a bheith chomh
feiliúnach sin.   (8 marc)

B—(35 mharc)

Léigh an sliocht seo a leanas agus freagair na ceisteanna a ghabhann leis.
[Bíodh na freagraí i d'fhocail féin, oiread agus is féidir leat].

Rún na sliogán

Thart faoi thús an fhómhair seo caite bhí láithreán d'fhoirgneamh nua á cartadh i bpáirc láimh leis
an Muileann gCearr i gContae na hIarmhí. An fear a bhí i mbun an ollscartaire ba bheag a shíl
sé, agus fiacla móra a mheaisín ag dul go domhain sa talamh crua, go mba sheanreilig an pháirc
sin. Ní raibh seanchros ná leac uaighe inti. Cén chaoi, mar sin, a mbeadh a fhios ag an bhfear
groí gur ansiúd a bhí reilig na manach a raibh cónaí orthu sa mhainistir in aice láimhe thart ar
ocht gcéad bliain ó shin?

Ach b'fhear ciallmhar é, agus mhúch sé inneall an mheaisín ar an toirt nuair a chonaic sé
cnámha agus cnámharlaigh agus blaoscanna á nochtadh féin as an gcré chuige!

Bhí meitheal seandálaithe ar an bhfód an lá dár gcionn, agus ba ghairid an mhoill orthu dul i
mbun tochailte. Ba thochailt shaineolach thomhaiste í seo, ar ndóigh, murab ionann is réabadh
ollscartaire! Cúig chnámharlach is tríocha ar fad a d'aimsigh siad; ach ní sna cnámharlaigh
amháin a bhíonn suim ag seandálaithe. Is ríthábhachtach, dar leosan, na rudaí beaga a chuirtí
sna huaigheanna in éineacht leis na corpáin. Bhí sliogán muirín, mar shampla, thart ar mhuineál
cúpla ceann de na cnámharlaigh. Ba dheimhniú iad na sliogáin sin, a deir na seandálaithe linn,
go ndeachaigh na manaigh ar leo iad ar oilithreacht go Santiago de Compostela, in iarthuaisceart
na Spáinne, uair éigin sa Mheánaois. Thugtaí sliogán muirín an uair úd do gach oilithreach chun
na háite sin mar chuimhneachán ar a thuras ann.

Cuid de sheanchas na Spáinne le fada an lá é scéal na sliogán sin. Is ionann an focal Santiago
agus Naomh Séamas, duine d'aspail Chríost. Creidtear gur chaith an t-aspal úd na blianta fada
sa cheantar sin ag leathadh shoiscéal Chríost ann, mar a rinne Pádraig Naofa in Éirinn.

Chinn sé ansin ar chuairt a thabhairt ar a thír dhúchais arís, an Phalaistín, áit a raibh lucht

232

leanúna Chríost faoi ghéarleanúint i gcónaí. Ba ghearr sa bhaile é nuair a gabhadh agus a cuireadh chun báis é. Leath scéal a bháis go dtí an Spáinn, agus bheartaigh a dheisceabail ansiúd a chorp a thabhairt ar ais chun na tíre sin. D'aimsigh siad an corp, chuir ar bord loinge é, agus sheol chun na Spáinne. Ag gabháil thar chósta na Portaingéile dóibh chonaic siad ar an trá fear ar mhuin capaill a bhí á scuabadh amach san fharraige. Thosaigh siad ag guí chun Naomh Séamas, agus bhain idir fhear agus chapall an trá amach slán sábháilte. Ach, iontas na n-iontas, bhí éadaí an fhir clúdaithe leis na céadta sliogán muirín! Glacadh leis an sliogán áirithe sin riamh ina dhiaidh sin mar shuaitheantas ar an naomh. Bhain siad a gceantar féin amach ar deireadh, agus chuir siad corp an naoimh i dtuama greanta ann.

Ardeaglais Santiago

Shleamhnaigh na blianta leo go suaimhneach … ocht gcéad díobh. Ach ansin tharla iontas eile. Chualathas cór aingeal ag canadh thart ar an tuama, agus chonacthas solas neamhshaolta ag soilsiú os a chionn. As sin a tháinig an dara cuid den logainm, Compostela, a chiallaíonn 'páirc na réaltaí'. B'shin an uair a thosaigh na sluaite ag dul ar oilithreacht ann. Níorbh fhada go raibh an tarraingt chéanna ar an áit is a bhí ar an Róimh agus ar Iarúsailéim. Áit mhór oilithreachta fós é, go deimhin.

Faoi mar a míníodh cheana, thugtaí sliogán muirín do gach oilithreach chuig Santiago de Compostela, agus b'shin a tharla, ní foláir, i gcás roinnt de na manaigh a cuireadh sa reilig sin láimh leis an Muileann gCearr ocht gcéad bliain ó shin.

[As alt san *Irish Times* le Máirtín Ó Corrbuí.]

(i) (*a*) Cén obair a bhí fear an ollscartaire a dhéanamh sa pháirc úd? (3 mharc)

    (*b*) Cad a thug air éirí as an obair chomh tobann sin? (4 mharc)

(ii) (*a*) Luaitear oilithreacht áirithe sa tríú halt. Cén oilithreacht atá i gceist? (2 mharc)

    (*b*) Cá bhfios dúinn go raibh na manaigh úd páirteach san oilithreacht sin? (5 mharc)

(iii) (*a*) Cén chomparáid a dhéantar sa cheathrú halt idir Naomh Séamas agus Naomh Pádraig? (3 mharc)

    (*b*) Cad a tharla do Naomh Séamas nuair a d'fhill sé ar a thír féin? (3 mharc)

(iv) Cén míniú atá air sa chúigiú halt gurb é an sliogán muirín atá ina shuaitheantas ar Naomh Séamas? (8 marc)

(v) (*a*) Luaitear 'iontas eile' sa séú halt. Cén t-iontas atá i gceist? (3 mharc)

    (*b*) Cad a bhí mar thoradh ar an 'iontas' sin? (4 mharc)

AN ROINN OIDEACHAIS
SCRÚDÚ NA hARDTEISTIMÉIREACHTA, 1997

GAEILGE (ARDLEIBHÉAL)

TRIAIL CHLUASTUISCEANA (100 marc)

DÉ hAOINE, 13 MEITHEAMH, 4.10 go 4.50

CUID A

Cloisfidh tú *trí cinn* d'fhógraí raidio sa Chuid seo. Cloisfidh tú gach fógra díobh **faoi dhó**. Beidh sosanna le haghaidh scríobh na bhfreagraí tar éis na chéad éisteachta <u>agus</u> tar éis an dara héisteacht.

FÓGRA A hAON

1   (*a*) Cén t-ainm atá ar an gcomórtas?

     (*b*) Cé chomh minic a bhíonn sé ar siúl?

2   Cén aidhm atá leis an gcomórtas?

3   (*a*) Cé mhéad airgid atá sa duaischiste?

     (*b*) Cén bhaint atá ag an Uachtarán leis an gcomórtas?

FÓGRA A DÓ

1   Cén cúram atá ar an mbord a luaitear anseo?

2   Breac síos **dhá** cháilíocht a chaithfidh a bheith ag na hiarratasóirí.

     (*a*)

     (*b*)

3   (*a*) Cad é an dáta deireanach do na hiarratais?

     (*b*) Cén seoladh is ceart a chur ar chlúdach iarratais?

FÓGRA A TRÍ

1   (*a*) Cén clár raidió atá i gceist?

_____

     (*b*) Breac síos an lá agus an t-am a bheas sé ar siúl.

_____

2   Cad a bheas sa chlár?

_____

3   (*a*) Cén tír ina gcraolfar an clár?

_____

     (*b*) Cé a bheas ag déanamh na cainte sa chlár?

_____

CUID B

Cloisfidh tú *trí cinn* de chomhráite sa Chuid seo. Cloisfidh tú gach comhrá díobh **trí huaire**. Cloisfidh tú an comhrá ó thosach deireadh an chéad uair. Ansin cloisfidh tú é ina **dhá mhír**. Beidh sos le haghaidh scríobh na bhfreagraí tar éis gach míre díobh. Ina dhiaidh sin cloisfidh tú an comhrá ó thosach deireadh arís.

COMHRÁ A hAON

An Chéad Mhír

1   Cén fáth a bhfuil Tomás crosta le Treasa?

_____

2   Luaigh *dhá* phointe faoin drochbhrionglóid a bhí aige.
     (*a*) _____
     (*b*) _____

An Dara Mír

1   Luaigh pointe *amháin* faoin mbrionglóid bhreá a bhí ag Treasa.

_____

2   Cén fáth, dar le Treasa, a raibh an drochbhrionglóid ag Tomás?

_____

3   Cén bhrionglóid álainn a thaitneodh go mór le Tomás?

_____

COMHRÁ A DÓ

An Chéad Mhír

1   Cén fáth nár mhaith le Niamh an litir a oscailt?

_____

2   (a)   Cén grád a fuair Pádraig sa Fhraincis?

_____

    (b)   Ainmnigh ábhar a bhfuair sé B2 ann.

_____

3   (a)   Cén grád a fuair Niamh sa Bhéarla?

_____

    (b)   Ainmnigh ábhar a bhfuair Niamh B1 ann.

_____

An Dara Mír

1   Cén fáth a bhfuil Niamh sásta leis na pointí atá aici?

_____

2   Cén chéad rogha a bhí ag Pádraig ar a fhoirm?

_____

3   Cén cuireadh a thugann Niamh do Phádraig?

_____

COMHRÁ A TRÍ

An Chéad Mhír

1   Cén teideal atá ar an aiste Ghaeilge a fuair siad?

_____

2   (a)   Cén duine ón saol poiblí a bheas ag Diarmaid san aiste?

_____

    (b)   Cé a bheas aige ó chúrsaí ceoil nó spóirt?

_____

An Dara Mír

1   Luann Gráinne cuairteanna áirithe. Cad iad na cuairteanna sin?

_____

2   Cad a deir Diarmaid a tharla i Nua-Eabhrac i mí Feabhra?

_____

3   Luaigh gairmeacha beatha na beirte a bheas ag Gráinne san aiste.

_____

CUID C

Cloisfidh tú **trí cinn** de phíosaí nuachta raidió/teilifíse sa Chuid seo. Cloisfidh tú gach píosa díobh **faoi dhó**. Beidh sosanna le haghaidh scríobh na bhfreagraí tar éis na chéad éisteachta **agus** tar éis an dara héisteacht.

PÍOSA A hAON

1   (*a*)   Cé mhéad airgid atá á lorg acu?

_____

        (*b*)   Cad chuige an t-airgead sin?

_____

2   Luaigh fáth *amháin* ar breá le cuairteoirí an áit.

_____

PÍOSA A DÓ

1   Cén fáth ar i gCorcaigh a rinneadh an bronnadh?

_____

2   Ní dhearna éacht áirithe ach líon beag daoine. Cén t-éacht é sin?

_____

3   Cén gaisce a rinne an duine céanna seo dhá bhliain ó shin?

_____

PÍOSA A TRÍ

1   Cén contae inar rugadh an t-athair a luaitear anseo?

_____

2   (*a*)   Cén rud a raibh an t-athair sin go maith chuige ina óige?

_____

        (*b*)   Cén post atá aige faoi láthair?

_____

AN ROINN OIDEACHAIS
SCRÚDÚ NA hARDTEISTIMÉIREACHTA, 1997

GAEILGE—ARDLEIBHÉAL—PÁIPÉAR II
(180 marc)

DÉ LUAIN, 16 MEITHEAMH—MAIDIN, 9.30 go dtí 12.30

(Ní mór do na hiarrthóirí cúram a dhéanamh de chruinneas na teanga. Caillfear marcanna trí bheith faillíoch ann.)

Gach ceist (**1, 2, 3** *agus* **4**) a fhreagairt.

CEIST 1	**—PRÓS—**	**[40 marc]**

Freagair **A <u>agus</u> B** anseo.

A—PRÓS DUALGAIS COMÓNTA—(25 mharc)

Freagair (*a*) <u>**nó**</u> (*b*) <u>**nó**</u> (*c*) anseo.

(*a*)　'Tá an-léargas le fáil sa sliocht as *Seal le Síomón* ar shaol na mbocht gan dídean ar shráideanna Bhaile Átha Cliath.'

　　　É sin a phlé. [Is leor **dhá mhórphointe** i do fhreagra.]　　(25 mharc)

NÓ

(*b*)　'Bhí an phiast tar éis casadh ...'

　　　Cad atá i gceist san abairt sin as an scéal 'An Phiast'?

　　　Scríobh tuairisc **ghairid** ar a bhfuil de léiriú sa scéal féin ar cad ba bhun leis an 'gcasadh' úd.　　(25 mharc)

NÓ

(*c*)　Scríobh tuairisc **ghairid** ar an scéal 'Iníon Rí na Cathrach Deirge' faoi do rogha **dhá cheann** de na ceannlínte seo a leanas:

　　　(i) an léiriú a dhéantar ann ar an bpríomhphearsa; (ii) an pháirt atá sa scéal ag **gach duine de bheirt ar bith** de na mionphearsana; (iii) an úsáid a bhaintear as roinnt de theicníochtaí na scéalta béaloidis; (iv) an cur síos a dhéantar ar na suímh éagsúla ina dtarlaíonn imeachtaí an scéil; (v) do mheas ar chríoch an scéil.　　(25 mharc)

B—PRÓS ROGHNACH—(15 mharc)

Freagair (*a*) **nó** (*b*) anseo.

(*a*) Maidir le scéal ar bith **nó** gearrscéal **nó** úrscéal **nó** dráma Gaeilge (a ndearna tú staidéar air i rith do chúrsa), luaigh *mórthréith* a bhain le príomhphearsa (**nó** *príomhghníomhaí*) ann, agus tabhair cuntas gairid ar an tionchar a bhí ag an tréith sin ar a dtarlaíonn sa saothar.

[Ní mór teideal an tsaothair a bhreacadh síos go cruinn, mar aon le hainm an údair.] (15 mharc)

NÓ

(*b*) Maidir le saothar tuairisciúil Gaeilge ar bith (a ndearna tú staidéar air i rith do chúrsa), tabhair cuntas **gairid** ar an *ngné* den saothar sin is mó a chuaigh i bhfeidhm ort. Breac síos fáth **amháin** a molfá do dhaoine eile an saothar céanna a léamh.

[Ní mór teideal an tsaothair sin a bhreacadh síos go cruinn, mar aon le hainm an údair.] (15 mharc)

CEIST 2   —PRÓSTÉACS BREISE—   [40 marc]

Freagair do rogha **ceann amháin** de **A, B, C, D** anseo thíos.

A—GEARRSCÉALTA—(40 marc)

Freagair (*a*) **nó** (*b*) anseo.

(*a*) **SCOTHSCÉALTA** (40 marc)

(i) 'Baintear leas an-éifeachtach as Éirí Amach 1916 i ngréasán roinnt de na scéalta seo.'

É sin a phlé i gcás do rogha **dhá cheann** de na scéalta 'Beirt Bhan Misniúil', 'Anam an Easpaig', agus 'M'Fhile Caol Dubh'.

NÓ

(ii) 'Is minic críoch ghruama le scéalta Uí Chonaire.'

É sin a phlé i gcás do rogha **dhá cheann** de na scéalta 'Ná Lig Sinn i gCathú', 'Nóra Mharcais Bhig', agus 'Páidín Mháire'.

(*b*) **CNUASACH GEARRSCÉALTA ROGHNACH**   **(40 marc)**

(i) Maidir le **gach ceann de DHÁ ghearrscéal ar bith** as do
chnuasach roghnach, scríobh tuairisc ar **dhá cheann ar bith**
de na gnéithe seo a leanas: forbairt an phríomhthéama ann;
an caidreamh idir na pearsana ann; tús, buaicphointe agus
críoch an scéil; an suíomh (**nó** na suímh) atá aige agus an
t-atmaisféar ann.

[Ní mór teideal gach ceann den DÁ ghearrscéal sin a
bhreacadh síos go cruinn, mar aon le hainm an údair.]

NÓ

(ii) Maidir le **gach duine de BHEIRT** de na cineálacha daoine
anseo thíos, breac síos go cruinn *teideal an ghearrscéil* (*mar aon
le hainm an údair*) as do chnuasach roghnach a bhfuil páirt
ag an gcineál duine sin ann: duine le dea-thréith (**nó** bua)
áirithe ann; duine le drochthréith éigin ann; duine le
fadhb éigin aige; duine ar tháinig athrú éigin air.

[Nóta: DHÁ scéal atá le hainmniú agat.]

Scríobh tuairisc ar an bpáirt a ghlacann **gach duine de
BHEIRT** sin sa scéal lena mbaineann sé nó sí. I gcás
gach ceann den DÁ scéal sin, luaigh fáth amháin ar
thaitin (**nó** nár thaitin) sé leat.

B	**—ÚRSCÉALTA—**	**(40 marc)**

Freagair (*a*) **nó** (*b*) anseo.

(*a*) **MÁIRE NIC ARTÁIN**   **(40 marc)**

(i) 'Téama tábhachtach san úrscéal seo an cion mór a bhí
ag Máire ar a deartháir óg, Eoin.'
É sin a phlé.

NÓ

(ii) 'Tá léargas maith le fáil san úrscéal seo ar an eascairdeas idir
Caitlicigh agus Protastúnaigh i dTuaisceart na hÉireann.'
É sin a phlé.

(*b*) **ÚRSCÉAL ROGHNACH**   **(40 marc)**

(i) 'Is beag úrscéal nach mbíonn léargas le fáil ann ar shaol
agus ar nádúr an duine.'
An ráiteas sin a phlé maidir leis an úrscéal roghnach a
ndearna tú staidéar air.

[Ní mór teideal an úrscéil sin a bhreacadh síos go cruinn,
mar aon le hainm an údair.]

NÓ

(ii) 'Is gnách iompar na bpearsan in úrscéal a bheith de réir na dtréithe a dháileann an t-údar orthu.' É sin a phlé maidir le príomhphearsa **amháin** san úrscéal roghnach a ndearna tú staidéar air. [Ní mór teideal an úrscéil sin a bhreacadh síos go cruinn, mar aon le hainm an údair.]

C—DÍRBHEATHAISNÉISÍ—(40 marc)

Freagair (*a*) **nó** (*b*) anseo.

(*a*) **A THIG, NÁ TIT ORM** (40 marc)

(i) 'Tá cur síos an-bhríomhar sa leabhar seo ar an gcineál saoil a bhíonn ag an deoraí Éireannach sna Stáit Aontaithe.' É sin a phlé.

NÓ

(ii) 'Tugann Maidhc Dainín cuntas an-taitneamhach dúinn sa chuid tosaigh den leabhar seo ar shaol buachalla óig ag éirí aníos sa Ghaeltacht sna daichidí agus sna caogaidí.' É sin a phlé.

(*b*) **DÍRBHEATHAISNÉIS ROGHNACH** (40 marc)

(i) 'Is mór mar a chuireann dírbheathaisnéisí lenár n-eolas agus lenár dtuiscint ar an saol.' É sin a phlé maidir leis an dírbheathaisnéis roghnach a ndearna tú staidéar uirthi. [Ní mór teideal na dírbheathaisnéise a bhreacadh síos go cruinn, mar aon le hainm an údair.]

NÓ

(ii) 'Bíonn de thoradh ar léamh dírbheathaisnéise go gcuireann tú aithne mhaith ar an údar mar dhuine.' É sin a phlé maidir leis an dírbheathaisnéis roghnach a ndearna tú staidéar uirthi. [Ní mór teideal na dírbheathaisnéise a bhreacadh síos go cruinn, mar aon le hainm an údair.]

D—DRÁMAÍ—(40 marc)

Freagair (*a*) **nó** (*b*) anseo.

(*a*) **AN TRIAIL** (40 marc)

(i) Inis cad é príomhthéama an dráma seo, agus scríobh tuairisc ar an bhforbairt a dhéantar ar an bpríomhthéama sin i rith an dráma.

241

NÓ

(ii) Scríobh tuairisc ar an bpáirt a ghlacann do rogha **beirt** díobh seo thíos sa dráma, agus ar an mbaint atá acu leis an bpríomhphearsa: Pádraig; an mháthair; Mailí.

(b) **DRÁMA ROGHNACH** (40 marc)

(i) Maidir leis an bpearsa is mó a chuaigh i gcion ort féin sa dráma roghnach a ndearna tú staidéar air, scríobh tuairisc ar an bpáirt a bhí aige nó aici sa dráma agus ar na fáthanna a ndeachaigh sé nó sí i gcion ort.
[Ní mór teideal an dráma, mar aon le hainm an údair, a bhreacadh síos go cruinn.]

NÓ

(ii) Maidir leis an dráma roghnach a ndearna tú staidéar air, scríobh tuairisc ar **dhá** ghné den dráma sin a thaitin go mór leat, agus ar na fáthanna ar thaitin siad leat.
[Ní mór teideal an dráma, mar aon le hainm an údair, a bhreacadh síos go cruinn.]

CEIST 3	**—FILÍOCHT**	[70 marc]

Freagair **A, B, agus C** anseo.

A—DÁNTA DUALGAIS COMÓNTA—(20 marc)

Freagair (a) **nó** (b) anseo.

(a) (i) Luaigh **dhá cheann** de na mothúcháin is treise atá le brath ar an dán 'A Ógánaigh an Chúil Cheangailte' (thíos), agus inis cad a mhúscail i gcroí na mná iad. Cad é do mheas ar an gcaoi a gcuirtear in iúl iad? (12 mharc)

(ii) Déan trácht **gairid** ar an éifeacht a bhaineann, dar leat, leis na meafair atá sa tríú agus sa cheathrú véarsa.

A ÓGÁNAIGH AN CHÚIL CHEANGAILTE

A ógánaigh an chúil cheangailte
  le raibh mé seal in éineacht,
chuaigh tú aréir an bealach seo
  is ní thainic tú dom' fhéachaint.
Shíl mé nach ndéanfaí dochar duit
  dá dtagthá 'gus mé d'iarraidh,
is gurb í do phóigín a thabharfadh sólás dom
  dá mbeinn i lár an fhiabhrais.

Dá mbeadh maoin agamsa
  agus airgead i mo phóca
dhéanfainn bóithrín aicearrach
  go doras tí mo stóirín,
mar shúil le Dia go gcluinfinnse
  torann binn a bhróige,
's is fada ón lá 'nar chodail mé
  ach ag súil le blas a phóige.

Agus shíl mé, a stóirín,
  go ma gealach agus grian thú,
agus shíl mé ina dhiaidh sin
  go mba sneachta ar an tsliabh thú,
agus shíl mé ina dhiaidh sin
  go mba lóchrann ó Dhia thú,
nó go mba tú an réalt eolais
  ag dul romham is 'mo dhiaidh thú.

Gheall tú síoda is saitin dom
  callaí 'gus bróga arda,
is gheall tú tar a éis sin
  go leanfá tríd an tsnámh mé.
Ní mar sin atá mé
  ach 'mo sceach i mbéal bearna
gach nóin agus gach maidin
  ag féachaint tí mo mháthar.

NÓ

(*b*) (i) 'Is í an chodarsnacht idir an **dá** phictiúr a chuirtear
romhainn de shaol an ainmhí áirithe seo is bun cuid
mhaith le héifeacht an dáin seo.'
Déan trácht **gairid** air sin i gcás an dáin 'Géibheann'
(<u>thíos</u>). (12 mharc)

(ii) Cad é an mothú is treise, dar leat, atá le brath ar an
dán seo?
Déan trácht **gairid** ar an gcaoi a gcuirtear an mothú
sin romhainn sa dán. (8 marc)

GÉIBHEANN

Ainmhí mé

ainmhí allta
as na teochreasa
  a bhfuil cliú agus cáil
  ar mo scéimh

chroithinn crainnte na coille
tráth
le mo gháir

ach anois
luím síos
agus breathnaím trí leathshúil
ar an gcrann aonraic sin thall

tagann na céadta daoine
chuile lá

a dhéanfadh rud ar bith
dom
ach mé a ligean amach.

243

B—DÁNTA ROGHNACHA—(15 mharc)

Freagair (*a*) **agus** (*b*) anseo.

(*a*)   Maidir le dán **amháin** as do chuid dánta roghnacha, déan trácht **gairid** ar an bhforbairt a dhéantar ar an bpríomhthéama ann.   (7 marc)

(*b*)   Maidir le **dán eile** as do chuid dánta roghnacha, déan trácht **gairid** ar éifeacht na húsáide a bhaintear ann, dar leat, as do rogha **ceann amháin** díobh seo: samhlacha; meafair; íomhánna; an mheadaracht; atmaisféar; athrá; uaim; suíomh **nó** eachtra éigin.   (8 marc)

[Ní mór teidil na ndánta i gcás (*a*) agus (*b*) thuas, mar aon le hainmneacha na bhfilí a chum iad, a bhreacadh síos go cruinn.)

C—DÁNTA DUALGAIS BREISE—(35 mharc)

Freagair (*a*) **nó** (*b*) anseo.

(*a*)   Freagair **(i), (ii) agus (iii)** thíos.

(i)   Breac síos roinnt pointí eolais faoi **Art Ó Laoire** agus faoi **Eibhlín Dhubh Ní Chonaill** agus faoin eachtra thubaisteach a thug ar Eibhlín 'Caoineadh Airt Uí Laoire' a chumadh.   (15 mharc)

(ii)   Déan cur síos **gairid** i d'fhocail féin ar an bpictiúr d'Art a chuirtear romhainn sa ghiota seo a leanas:

> Is cuimhin lem' aigne
> An lá breá earraigh úd,
> Gru bhreá thíodh hata dhuit
> Faoi bhanda óir tarraingthe,
> Claíomh cinn airgid—
> Lámh dheas chalma—
> Rompsáil bhagarthach—
> Fír-chritheagla
> Ar námhaid chealgach—
> Tú i gcóir chun falaracht,
> Is each caol ceannann fút.

(iii)   'Tá léiriú an-éifeachtach sa véarsa deireanach (thíos) den Chaoineadh ar dhólás Eibhlín agus ar a domhainghrá d'Art.' Do thuairim uait faoi sin.   (10 marc)

> Mo ghrá thú agus mo rún!
> Tá do stácaí ar a mbonn,
> Tá do bha buí á gcrú;
> Is ar mo chroí atá do chumha
> Ná leigheasfadh Cúige Mumhan

Ná Gaibhne Oileán na bhFionn.
Go dtiocfaidh Art Ó Laoire chugham
Ní scaipfidh ar mo chumha
Atá i lár mo chroí á bhrú,
Dúnta suas go dlúth
Mar a bheadh glas a bheadh ar thrúnc
'S go raghadh an eochair amú.

NÓ

(*b*)   Freagair **(i)**, **(ii)** <u>agus</u> **(iii)** thíos.

    (i)   'Deir an file linn sa dán 'Saoirse' (<u>thíos</u>) go bhfuil sé
         chun dul síos i measc na ndaoine ag lorg daoirse.'

         Scríobh tuairisc **ghairid** ar a bhfuil aige sa dán faoi
         cháilíochtaí na 'daoirse' úd agus faoi na daoine
         a chleachtann í.   (13 mharc)

    (ii) 'Deir sé in áit eile sa dán gur fuath leis anois imeachtaí
         na saoirse.'

         Scríobh tuairisc **ghairid** ar a bhfuil de mhíniú aige air
         sin sa dán.   (12 mharc)

    (iii) Cad é do mheas ar an úsáid a bhaintear as **meafair** sa dán
         seo. (Is leor trácht a dhéanamh ar **dhá cheann** díobh.)   (10 marc)

SAOIRSE

Raghaidh mé síos i measc na ndaoine
De shiúl mo chos,
Is raghaidh mé síos anocht.

Raghaidh mé síos ag lorg daoirse
Ón mbinibshaoirse
Tá ag liú anseo:

Is ceanglód an chonairt smaointe
Tá ag drannadh im' thimpeall
San uaigneas:

Is loirgeodh an teampall rialta
Bhíonn lán de dhaoine
Agam fé leith:

Is loirgeod comhluadar daoine
Nár chleacht riamh saoirse,
Ná uaigneas:

Is éistfead leis na scillingsmaointe,
A malartaítear
Mar airgead:

Is bhéarfad gean mo chroí do dhaoine
Nár samhlaíodh riamh leo
Ach macsmaointe.

Ó fanfad libh de ló is d'oíche
Is beidh mé íseal,
Is beidh mé dílis
D'bhur snabsmaointe.

Mar do chuala iad ag fás im' intinn,
Ag fás gan chuimse,
Gan mheasarthacht.

Is do thugas gean mo chroí go fíochmhar
Don rud tá srianta,
Do gach macrud:

Don smacht, don reacht, don
  teampall daoineach,
Don bhfocal bocht coitianta,
Don am fé leith:

Don ab, don chlog, don seirbhíseach,
Don chomparáid fhaitíosach,
don bheaguchtach:

Don luch, don tomhas, don
  dreancaid bhídeach,
Don chaibidil, don líne
Don aibítir:

Don mhórgacht imeachta is tíochta,
Don chearbhachas istoíche,
Don bheannachtain:

Don bhfeirmeoir ag tomhas na
  gaoithe
Sa bhfómhar is é ag cuimhneamh
Ar pháirc eornan:

Don chomhthuiscint, don chomh-
  sheanchuimhne,
Do chomhiompar comhdhaoine,
Don chomh-mhacrud.

Is bheirim fuath anois is choíche
Do imeachtaí na saoirse,
Don neamhspleáchas.

Is atuirseach an intinn
A thit in iomar doimhin na saoirse,
Ní mhaireann cnoc dar chruthaigh
  Dia ann,
Ach cnoic theibí, sainchnoic
  shamhlaíochta,
Is bíonn gach cnoc díobh lán de
  mhianta
Ag dreapadóireacht gan comhlíonadh,
Níl teora leis an saoirse
Ná le cnoca na samhlaíochta,
Ná níl teora leis na mianta,
Ná faoiseamh
Le fáil.

| **CEIST 4** | **—STAIR NA GAEILGE—** | **(30 marc]** |

Scríobh gearrchuntas ar **dhá cheann** acu seo a leanas:

(*a*) Do rogha **beirt** díobh seo:

  Pádraig Ó Conaire; Máirtín Ó Direáin; Pádraig Ó Maoileoin; Brian
  Merriman; Seosamh Mac Grianna; Séamas Dall Mac Cuarta; file
  Gaeilge ar bith eile; prós-scríbhneoir Gaeilge ar bith eile.

(*b*) An aisling pholaitiúil i litríocht na Gaeilge. [Is leor **trí** mhórphointe.]

(*c*) Filíocht na Scol (Filíocht na mBard). [Is leor **trí** mhórphointe.]

(*d*) An Ghaeilge sna meáin chumarsáide. [Is leor trácht ar **dhá
  cheann** díobh seo: teilifís; raidió; nuachtáin; irisí.]

(*e*) Na teangacha Ceilteacha. [Is leor **trí** mhórphointe.]

(*f*) Do rogha **dhá cheann** díobh seo:

  Tionchar an Ghorta Mhóir ar an nGaeilge; sloinnte Gaelacha;
  Leabhar Cheanannais; roinnt difríochtaí idir an tSean-Ghaeilge
  agus Gaeilge an lae inniu; foclóirí sa Ghaeilge agus lucht a saothraithe.